Dr. Carin

W0380508

Deutscher Buchpreis

Unnützes Wissen

Dr. Carina Heer

20 jahre deutscher buch preis

Deutscher Buchpreis

Unnützes Wissen

riva

Bibliografische Information der Deutschen Nationalbibliothek
Die Deutsche Nationalbibliothek verzeichnet diese Publikation in der Deutschen Nationalbibliografie. Detaillierte bibliografische Daten sind im Internet über https://dnb.de abrufbar.

Für Fragen und Anregungen
info@m-vg.de

Originalausgabe
1. Auflage 2024
© 2024 by riva Verlag, ein Imprint der Münchner Verlagsgruppe GmbH
Türkenstraße 89
80799 München
Tel.: 089 651285-0

Alle Rechte, insbesondere das Recht der Vervielfältigung und Verbreitung sowie der Übersetzung, vorbehalten. Kein Teil des Werkes darf in irgendeiner Form (durch Fotokopie, Mikrofilm oder ein anderes Verfahren) ohne schriftliche Genehmigung des Verlages reproduziert oder unter Verwendung elektronischer Systeme gespeichert, verarbeitet, vervielfältigt oder verbreitet werden. Wir behalten uns die Nutzung unserer Inhalte für Text und Data Mining im Sinne von § 44b UrhG ausdrücklich vor.

Umschlaggestaltung und Layout: Maria Verdorfer
Abbildungen Innenteil: Adobe Stock/4zevar
Layout: Maria Verdorfer
Satz: Andreas Linneman
Druck: Florjancic Tisk d.o.o., Slowenien
Printed in the EU

ISBN Print 978-3-7423-2706-2
ISBN E-Book (PDF) 978-3-7453-2543-0
ISBN E-Book (EPUB, Mobi) 978-3-7453-2544-7

Wir produzieren nachhaltig
www.m-vg.de

Weitere Informationen zum Verlag finden Sie unter

www.mvg-verlag.de

Beachten Sie auch unsere weiteren Verlage unter www.m-vg.de

Bevor der Autor von *Das Geschäftsjahr 1968/69*, Bernd Cailloux, seine ersten Schreibversuche unternahm, versorgte er unter anderem Diskotheken mit Stroboskopanlagen, was er auch zum Thema des Romans machte.

Clemens Meyer, Autor von *Im Stein* sowie von *Die Projektoren*, blickt zurück auf eine kleinkriminelle Jugend, die er auch literarisch verarbeitete. Für kurze Zeit musste er sogar in den Jugendarrest.

Beste Jahre-Autor John von Düffel ist unter anderem auch als Dramaturg tätig und verfasste für das Musical *Der Schuh des Manitu* nach dem gleichnamigen Bully-Herbig-Film den Bühnentext.

An ihrem Roman *Bis wieder einer weint* hat Eva Sichelschmidt acht Jahre lang gearbeitet. Unter anderem halfen ihr dabei die Gespräche mit ihrer Großmutter, die über 100 Jahre alt wurde.

Fatma Aydemirs Familienroman *Dschinns*, 2022 auf der Shortlist, wurde im selben Jahr von Selen Kara im Nationaltheater Mannheim auf die Bühne gebracht.

Marianna Lieder – Jurymitglied im Jubiläumsjahr 2024 und freie Kritikerin – war unter anderem für den Verlag Héloïse d'Ormesson in Paris tätig.

Nachdem Carmen-Francesca Banciu 1985 in Deutschland mit dem Internationalen Kurzgeschichtenpreis der Stadt Arnsberg ausgezeichnet worden war, wurde sie in ihrer Heimat Rumänien mit einem Publikationsverbot belegt.

Die 42 – laut *Per Anhalter durch die Galaxis* die von einem Supercomputer errechnete Antwort auf die Frage »nach dem Leben, dem Universum und dem ganzen Rest« – ist auch der Titel des für die Shortlist 2005 nominierten Romans von Thomas Lehr. Allerdings geht es dort darum, dass am 14. August 2000, 12 Uhr 47 Minuten und 42 Sekunden ein Riss im Zeitkontinuum entsteht und die Welt stillsteht.

Der Titel des Debütromans von André Kubiczek, der unter anderem 2024 mit *Nostalgia* für den Deutschen Buchpreis nominiert war, lautet passenderweise *Junge Talente*.

Das größte Buch der Welt ist ein Bildband des Autoherstellers Mazda. Es ist gut drei Meter breit und fast dreieinhalb Meter hoch.

Das größte lieferbare Buch der Welt ist jedoch ein Bildband über Bhutan. Fedex liefert das Buch extra in einem passenden Karton aus. Das Buch ist 2,13 Meter auf 1,52 Meter groß.

Mit dem Roman *3000 Euro*, der es 2014 auf die Shortlist schaffte und in dem die Hauptfiguren eine Pornos drehende Kassiererin und ein Flaschensammler sind, wollte Thomas Melle ein Gegenbild zum klassischen bürgerlichen Familienroman schaffen.

Der bisher längste Titel unter den ausgezeichneten Romanen lautet *Die Erfindung der Roten Armee Fraktion durch einen manisch-depressiven Teenager im Sommer 1969*. Frank Witzel wurde 2015 für diesen Roman mit dem Deutschen Buchpreis ausgezeichnet. 2020 war Witzel mit dem Roman *Inniger Schiffbruch* erneut nominiert.

Fast genauso lang ist der Titel des Romans, mit dem es Jan Faktor 2010 auf die Shortlist schaffte: *Georgs Sorgen um die Vergangenheit oder Im Reich des heiligen Hodensack-Bimbams von Prag.* Sein 2022 nominierter Roman hieß dagegen kurz und knackig *Trottel.*

Rudyard Kipling rettete seinem Freund Maurice Hamonneau das Leben – allerdings anders, als man denken könnte. In Verdun blieb eine Kugel in einem Buch von Kipling stecken, das Hamonneau in der Brusttasche trug.

Als der Autor Franz Friedrich 2014 mit *Die Meisen von Uusimaa singen nicht mehr* auf der Longlist für den Deutschen Buchpreis stand, packte ihn die Angst, es auf die Shortlist zu schaffen. Er befürchtete, so viel Aufmerksamkeit zu bekommen, dass er diese nicht mehr kontrollieren könnte.

Der Verbrecher Verlag erblickte 1995 das Licht der Welt, weil die beiden Literaturstudenten Werner Labisch und Jörg Sundermeier einen Scheinverlag ins Leben riefen, um an unveröffentlichte Manuskripte zu kommen, die sie unbedingt lesen wollten.

Das tödliche Buch aus *Der Name der Rose* ist nicht frei erfunden. Tatsächlich gab es in früheren Zeiten Bücher, die zum Beispiel mit Arsen behandelt waren, um Ungeziefer abzuschrecken.

Die Verleihung des Deutschen Buchpreises von 2011 wurde von 104 Journalist*innen und 11 Kamerateams verfolgt.

Ursula Krechel kaufte sich, um die Glückwunschpost zum Gewinn des Deutschen Buchpreises zu sortieren, ein rotes Tablett.

Der Anstoß, mit dem Schreiben zu beginnen, war für *Phantome*-Autor Robert Prosser das Bestreben, ein Äquivalent zur Graffitikunst zu finden, in der er sich jahrelang selbst betätigte.

Michael Opitz von Deutschlandfunk Kultur bezeichnete den Protagonisten von Kerstin Preiwuß' Roman *Nach Onkalo* als »modernen Woyzeck«.

Die *Frankfurter Rundschau* bezeichnete Thomas Stangl, Autor von *Was kommt* und *Regeln des Tanzes,* als »Nachfolger Musils und Thomas Bernhards«.

Mehrere Jahre lang war die Autorin von *Die Unschärfe der Welt*, Iris Wolff, in unterschiedlichen Funktionen am Deutschen Literaturarchiv Marbach tätig.

Seinen Debütroman – *Fleisch ist mein Gemüse* – schrieb Heinz Strunk als eine Art Beschäftigungstherapie angesichts einer Depression nach seinem 40. Geburtstag. Mit *Es ist immer so schön mit dir* und *Sommer in Niendorf* stand Strunk zwei Jahre in Folge auf der Longlist für den Deutschen Buchpreis.

Die erste Fassung seines Romans *Kruso* schrieb Lutz Seiler mit Bleistift in Spiralblöcke.

Eurotrash ist eine Art Fortsetzung von *Faserland*. Beide Romane beginnt Autor Christian Kracht mit derselben Formulierung, nämlich mit »Also, …«

Ihren Schreibprozess beschreibt *Nebenan*-Autorin Kristine Bilkau im Gespräch mit dem Magazin *Szene Hamburg* als eine Art Höhlenwanderung, bei der sie sich langsam vorwage und nach und nach entdecke, in was für einem Labyrinth sie sich befinde.

Den Namen von Tomer Dotan-Dreyfus schreibt man auf Hebräisch folgendermaßen: סופיירד ןתוד רמות.

Monika Helfer und Michael Köhlmeier sind verheiratet und waren beide mehrfach für den Deutschen Buchpreis nominiert.

Im Jahr 2013 gab es erstmals eine Kooperation des Deutschen Buchpreises mit fünf Literaturblogs, um neue Medien und Entwicklungen im Internet in die Kommunikation einzubeziehen.

Im Kölner Emons Verlag ist das Buch *Alles was man über Düsseldorf wissen muss* erschienen. In dem Buch steht nichts.

Michael Lentz, der Autor des Romans *Pazifik Exil*, ist nicht nur Schriftsteller, sondern auch Musiker und daher – beides verbindend – »Lautpoet«.

Marcel Beyer, Büchner-Preis-Träger sowie Autor von *Kaltenburg*, fiel an seinen männlichen Kollegen die Neigung dazu auf, »sich aus den Jugenderinnerungen ein verlorenes Paradies zusammenzuschreiben«, wie er der *FAZ* verriet.

Zu Beginn des Romans *Der Weg der Wünsche* von Akos Doma bewohnt eine Familie mit zwei Kindern in Ungarn im Jahr 1972 ein 16 Quadratmeter kleines Zimmer.

Elena Fischer, die Autorin von *Paradise Garden*, hat schon immer geschrieben. Ein Tagebucheintrag von 1997, als sie gerade in der vierten Klasse war, lautet: »Es ist 19.30 Uhr. Ich sitze am Schreibtisch und schreibe.«

Wortlosigkeit, das Fehlen einer gemeinsamen Sprache, ist das zentrale Thema von Dilek Güngörs *Vater und ich*.

Berühmt wurde Helene Hegemann 2010 mit ihrem skandalumtosten Debütroman *Axolotl Roadkill.* 2018 stand sie mit *Bungalow* auf der Longlist für den Deutschen Buchpreis.

Die nicht sterben von Dana Grigorcea ist ein Vampirroman.

Der Holzschnitt wurde um 1380 nicht etwa erfunden, um Bücher zu bebildern, sondern in erster Linie, um der großen Nachfrage nach Kartenspielen Herr zu werden.

Viele Inhalte der Homepage des Deutschen Buchpreises www.deutscher-buchpreis.de sind auf Deutsch, Englisch und Französisch abrufbar.

Der Untertitel von Raul Zeliks Bestandsaufnahme *Berliner Verhältnisse* lautet »Unterschichtenroman«.

Seit 2023 ist Ingo Schulze, der bisher dreimal für den Deutschen Buchpreis nominiert war, Präsident der Deutschen Akademie für Sprache und Dichtung, die am 200. Geburtstag von Goethe gegründet wurde und sich der Förderung der deutschen Literatur und Sprache verschrieben hat.

Der Roman *Die Mittagsfrau*, für den Julia Franck 2007 mit dem Deutschen Buchpreis ausgezeichnet wurde, ist in 40 Sprachen übersetzt worden.

Anna Katharina Hahn, die Autorin von *Kürzere Tage* und selbst Schwäbin, hält nichts von dem Vorurteil, in Schwaben würde besonders streng geputzt – viel strenger empfand sie das Putzregime in Hamburg-Bahrenfeld.

Vor seiner Zeit als Journalist und Schriftsteller war Mirko Bonné unter anderem als Altenpflegehelfer und Taxifahrer tätig.

Michael Buselmeier, der Autor des Romans *Wunsiedel. Ein Theaterroman*, hat eine Ausbildung als Schauspieler absolviert und war unter anderem als Regieassistent tätig.

Schon 2012 wusste Angelika Meier in ihrem Roman *Heimlich, heimlich mich vergiss* zu erzählen, dass die menschlichen Probleme mit dem technischen Fortschritt nicht unbedingt weniger werden – allenfalls anders.

Die viermal für den Deutschen Buchpreis nominierte Sibylle Lewitscharoff liebte Scherenschnitte und illustrierte damit zum Teil ihre Bücher.

Im Jahr 2017 wurde der Deutsche Buchpreis Blog ins Leben gerufen, auf der die Inhalte der Buchpreisblogger*innen präsentiert werden, der heute jedoch nicht mehr aktiv ist.

Clemens J. Setz bekam kurz vor der Preisverleihung 2012 von seiner Lektorin eine kleine Pinguinfigur geschenkt.

Das Wohlbefinden-Autorin Ulla Lenze hat immer wieder längere Zeiten in Indien verbracht, unter anderem ein halbes Jahr als sechzehnjährige Schülerin.

Ein Hund kam in die Küche-Autor Sepp Mall ist an Silvester 1955 geboren.

In seinem Roman *Der versperrte Weg* schreibt Georges-Arthur Goldschmidt über die Geschichte seines Bruders, der zwar wie er vor den Nazis flüchten musste, dann allerdings einen Weg mit Waffen statt wie sein Bruder mit Worten verfolgte.

In ihrem Werk *Drei Kameradinnen* wurde die Autorin Shida Bazyar inspiriert vom Roman *Drei Kameraden* von Erich Maria Remarque über drei Kriegsteilnehmer, die vereint werden durch ihr gemeinsames Trauma.

Um Charlotte Gneuß' Roman *Gittersee*, der in Dresden-Gittersee 1976 spielt und sich unter anderem mit der Tätigkeit der Stasi beschäftigt, entspann sich 2023 ein Stück Realsatire. Der Jury für den Deutschen Buchpreis wurde eine Liste zugespielt mit Korrekturvorschlägen, worauf eine Diskussion in den Medien darüber folgte, ob die in Westdeutschland aufgewachsene Autorin überhaupt über die DDR schreiben dürfe. Die Kritik befand: auf jeden Fall.

Vati von Monika Helfer ist ein autofiktionaler Text über ihren Vater als Büchermensch. Tatsächlich war Helfers Vater nach seiner Pensionierung als Bibliothekar tätig.

Hasenleben- und *Carambole*-Autor Jens Steiner schreibt auch Kinderbücher mit sehr witzigen Titeln, zum Beispiel *Lotta Barfuß und das meschuggene Haus*.

Judith Schalansky, die nach ihrem Studium *Typografische Grundlagen* an der Fachhochschule Potsdam unterrichtete, hat mehrere ihrer Bücher selbst gestaltet, so auch *Der Hals der Giraffe*, für das sie 2011 für den Deutschen Buchpreis nominiert war.

Joachim Zelter, der Autor von *Der Ministerpräsident*, hält Menschen wie George Orwell, die erst beschließen, Schriftsteller*in zu werden, und dann erst wirklich mit dem Schreiben beginnen, für mutiger als jene, die erst beschließen, Schriftsteller*in zu werden, wenn der Erfolg sich eingestellt hat. Er bezeichnet diesen Mut als etwas Poetisches.

Im Jahr 2006 unterschrieb *Treffen sich zwei*-Autorin Iris Hanika eine Erklärung, ihre Bücher weiterhin mit der alten Rechtschreibung veröffentlichen zu wollen.

Zum zehnjährigen Jubiläum des Deutschen Buchpreises entstand am Institut für Neuere deutsche Literatur und Medien der Christian-Albrechts-Universität zu Kiel eine Publikation mit dem Titel *Spiel, Satz und Sieg*, deren Beiträge sich mit den verschiedensten Aspekten rund um den Deutschen Buchpreis beschäftigen.

Fünf der 2012 für den Deutschen Buchpreis nominierten Bücher sind bei Suhrkamp erschienen.

Robert Seethaler, der Autor von *Der letzte Satz,* hat einen angeborenen Augenfehler – er wuchs fast blind auf und hat heute minus 19 Dioptrien.

Mein Vater war ein Mann an Land und im Wasser ein Walfisch, mit dem es Michelle Steinbeck auf die Longlist des Deutschen Buchpreises und auf die Shortlist des Schweizer Buchpreises schaffte, war der erste Roman der Schweizer Schriftstellerin.

Der Ort Bregenz, in dem der Roman *Ein langes Jahr* von Eva Schmidt spielt, wird im Buch selbst kein einziges Mal erwähnt. Die österreichische Autorin war zweimal für den Deutschen Buchpreis nominiert.

Die Mutter der zweimal für den Deutschen Buchpreis nominierten Katja Lange-Müller, Inge Müller, war eine der wenigen Frauen in den oberen Etagen der Macht in der DDR und später ein wichtiger Fixpunkt im Schaffen der Tochter, die in den 1970er-Jahren mit ihr brach.

Das Werk von Hans-Ulrich Treichel liegt in 28 Sprachen vor.

Leon und Louise-Autor Alex Capus eröffnete im Schweizerischen Olten eine Bar als Treffpunkt für die Generation 50 plus, wo er jeden Montagabend selbst hinter dem Tresen steht.

Zeit Online bezeichnete Jan Brandts Roman *Gegen die Welt* 2011 als »eins der besten Debüts des jungen Bücherherbstes«.

Von Hans Magnus Enzensberger zusammen mit Verleger und Buchkünstler Franz Greno erdacht, wurde »Die Andere Bibliothek« bald Teil des Eichborn Verlags und nach dessen Insolvenz ein eigener Verlag innerhalb der Aufbau-Gruppe. 2022 wurde »Die Andere Bibliothek« mit Gabriele Riedles *In Dschungeln. In Wüsten. Im Krieg.* zum ersten und bisher einzigen Mal für den Deutschen Buchpreis nominiert.

Blaise Pascal machte die Qualität eines Buches an Folgendem fest: »Die besten Bücher sind die, von denen jeder meint, er habe sie selbst schreiben können.«

Schon eine halbe Stunde nach Beginn des Kartenvorverkaufs für den Shortlist-Abend im September 2015 waren sämtliche Karten vergriffen.

Franziska Hauser – die Autorin von *Die Gewitterschwimmerin* – hat früher mit einem Bauchladen Scherzartikel im Varieté Chamäleon in Berlin verkauft.

Aufgrund des großen Andrangs fand der Shortlist-Abend ab dem Jahr 2018 nicht mehr im Literaturhaus, sondern im Schauspiel Frankfurt statt, in dem fast 700 Besucher*innen Platz finden. Aber auch in jenem Jahr waren die Karten schnell ausverkauft. Allerdings dauerte es damals zehn Tage.

Andreas Maier – 2009 mit seinem Roman *Das Zimmer* auf der Longlist – bezeichnet sich selbst als »mindestens halber Wetterauer, ein Viertel Frankfurter und ein Viertel Schwabe«.

Kristof Magnusson, der Autor von *Das war ich nicht,* hat isländische Wurzeln. Sein Vater, ein Lehrer, stammt aus Island.

Der Rosa-Luxemburg-Platz ist einer der Lieblingsorte von *Berlin liegt im Osten*-Autorin Nellja Veremej in der deutschen Bundeshauptstadt.

Mobbing Dick-Autor Tom Zürcher ist in Zürich geboren und nach eigener Aussage der »unentdeckteste Schriftsteller der Schweiz«.

Die Lyrikerin und Autorin Marion Poschmann war 2022/23 Stadtschreiberin von Bergen-Enkheim.

So sind wir-Autorin Gila Lustiger, die in ihrem Roman über eine jüdische Familie im Nachkriegsdeutschland schreibt, ist die Tochter des deutsch-jüdischen Historikers Arno Lustiger.

Über 20 Jahre war Martin Hielscher Programmleiter Belletristik bei C.H.Beck, bevor er 2023 in den Ruhestand ging. Zehn von ihm betreute Titel waren für den Deutschen Buchpreis nominiert.

Viele Romane werden auch deshalb zunächst in digitaler Form für den Deutschen Buchpreis eingereicht, weil zum Zeitpunkt der Bewerbung noch kein gedrucktes Buch vorliegt.

Dea Loher, die Autorin von *Bugatti taucht auf*, machte zunächst als Dramatikerin von sich reden. Schon ihr erstes Stück *Olgas Raum* wurde im Hamburger Ernst Deutsch Theater uraufgeführt.

Die gebundene Ausgabe von *Landgericht*, wofür Ursula Krechel 2012 mit dem Deutschen Buchpreis ausgezeichnet wurde, ist mit 19 auf 15 Zentimeter fast quadratisch.

»Die Erneuerung der Literatur kommt aus den Peripherien« sowie »[D]ie Poesie liegt auf der Straße« waren die Einsichten, die zur Gründung des Verlags »Das Wunderhorn« durch Angelika Andruchowicz, Manfred Metzner und Hans Thill im Jahr 1978 führten. 2011 stand der Verlag mit *Wunsiedel. Ein Theaterroman* von Michael Buselmeier auf der Shortlist.

Die Autor*innen der Shortlist erhalten seit einigen Jahren einen mit ihrem Namen gravierten Füller zur Würdigung ihrer literarischen Verdienste.

Bis zur Auszeichnung als Roman des Jahres hatte sich *Widerfahrnis* von Bodo Kirchhoff bereits 30 000-mal verkauft – zwei Wochen danach waren es sage und schreibe 90 000 verkaufte Exemplare.

Das Romandebüt von Heinz Helle hat den beunruhigenden Titel *Der beruhigende Klang von explodierendem Kerosin*. Für den Deutschen Buchpreis nominiert wurde sein zweiter Roman *Eigentlich müssten wir tanzen*.

Als Entspannung sieht *Herr der Hörner*-Autor Matthias Politycki Reisen nicht. Er stellt dagegen in einem Interview mit der Frankfurter Neuen Presse fest: »Reisen ist das Gegenteil von Urlaub.«

Evelyn Grill, die Autorin von *Vanitas oder Hofstätters Begierden*, das von der SZ als »großbürgerliche Rocky Horror Picture Show« bezeichnet wurde, hat Jura studiert.

2012 war das Jahr, das beim Alter der Autor*innen auf der Shortlist die größte Bandbreite mit sich brachte. 55 Jahre liegen zwischen Ernst Augustin und Clemens J. Setz.

Kathrin Schmidt wollte für die Preisverleihung 2009 eigentlich eine kiwigrüne Strumpfhose anziehen, die hatte dann jedoch eine Laufmasche. Die Ersatzstrumpfhose war rot.

Dein Name-Autor Navid Kermani wurde 2015 mit dem Friedenspreis des Deutschen Buchhandels ausgezeichnet.

Die Familie von Germán Kratochwil, dem Autor von *Scherbengericht*, der sich in seinem Roman mit nach Südamerika Vertriebenen und Geflohenen auseinandersetzte, wanderte selbst kurz nach dem Zweiten Weltkrieg nach Argentinien aus.

Den Namen von Nino Haratischwili, der georgisch-deutschen Autorin von *Juja* und *Die Katze und der General*, schreibt man auf Georgisch folgendermaßen: ნინო ხარატიშვილი.

Eugen Ruge war nur ein einziges Mal für den Deutschen Buchpreis nominiert – und wurde 2011 prompt für seinen Roman *In Zeiten des abnehmenden Lichts* ausgezeichnet.

Die bisher zweimal für den Deutschen Buchpreis nominierte Mithu Melanie Sanyal schrieb auch eine Kulturgeschichte der Vulva: *Vulva. Die Enthüllung des unsichtbaren Geschlechts.*

Mit dem Aufkommen der Eisenbahn änderte sich auch das Buch. Der Satz musste besser lesbar, die Buchstaben größer werden, damit man im rüttelnden Zug den Text auch lesen konnte.

Rolf Lappert, der Autor von *Nach Hause schwimmen* und *Über den Winter,* schreibt auch Jugendbücher. Für sein Debüt in diesem Genre, *Pampa-Blues*, wurde er unter anderem mit dem Oldenburger Kinder- und Jugendbuchpreis ausgezeichnet.

Jens Petersen, 2005 mit seinem Debütroman *Die Haushälterin* für den Deutschen Buchpreis nominiert, wurde 2009 in Klagenfurt mit dem Ingeborg-Bachmann-Preis ausgezeichnet.

Angeblich wurde das »Lumpenpapier« schon etwa 100 Jahre nach Christus in China erfunden – bis es seinen Weg nach Europa fand, dauerte es noch eine Weile: um die 1000 Jahre.

Im Jahr 2012 las Matthias Nawrat in Klagenfurt den Text *Unternehmer* und gewann den kelag-Preis. 2014 wurde er mit dem gleichnamigen Roman für den Deutschen Buchpreis nominiert.

Antonio Fian, der Autor von *Das Polykrates-Syndrom*, war Mitbegründer und späterer Herausgeber von *Fettfleck*, einer österreichischen Literaturzeitschrift.

Vier Äpfel-Autor David Wagner hat Autoimmunhepatitis. Bei dieser seltenen Erkrankung greift das eigene Immunsystem die Leber an, was zu Leberentzündungen führt. Wagner war auf eine Lebertransplantation angewiesen und verarbeitete seine Erfahrungen auch literarisch.

Angelika Overath, die Autorin von *Flughafenfische* und *Unschärfen der Liebe*, promovierte über das Blau in der modernen Lyrik.

Für die dreimal für den Deutschen Buchpreis nominierte Christine Wunnicke ist Langeweile ein »kreativer Grundzustand« und mit Voraussetzung für ihr Schaffen.

Im Alter von 70 Jahren hatte Hanns-Josef Ortheil 70 Bücher geschrieben.

Gezeichnet: Franz Klett-Autor Egon Gramer wurde bekannt durch seine Workshops »Lehrer im Gespräch mit Schriftstellern«, bei denen er Lehrer*innen (er war selbst einer) mit Schriftsteller*innen wie Elfriede Jelinek oder Peter Härtling zusammenbrachte.

Die Durchschnittsauflage einer Inkunabel – also eines Wiegendrucks, wie die ersten mit Drucktechnik erzeugten Werke genannt werden – betrug kurz nach Erfindung des Buchdrucks etwa 150 bis 250 Exemplare. Im Jahr 1500 lagen die Durchschnittsauflagen bei etwa 1000 Exemplaren.

Jan Faktor, der Autor von *Georgs Sorgen um die Vergangenheit oder Im Reich des heiligen Hodensack-Bimbams von Prag* und *Trottel*, ist mit der Psychoanalytikerin Annette Simon, der Tochter von Christa Wolf, verheiratet.

Von 2016 bis 2021 wurden bei der Preisverleihung des Deutschen Buchpreises kurze Passagen der Shortlist-Romane von einem Schauspieler vorgelesen.

Das *Federbuch* von 1618 enthält nicht nur Illustrationen von Vögeln – die Illustrationen sind auch aus den Federn, Füßen und Schnäbeln dieser Vögel gemacht. Ein Buch wie ein Naturkundemuseum!

Die 2018 für den Deutschen Buchpreis nominierte Christina Viragh ist auch Übersetzerin. Ihr zufolge muss eine gute Übersetzung furchtlos sein.

Um die Zensur zu umgehen, verlegte Friedrich Schiller für die Aufführung seines Dramas *Die Räuber* am Mannheimer Nationaltheater 1782 die Kostüme und den Schauplatz ins späte Mittelalter.

Volker Harry Altwasser, Autor von *Letzte Fischer*, war Gefreiter auf der Fregatte *Bremen*. Zum Obergefreiten wurde er jedoch nicht befördert, weil er auf Las Palmas das Auslaufen des Schiffes »verpasste«.

Der Roman *Identitti* von Mithu Sanyal ist inspiriert von Rachel Dolezal, jener amerikanischen Kulturwissenschaftlerin, die sich als afroamerikanisch ausgab, ohne es zu sein.

Anna Kim, die in ihrem Roman *Geschichte eines Kindes* zeigt, wie penetrant Rassismus und Fremdzuschreibungen sein können, hat unter anderem koreanische Wurzeln.

Max Oravin, Autor von *Toni & Toni*, war von 2013 bis 2018 Teil von Babelsprech, eines Projekts zur Vernetzung und Sichtbarmachung einer neuen Generation von Dichtenden im deutschsprachigen Raum und darüber hinaus.

Gerrit Bartels – Jurymitglied im Jubiläumsjahr 2024 und Literaturredakteur beim *Tagesspiegel* – hat Medizin studiert und war als Arzt in der Inneren Medizin und der Psychiatrie tätig.

Bis Mitte des 18. Jahrhunderts herrschte bei den wenigen Menschen in Deutschland, die lesen konnten (etwa zehn Prozent der erwachsenen Bevölkerung), die intensive Wiederholungslektüre vor, das heißt wenige Bücher wurden immer wieder gelesen. Manchmal sogar nur ein einziges. Fans von *Stolz und Vorurteil* und *Harry Potter* kennen dieses Phänomen noch heute.

Michael Ziegelwagner, der Autor von *Der aufblasbare Kaiser*, schreibt für das Satiremagazin *Titanic*.

Der Roman *Kruso* – für den Lutz Seiler 2014 mit dem Deutschen Buchpreis ausgezeichnet wurde – war das Romandebüt des Autors. Zuvor hatte er sich vor allem als Lyriker hervorgetan.

Das Jahr der Frauen, das 2017 auf der Longlist für den Deutschen Buchpreis stand, ist der dritte Teil einer Trilogie von Christoph Höhtker um den ausgebrannten deutschen Expat Frank Stremmer.

Sechs Koffer-Autor Maxim Biller brachte Aufmerksamkeit und Kontroversen für die Neuauflage des Literarischen Quartetts mit sich, verließ es aber nach nur etwas mehr als einem Jahr wieder.

Jackie Thomaes Roman *Brüder* trägt die Widmung »Für euch, schwarze Schafe«.

Jochen Missfeldt, der Autor von *Steilküste,* ist ausgebildeter Pilot und flog in seiner Zeit bei der Bundeswehr unter anderem den *Starfighter*.

Der Wiener Verlag Kremayr & Scheriau wurde 1951 gegründet und war zwei Jahre in Folge, nämlich 2019 und 2020, beim Deutschen Buchpreis vertreten, zum einen mit *Nicht wie ihr* von Tonio Schachinger und zum anderen mit *Triceratops* von Stephan Roiss.

Der Deuticke Verlag, der 2019 im Paul Zsolnay Verlag aufging, wurde Ende des 19. Jahrhunderts von dem jungen Buchhandelsgehilfen Franz Deuticke gegründet.

Spitzweg-Autor Eckhart Nickel leitete mit Christian Kracht die Literaturzeitschrift *Der Freund*. Redaktionssitz war in Kathmandu.

Nachtleuchten von María Cecilia Barbetta spielt im Einwandererviertel Ballester in Buenos Aires, wo Barbetta selbst aufwuchs.

Martin Mosebach siedelt seine Geschichten deshalb so gerne in Frankfurt an, weil er sich dort auskennt und so keine ausufernden Recherchen nötig sind. In Frankfurt spielt auch der Roman *Der Mond und das Mädchen*, der es 2007 auf die Shortlist für den Deutschen Buchpreis schaffte.

Malé-Autor Roman Ehrlich kam über Serien und Filme zum Medium Buch – weil dort etwas gemacht wird, was seiner Meinung nach in den Bildmedien nicht möglich ist: Es wird nachgedacht.

Für *Vatermal*-Autor Necati Öziri ist Empathie politisch – sie ist notwendig, um dem allgemeinen Verrohungsprozess entgegenzuarbeiten.

27 000 Druckwerke in 20 Millionen Exemplaren erschienen in der Zeit von Erfindung des Buchdrucks bis 1500 – ein Drittel davon in Deutschland.

Clemens J. Setz, Büchner-Preisträger und Autor mehrerer für den Deutschen Buchpreis nominierter Romane, unter anderem *Die Frequenzen*, hält die Sichtung von Ufos für möglich.

Mit *Atemschaukel* schaffte sie es 2009 »nur« auf die Shortlist, dafür bekam sie im selben Jahr den Nobelpreis für Literatur zugesprochen: Herta Müller.

DIE ZEIT-Rezensent Hubert Winkels bezeichnete Klaus Modicks Roman *Sunset* über die Freundschaft von Bertolt Brecht und Lion Feuchtwanger als »sein schönstes Buch«.

Viermal war Angelika Klüssendorf bereits für den Deutschen Buchpreis nominiert, zweimal schaffte sie es auch auf die Shortlist. Die nominierten Titel *April*, *Das Mädchen* und *Jahre später* bilden übrigens eine Trilogie.

Die 2014 für eine Kooperation mit dem Deutschen Buchpreis ausgewählten Blogger*innen waren diese drei: *Buzzaldrins*, *Das graue Sofa* und *Glasperlenspiel13*.

Der Luchterhand Literaturverlag war bei seiner Gründung Anfang des 20. Jahrhunderts ursprünglich ein Verlag für Recht und Steuern.

Die Eltern von Saša Stanišić, eine Politikprofessorin und ein Betriebswirt, waren nach ihrer Flucht nach Deutschland in einer Wäscherei beziehungsweise auf dem Bau tätig.

Martin Kluger, der Autor von *Die Gehilfin* und *Der Vogel, der spazieren ging*, die 2006 und 2008 für den Deutschen Buchpreis nominiert waren, darf nicht verwechselt werden mit dem gleichnamigen Sachbuchautor und Leiter des context verlags Augsburg.

Der österreichische Journalist Klaus Nüchtern – im Jubiläumsjahr 2024 Mitglied der Jury – hat eine Kolumne mit dem Titel »Nüchtern betrachtet«.

Die Schweizerin Doris Wirth, Autorin von *Findet mich*, lebt seit 2010 in Berlin, das sie nach eigener Aussage liebt und zugleich manchmal auch verflucht.

Jedes Jahr gibt es rund um den Deutschen Buchpreis Blind-Date-Lesungen mit den Nominierten. Interessierte Buchhandlungen bewerben sich im Frühling um eine Lesung. Die ausgelosten Buchhandlungen legen dann schon früh den Termin fest und erfahren nach der Bekanntgabe der Longlist, wer zu ihnen kommt. Das Publikum, das »blind« zur Lesung anreist, erfährt erst vor Ort, welche oder welchen Nominierte*n sie treffen werden.

Frank Witzel erlaubte in seiner Dankrede zum Deutschen Buchpreis 2015, seinen Roman *Die Erfindung der Roten Armee Fraktion durch einen manisch-depressiven Teenager im Sommer 1969* nun offiziell mit *Die Erfindung* abzukürzen.

Friederike Mayröcker, die Autorin von *Und ich schüttelte einen Liebling,* wäre 2024 100 Jahre alt geworden.

Wilhelm Genazino, der Autor von *Die Liebesblödigkeit* und *Wenn wir Tiere wären*, verließ das Gymnasium, ohne das Abitur zu erlangen. Im Alter von fast 40 Jahren holte er das Ganze nach.

Sein Kunst- und Lebensverständnis fasste der erste Gewinner des Deutschen Buchpreises Arno Geiger in einer Dankesrede für einen anderen Preis einmal folgendermaßen zusammen: »Kunst bewahrt den Menschen nicht vor dem Chaos, sondern vor der Ordnung. Kunst bewahrt das Individuum vor dem eindimensionalen Blick. Einzigartig ist der Mensch nicht auf einfache, sondern auf komplizierte Art.«

Acht Jahre waren seit seinem letzten Roman vergangen, als Jan Peter Bremer *Der junge Doktorand* veröffentlichte. So lange hatte er gebraucht, um einen neuen Stoff zu finden und den zuletzt geschriebenen Roman aus dem Kopf zu bekommen.

Wolfram von Eschenbach schrieb offenbar nicht selbst, sondern diktierte lieber – unter anderem seinen *Parzival*.

Vor ihrer literarischen Tätigkeit war *Aberland*-Autorin Gertraud Klemm Trinkwasserkontrolleurin.

Der Name des *Zandschower Klinken*-Autors Thomas Kunst ist kein Pseudonym.

Der Nachname von Peter Karoshi, dem Autor von *Zu den Elefanten*, ist ebenfalls kein Pseudonym. Auf Japanisch bedeutet das Wort so viel wie »Tod durch Überarbeitung«.

Martin Luther ist der meistgelesene Autor des 16. Jahrhunderts. Allein seine Übersetzung des Neuen Testaments verkaufte sich zu seinen Lebzeiten rund 200 000-mal. Ein Honorar hat er für keine seiner Publikationen verlangt.

Karen Köhler war nicht nur 2019 mit ihrem Roman *Miroloi* für den Deutschen Buchpreis nominiert, ihr mit einem Co-Autor verfasstes Drehbuch *Cowboy & Indianer* war im selben Jahr auch im Rennen für den Deutschen Drehbuchpreis.

Der Diaphanes Verlag wurde von seinem aktuellen Verleger Michael Heitz auch gegründet – und zwar im Jahr 2001.

In den 1970er-Jahren fälschte der Reporter Clifford Irving die Autobiografie des komplett zurückgezogen lebenden Milliardärs Howard Hughes. Er baute darauf, dass dieser so abgeschieden lebte, dass er davon gar nichts mitbekommen würde. Tat er aber doch: Hughes gab eine Pressekonferenz via Telefon. Der »Biograf« landete im Gefängnis.

Gert Loschütz schrieb von 1971 bis 1990, »verstummte« dann aber bis 2005 und landete mit seinem nächsten Buch *Dunkle Gesellschaft* auf der Shortlist.

Sten Nadolny, der Autor von *Weitlings Sommerfrische*, ist der Sohn eines Schriftstellerehepaars und wollte selbst eigentlich einen anderen Beruf ergreifen.

Seit 2017 kommuniziert der Deutsche Buchpreis die wichtigsten Meilensteine auf dem Weg zur Preisverleihung nicht mehr nur auf Deutsch, Englisch, Französisch, Spanisch und Italienisch, sondern auch auf Niederländisch.

In der Zeit der Corona-Krise veröffentlichte der Autor und bekennende Hypochonder Thomas Glavinic den autofiktionalen Fortsetzungsroman *Der Corona-Roman* auf welt.de. Für den Deutschen Buchpreis nominiert wurde er mit *Das bin doch ich*, *Das Leben der Wünsche* und *Das größere Wunder*.

Der Nürnberger Buchdrucker Johann Philipp Palm wurde 1806 hingerichtet, weil er unter Verdacht stand, die Broschüre *Deutschland in seiner tiefen Erniedrigung*, die zum Widerstand gegen Napoleon aufrief, gedruckt zu haben.

Der Buchpreisträger von 2015, Frank Witzel, ist auch Zeichner und Illustrator und schuf unter anderem das Hör- und Sehspiel *Die apokalyptische Glühbirne*.

Felicitas Hoppe, die Autorin der Romane *Johanna* und *Die Nibelungen*, machte 1997 eine Reise um die Welt – und zwar auf einem Containerfrachtschiff. Die Reise führte sie von Hamburg nach Hamburg.

Sibylle Berg lügt gerne in Interviews, um sich gegen den Versuch zur Wehr zu setzen, Menschen mit Hilfe von Fakten erklärbar zu machen. So hat sie auch schon einmal behauptet, Tierpräparatorin gewesen zu sein – was überhaupt nicht stimmt.

Risiko-Autor Steffen Kopetzky engagiert sich ehrenamtlich in der Kommunalpolitik und war im Pfaffenhofener Stadtrat als Kulturreferent tätig.

Hey guten Morgen, wie geht es dir?-Autorin Martina Hefter ist auch Performance-Künstlerin und verbindet in ihrem Werk Sprache mit Bewegung.

Die Liebe zum Schreiben wurde Sabine Gruber in die Wiege gelegt. Sie stammt aus einer Südtiroler Buchbinder-, Buchdrucker- und Schriftsetzerfamilie.

Dreimal stand Stephan Thome auf der Shortlist für den Deutschen Buchpreis und fieberte gemeinsam mit den anderen Nominierten im Kaisersaal der Verkündung des Siegertitels entgegen: 2009 mit *Grenzgang*, 2012 mit *Fliehkräfte* und 2018 mit *Gott der Barbaren*.

Deniz Ohdes Debütroman *Streulicht* stand 2023 im Zentrum des 14. Lesefestes *Frankfurt liest ein Buch.*

Hanser Berlin gehört zum Carl Hanser Verlag und startete im Herbst 2012 mit seinem ersten regulären Programm.

Schon vor der Preisverleihung 2017 hatte sich Robert Menasses *Die Hauptstadt* 80 000-mal verkauft – Anfang November 2017 waren es sage und schreibe 250 000 verkaufte Exemplare. Zum selben Zeitpunkt belief sich die Zahl der verkauften Auslandslizenzen auf 15 Stück.

Die Vermessung der Welt von Daniel Kehlmann stand für 37 Wochen auf Platz 1 der *Spiegel*-Bestseller-Liste.

Der Privatdetektiv, der in Heinrich Steinfests Krimi *Ein dickes Fell* ermittelt, hat nur einen Arm.

Thommie Bayer heißt eigentlich Thomas. Und seit seiner Heirat heißt der Autor von *Eine kurze Geschichte vom Glück* auch mit Nachnamen eigentlich ein bisschen anders, nämlich Thomas Bayer-Heer.

Ingo Schulzes Roman *Adam und Evelyn*, der es 2008 auf die Shortlist schaffte, wurde zehn Jahre später von Andreas Goldstein verfilmt.

In seinem Roman *Verfahren* verknüpft der österreichische Autor Ludwig Laher Protokolle, dokumentarische Aufzeichnungen sowie literarische Reflexionen zu einer Art Collage.

Norbert Zähringer und Norbert Scheuer haben nicht nur den Vornamen gemeinsam. Beide waren zweimal für den Deutschen Buchpreis nominiert. Und zwar beide 2009 und 2019.

Vorläufer des Deutschen Buchpreises war der Deutsche Bücherpreis – ein undotierter Preis, der von 2002 bis 2004 in verschiedenen Kategorien vergeben, jedoch stark kritisiert wurde, vor allem aufgrund der sehr »populären« Form der Preisverleihung im Rahmen einer bunten Fernsehshow.

Lena Gorelik, die Autorin von *Hochzeit in Jerusalem*, wurde im damaligen Leningrad geboren, kam allerdings als jüdische Kontingentflüchtende nach Deutschland und musste zunächst 18 Monate lang in einer Flüchtlingsunterkunft ausharren.

Vierundsiebzig-Autorin Ronya Othmann kritisierte 2024 gemeinsam mit Juliane Liebert, dass bei der Vergabe des Berliner Internationalen Literaturpreises 2023 nicht nach literarischer Qualität, sondern politisch entschieden worden sei.

Wiebke Hüster von der *FAZ* attestierte dem Debütroman von Emanuel Maeß *Gelenke des Lichts* die »richtige romantische Drehzahl«.

Preisträger*in Kim de l'Horizon rasierte sich bei der Preisverleihung 2022 aus Solidarität mit den Frauen im Iran den Kopf. *Die Welt* fand das Ganze »erhebend, megapathetisch, emotional, wild, empört und auch ein bisschen peinlich«. Und befand, es sei das »das Beste, was der Literatur zum Auftakt dieser Buchmesse passieren konnte«.

Das mittelalterliche *Heptameron seu elementa magica* ist eine Art Übersicht darüber, welcher Engel für welche Stunde des Tages zuständig ist, und bietet damit eine Übersicht der passenden himmlischen Ansprechpartner 24/7.

13 der bislang für den Deutschen Buchpreis nominierten Titel enthalten das Wort »Leben« – in Sachen »Mann« und »Frau« herrscht Gleichberechtigung: Beide Begriffe tauchen je fünfmal auf.

Franzobel, der Autor von *Das Fest der Steine*, *Das Floß der Medusa* und *Die Eroberung Amerikas*, heißt mit vollständigem Namen Franz Stefan Griebl.

Für seine ersten drei Romane fand Peter Stamm keinen Verlag. Für den Deutschen Buchpreis wurde er dann aber dreimal nominiert – neben *An einem Tag wie diesem* auch für *Weiter über das Land* und *Sieben Jahre*.

Thomas von Steinaecker, der Autor von *Wallner beginnt zu fliegen* und *Die Verteidigung des Paradieses,* hat auch eine Graphic Novel über den Komponisten Karlheinz Stockhausen geschrieben.

Ludwigshöhe-Autor Hans Pleschinski ist neben dem »Todesstreifen« aufgewachsen und deshalb besonders geschichtsbewusst.

Das Material für Doktorarbeiten über das Werk von Marlene Streeruwitz ist gesichert. 2021 erwarb die Österreichische Nationalbibliothek den Vorlass der Autorin, der rund 120 Archivboxen umfasst.

Ralph Dutlis Kriminalroman *Die Liebenden von Mantua* dreht sich um die tatsächlich 2007 gefundenen, aus der Jungsteinzeit stammenden Skelette zweier junger Menschen in einem Vorort bei der Stadt Mantua, die sich seit 6000 Jahren in den Armen lagen: Romeo und Julia aus der Steinzeit.

Nora Bossong, die Autorin von *Schutzzone* und *Reichskanzlerplatz*, ist Mitglied im Zentralkomitee der deutschen Katholiken und hat 2022 nach 30 Jahren ihre Erstkommunion nachgeholt.

Der Siegertitel von 2020, *Annette, ein Heldinnenepos* von Anne Weber, ist in Versen geschrieben.

Die günstige Klebebindung der rororo-Taschenbücher geht zurück auf den gelernten Eisen- und Stahlkaufmann Erich Lumbeck. Die Kaltklebebindung wird noch immer als »Lumbecken« bezeichnet.

Torsten Hoffmann – Jurymitglied im Jubiläumsjahr 2024 und Professor für Neuere Deutsche Literatur – hat unter anderem zur Kulturgeschichte des Interviews geforscht.

Vier der Shortlisttitel waren 2018 ungewöhnlich lang mit zwischen 450 und 700 Seiten.

Matthias Zschokke, der Autor von *Maurice mit Huhn,* ist ein Ururexcel Ururenkel des liberalen Vorkämpfers und Volksaufklärers Heinrich Zschokke und hat seinem Vorfahren auch eine filmische Lebensskizze gewidmet.

Die Gründerinnen, Besitzerinnen und Kuratorinnen des Geparden Verlags Bettina Spoerri und Anne Wieser haben während der Corona-Pandemie eine Schreibschule ins Leben gerufen: die Oktopus-Schreibschule.

Im für den Deutschen Buchpreis nominierten Roman *Eine sehr kleine Frau* erzählt Peter Henisch die Geschichte seiner Großmutter – in *Die kleine Figur meines Vaters* die seines bei der Wehrmacht als Kriegsfotograf tätigen Vaters.

Die ersten Texte von Hans Joachim Schädlich, dem Autor von *Kokoschkins Reise*, entstanden in der DDR, waren jedoch zu gesellschaftskritisch, um dort veröffentlicht zu werden. Sein Erstling *Versuchte Nähe* erschien dementsprechend im westdeutschen Rowohlt Verlag.

Lola Randl lebt mit zwei Männern und zwei Kindern zusammen und machte diese Konstellation zum Thema ihres autofiktionalen Romans *Der große Garten.*

1977 wurde der Comic *Marvel Comics Super Special #1* mit Blut der Band KISS gedruckt, das der roten Druckfarbe zugemischt wurde.

In der 1956er-Ausgabe der *Encyclopaedia Britannica* wurde Rock 'n' Roll als »brutaler, aufdringlicher Lärm« bezeichnet.

Anlässlich des zehnjährigen Jubiläums des Deutschen Buchpreises fand eine Verlosung statt, bei der sich Buchhandlungen um eine Lesung mit einem oder einer der 200 Autor*innen bewerben konnten, die bisher für den Deutschen Buchpreis nominiert gewesen waren.

Auf dem Flug zur Preisverleihung hatte Terézia Mora 2013 Krisztián Grecsós Roman *Mellettem elférsz* (auf Ungarisch) mit im Gepäck. Ihr Roman *Das Ungeheuer* war in jenem Jahr der Siegertitel.

Ulrike Draesner, die Autorin von *Spiele* und *Sieben Sprünge vom Rand der Welt,* hat ein »begehbares« Gedicht installiert, das in Kalkutta und Hong Kong zu sehen war.

Martin Kluger war unter anderem auch als Drehbuchautor tätig und schrieb gemeinsam mit Regisseur und Kameramann Joseph Vilsmaier das Drehbuch zum Film *Rama dama* über die deutsche Nachkriegszeit.

Roula Rouge-Autor Mathias Nolte war Chefredakteur des *SonntagsBlicks*, der im Jahr 2002 über eine angebliche Affäre des Schweizer Botschafters in Berlin – in den Räumen der Botschaft! – berichtete. Die Geschichte stellte sich als frei erfunden heraus. Nolte trat zurück.

Olga Flors Roman *Kollateralschaden* spielt in einem Supermarkt zwischen halb fünf und halb sechs.

Kathrin Schmidt schrieb in ihrem Roman *Du stirbst nicht*, für den sie 2009 mit dem Deutschen Buchpreis ausgezeichnet wurde, über ihre Erfahrungen nach ihrem Schlaganfall: »Während ich vorher die Wörter vom Baum pflücken konnte, muss ich jetzt suchen.«

Für ihren Erstling *Der Himmel vor hundert Jahren* wurde Yulia Marfutova unter anderem mit dem Debütpreis des Buddenbrookhauses ausgezeichnet.

Die britische *Times* war das erste Druckwerk, das 1814 mit dem neuen Verfahren der Schnellpresse gedruckt wurde.

Als der schottische Hauslehrer James Macpherson im 18. Jahrhundert den Auftrag bekam, schottische Märchen und Sagen zu sammeln, war ihm das zu blöd und er schrieb das Ganze einfach selbst: Heute ist diese Sammlung bekannt als *Gesänge des Ossian*.

Das *Guinness-Buch der Rekorde* ist das Buch, das am häufigsten aus Bibliotheken gestohlen wird. Das sagen zumindest seine Herausgeber*innen.

Gerade einmal fünf Frauen standen 2014 auf der Longlist für den Deutschen Buchpreis – ein Zustand, der damals stark kritisiert wurde. Im Jahr 2024 sind es 13.

Aufgrund einer Kooperation mit den Goethe-Instituten sind die nominierten Autor*innen weltweit bei zahlreichen Veranstaltungen Thema.

Namensgeber des 1980 gegründeten Eichborn Verlags war der ehemalige Lektor des Fischer Verlags Vito von Eichborn.

Markenzeichen von *Iowa*-Autorin Stefanie Sargnagel war lange Zeit eine rote Baskenmütze. Diese war 2016 sogar in einer Ausstellung im Wien Museum zu sehen.

Den Protagonisten von Bernd Schroeders Roman *Hau* – Karl Hau – gab es tatsächlich. Er wurde Anfang des 20. Jahrhunderts wegen Mordes an seiner Schwiegermutter zum Tode verurteilt, zu lebenslangem Zuchthaus begnadigt und schließlich nach 17 Jahren Haft entlassen.

Thomas Steinfeld urteilte über die Metaphern in Thomas Hettches Roman *Woraus wir gemacht sind* mit den folgenden Worten: »Es wird geballert wie an einer Schießbude.«

Daniel Glattauers Roman *Gut gegen Nordwind*, der ihn auf die Longlist für den Deutschen Buchpreis 2006 brachte, wurde 2019 mit Nora Tschirner und Alexander Fehling verfilmt.

Brigitte Kronauer hatte als Kind eine derart unleserliche Handschrift, dass sie vom Vater zu Schreibübungen verpflichtet wurde – allerdings handelte sie mit ihm aus, dass sie als »Übung« Geschichten schreiben durfte. Jahre später stand sie mit ihrem Roman *Zwei schwarze Jäger* auf der Longlist.

Nicol Ljubić, der Autor von *Meeresstille*, hat eine bewegte Kindheit hinter sich. Er wurde 1971 in Zagreb geboren, wuchs dann jedoch in Schweden, Griechenland, Russland und Deutschland auf.

Alina Bronsky, die Autorin von *Die schärfsten Gerichte der tatarischen Küche* und *Baba Dunjas letzte Liebe*, hat erst mit 13 Jahren Deutsch gelernt. Ihre ersten Geschichten schrieb sie auf Russisch.

Schreckliche Gewalten von Jakob Nolte beginnt mit einem Werwolfangriff.

Die Möglichkeit von Glück-Autorin Anne Rabe schreibt nicht nur Romane und Drehbücher, sondern auch Songs für ihre Band Lauter schöne Frauen, mit der sie regelmäßig auftritt.

Von 2012 bis 2015 gab es eine App zum Deutschen Buchpreis mit Hör- und Leseproben sowie Informationen zu den Büchern und Autoren.

Das Jahr 2006 brachte den jüngsten Preisverleihungsgast aller Zeiten mit sich: Die Preisträgerin Katharina Hacker hatte ihr Baby dabei, das damals gerade einmal vier Wochen alt war.

Seit 2008 gibt es eine Leseproben-Anthologie, in der Leseproben von allen Nominierten des Jahres zu finden sind und die vom Buchhandel erworben und verteilt werden können. Die Auflage liegt in der Regel im mittleren fünfstelligen Bereich. 2017 lag die Zahl erstmals bei über 60 000 Exemplaren.

Norbert Gstrein wurde nicht nur dreimal für den Deutschen Buchpreis nominiert, er schrieb außerdem eine Dissertation mit dem Titel *Die Logik der Fragen* – das Rigorosum dazu absolvierte er jedoch nicht.

Raphaela Edelbauer, die Autorin von *Das flüssige Land* und *Die Inkommensurablen*, ist auch die Gründerin der Pataphysischen Gesellschaft Wien, deren Ziel die Durchführung absurdistischer Projekte in Österreich ist.

Ende des 18. Jahrhunderts versorgten zahlreiche neugegründete Leihbüchereien viele Menschen mit Lektürestoff. Frankfurt am Main besaß sage und schreibe 18 Leihbüchereien. Sehr zum Nachteil der Verlage. Die Durchschnittsauflagen sanken infolgedessen nämlich von 1500 bis 2000 Exemplaren auf 500 bis 750 Stück.

2016 gab es anlässlich der zehnjährigen Kooperation zwischen der Deutschen Welle und dem Deutschen Buchpreis eine Onlinesonderseite mit einer »Galerie der Sieger«, in der die Porträtfilme aller bisheriger Preisträger*innen zu finden waren.

Ein Long- und Bestseller des 1994 von Klaus und Ida Schöffling gegründeten Verlags Schöffling & Co. ist der *Literarische Katzenkalender*. Nominiert für den Deutschen Buchpreis war der Verlag bereits fünfmal.

Der Gründer des Diogenes Verlags, der bisher mit sechs Titeln für den Deutschen Buchpreis nominiert war, war Daniel Keel.

Bereits vor der Auszeichnung Eugen Ruges mit dem Deutschen Buchpreis sicherten sich sieben Auslandsverlage die Übersetzungsrechte für *In Zeiten des abnehmenden Lichts*, unter anderem Frankreich, Spanien und die Niederlande.

Kein einziger Titel auf der Shortlist 2018 spielt in der Gegenwart, keiner in den Ländern, in denen sie erschienen waren.

Martin Walser, 1998 ausgezeichnet mit dem Friedenspreis des Deutschen Buchhandels und ebenso 2006 mit *Angstblüte* und 2008 mit *Ein liebender Mann* für den Deutschen Buchpreis nominiert, kochte nie – außer Frühstück.

Judith Kuckart, die Autorin von *Kaiserstraße, Wünsche* und *Die Verdächtige* und insgesamt dreimal für den Deutschen Buchpreis nominiert, ist Gründerin des Tanztheaters Skoronel und selbst Tänzerin.

Der Sieger des Deutschen Buchpreises von 2008 – Uwe Tellkamp – war in der DDR mehrere Jahre als NVA-Unteroffizier tätig. Er fiel jedoch durch das Mitführen unerwünschter Schriften sowie Befehlsverweigerung auf, als er gegen Demonstrierende ausrücken sollte, unter welchen er seinen Bruder vermutete.

Dietmar Dath, Autor von *Die Abschaffung der Arten* und *Gentzen oder: Betrunken aufräumen*, veröffentlicht auch unter den Pseudonymen David Dalek, Dagmar Dath und Dieter Draht.

Antje Rávik Strubel ist gelernte Buchhändlerin. 2011 landete sie mit *Sturz der Tage in die Nacht* auf der Longlist – 2021 wurde sie für *Blaue Frau* mit dem Deutschen Buchpreis ausgezeichnet.

Lucia Binar, die Hauptfigur von Vladimir Vertlibs Roman *Lucia Binar und die russische Seele*, ist empört, weil ihre Straße, die Große Mohrengasse, in Große Möhrengasse umbenannt werden soll.

Vom 1. März bis 30. September 2017 war Inger-Maria Mahlke – Preisträgerin des Jahres 2018 – Stadtschreiberin von Magdeburg.

Der Gesamtumsatz der Buchbranche stieg im Jahr 2023 im Vergleich zum Vorjahr um 2,8 Prozent.

Reinhard Kaiser-Mühlecker, Autor von *Fremde Seele, dunkler Wald* und *Wilderer*, in welchen das Dorfleben von Bedeutung ist, wuchs selbst auf einem Bauernhof auf und hat diesen auch übernommen.

In den ersten Theaterstücken, die Olivia Wenzel schrieb, tauchen nur weiße Menschen auf. Als ihr das bewusst wurde, schrieb sie zunächst ein Theaterstück darüber und machte schließlich auch ihr »Coming-out als Nicht-Weiße« zum Gegenstand ihres Romans *1000 Serpentinen Angst*.

Aufruhr der Meerestiere war – so sagt Autorin Marie Gamillscheg selbst – zunächst ein reiner Wuttext. Erst nach und nach näherte sie sich ihren Figuren an und der Text wurde zu einem Roman.

»Ich bin sehr viel glücklicher, als man das mir vielleicht ansieht«, sagte Bodo Kirchhoff in seiner Dankesrede 2016.

Weil Theaterstücke von der Zensur freigegeben werden mussten, wies Nestroy bei seiner Posse *Der böse Geist Lumpazivagabundus* den Kopisten an, in der Abschrift für den Theaterzensor bestimmte Stellen zu »bereinigen«.

Obwohl die Biblioteca Vaticana »erst« Mitte des 15. Jahrhunderts in ihrer heutigen Form von Papst Nikolaus V. gegründet wurde, lässt sich die Buchsammeltätigkeit des Vatikans bis ins vierte Jahrhundert zurückverfolgen.

1585 gegründet ist der Leykam-Buchverlag der älteste Verlag Österreichs. Für den Deutschen Buchpreis nominiert war er zweimal: 2021 mit *Zu den Elefanten* und 2023 mit *Ein Hund kam in die Küche.*

Die Bücher der Shortlist von 2013 bringen zusammen stolze 3866 Gramm auf die Waage.

Das erste Buch auf der Sachbuch-Bestsellerliste war *Ostpreußisches Tagebuch* von Hans Graf von Lehndorff.

Im Literaturhaus Hamburg findet seit einigen Jahren kurz nach der Longlist-Bekanntgabe ein Longlist-Abend statt, bei dem sich regelmäßig ein Großteil der Nominierten dem Publikum vorstellt. Vorbild war der seit 2008 in Frankfurt stattfindende Shortlist-Abend.

Die 20 für den Deutschen Buchpreis nominierten Bücher gingen erstmals 2018 mit der Frankfurter Buchmesse auf Reisen und wurden auf zahlreichen internationalen Buchmessen präsentiert.

Aus Brandschutzgründen musste die Zahl der Zuschauer*innen bei der Verleihung des Deutschen Buchpreises ab dem Jahr 2012 stark reduziert werden.

Steffen Popp, Autor des Romans *Ohrenberg oder der Weg dorthin*, publizierte lange Zeit vor allem Lyrik, unter anderem die Gedichtbände *Wie Alpen*, *Dickicht mit Reden und Augen* und *118*.

Während die Zahl der Buchkäufer*innen im Ganzen auch 2023 weiter sank, stiegen die Zahlen der jugendlichen Buchkaufenden und -lesenden in den letzten Jahren. Aufmerksam auf Bücher werden Jugendliche vor allem durch die Sozialen Medien, zum Beispiel durch #BookTok.

Der Autor von *Laura oder die Tücken der Kunst*, Pierangelo Maset, war Mitglied der 1980 gegründeten ersten deutschen und deutschsprachigen Rap-Band Dr. Misch.

Lichte Stoffe-Autorin Larissa Boehning bezeichnet sich selbst als zurückgezogenen Menschen, der Glück im Schreibprozess findet.

Die französische Literaturzeitschrift *Lire* führte Sherko Fatah, der 2008 mit *Das dunkle Schiff* und 2023 mit *Der große Wunsch* für den Deutschen Buchpreis nominiert war, bereits 2005 unter den »50 Schriftstellern von morgen« an.

Nach seiner Hirntumor-Diagnose 2010 hielt Wolfgang Herrndorf, der 2012 mit *Sand* auf der Shortlist für den Deutschen Buchpreis stand, alltägliche Begebenheiten und philosophische Betrachtungen in seinem Blog fest. Nach seinem Suizid 2013 erschienen seine Aufzeichnungen in Buchform unter dem Titel *Arbeit und Struktur*.

Gianna Molinari, die Autorin von *Hier ist noch alles möglich*, ist Teil des feministischen Autorinnenkollektivs RAUF, dem es unter anderem um das Problem der strukturellen Benachteiligung von Autorinnen im Literaturbetrieb geht.

Über Johannes Gutenberg, den Erfinder des Buchdrucks, weiß man nicht wirklich viel – so wird sein Geburtsjahr zwischen 1394 und 1404 datiert. Der Geburtsort ist jedoch klar: Mainz.

Dass Jack Kerouac das Manuskript von *On the Road* auf eine Klopapierrolle schrieb, ist eine *urban legend*. Er schrieb das Ganze auf eine Art Pergamentrolle aus Butterbrotpapier.

Das im Mai 1836 ins Leben gerufene Sozialwerk des Deutschen Buchhandels unterstützt Kolleg*innen, die unverschuldet in Not geraten sind.

Einige Jahre standen alle jemals für den Deutschen Buchpreis nominierten Romane in den Bordbibliotheken diverser Kreuzfahrtschiffe zur Verfügung – unter anderem auf *Mein Schiff 2*.

Thomas Hürlimann, *Vierzig Rosen*-Autor, wurde in Zug geboren. Genau, »in«, nicht »im«. Gemeint ist der Hauptort des Schweizer Kantons Zug.

Michael Köhlmeier – Autor von *Abendland*, *Madalyn*, *Zwei Herren am Strand* und *Das Philosophenschiff* – ist Teil des Kabarett-Musik-Duos Bilgeri & Köhlmeier, das in den 1970er-Jahren als Ray & Mick mit *Oho Voralberg* einen großen musikalischen Erfolg feiern konnte.

Die Autorin von *Nochmal von vorne*, Dana von Suffrin, leitet für die Villa Stuck in München die Gesprächsreihe »Das Politische Foyer« mit dem Slogan »Wir müssen reden!«.

Als analoger Mensch schreibt Feridun Zaimoglu nicht am PC, sondern auf einer elektrischen Schreibmaschine. Theaterstücke verfasst er sogar am liebsten mit der Hand.

Bodo Kirchhoff ist der Sohn der Autorin und Schauspielerin Evelyn Peters und verarbeitete die Beziehung zu seiner Mutter auch literarisch. Für den Deutschen Buchpreis nominiert war er gleich zweimal: 2012 und 2016 mit *Die Liebe in groben Zügen* und *Widerfahrnis*. Für letzteren Roman wurde er 2016 mit dem Deutschen Buchpreis ausgezeichnet.

Helena Adler, die Autorin von *Die Infantin trägt den Scheitel links,* starb am 5. Januar 2024 im Alter von nur 40 Jahren infolge einer Krebserkrankung. Zum Gedenken an sie rief das Literaturhaus Salzburg den Helena-Adler-Preis ins Leben.

Erasmus von Rotterdam war Anfang des 16. Jahrhunderts ein echter Bestsellerautor. 1800 im März 1515 gedruckte Exemplare von *Lob der Torheit* waren bis Mitte April fast komplett ausverkauft. Und seine *Adagia* erlebten innerhalb von 20 Jahren 34 Auflagen – zu je tausend Exemplaren.

2018 kooperierte der Deutsche Buchpreis erstmals mit LovelyBooks. Auf der Plattform fanden unter anderem Diskussionen, Verlosungen und Interviews zum Deutschen Buchpreis statt.

Nach dem Gewinn des Deutschen Buchpreises 2005 ging Arno Geiger fast ein Dreivierteljahr auf Lesereise. Mit seinen vorherigen Büchern hatte er jeweils etwa zehn Veranstaltungen gehabt, mit dem Siegertitel *Es geht uns gut* über hundert.

Paulus Hochgatterer, Autor von *Die Süße des Lebens*, ist Kinder- und Jugendpsychiater und Chef der Klinischen Abteilung für Kinder- und Jugendpsychiatrie im Universitätsklinikum Tulln.

Arnold Stadler, der Autor von *Komm, gehen wir* und *Rauschzeit*, ist Ehrendoktor der Freien Universität Berlin.

Den Namen von *Andernorts*-Autor Doron Rabinovici spricht man korrekt »Rabinowitsch« aus.

Von Norden rollt ein Donner von Markus Thielemann wird in der Buchbeschreibung als »Anti-Heimatroman« bezeichnet.

Michael Kleeberg wurde für den Deutschen Buchpreis nominiert mit *Das amerikanische Hospital* – als sein literarisches Hauptwerk gilt die Trilogie um den ganz normalen Mann Karlmann Renn, in der er, wie Kleeberg selbst feststellt, den Helden durch »alle möglichen Scheußlichkeitsmühlen gedreht« habe.

Gruber geht-Autorin Doris Knecht tritt auch gelegentlich als DJane auf.

Valerie Fritsch, Autorin von *Winters Garten* und *Herzklappen von Johnson & Johnson*, wurde von Clemens J. Setz an seine Lektorin Doris Plöschberger vom Suhrkamp Verlag empfohlen.

Dass in Hans Platzgumers Roman *Am Rand* so viel gestorben wird, war so nicht geplant, sondern hat sich erst während des Schreibprozesses von selbst ergeben.

Zum Schreiben gekommen ist *Apollokalypse*- und *Romeo oder Julia*-Autor Gerhard Falkner über das Lesen und über sich langsam entwickelnde Selbstgespräche im Kopf, die immer komplexer und interessanter wurden, sodass er irgendwann begann, diese aufzuschreiben.

Durch den ganzen Text des Buches *Das Ungeheuer* von Terézia Mora zieht sich ein waagerechter Strich.

Der 23. April ist der Welttag des Buches, an dem sich alles ums Lesen, um Bücher, aber auch um die Rechte von Autor*innen dreht.

Im Jahr 2011 wurde zum ersten Mal ein Debütroman Preisträger, nämlich *In Zeiten des abnehmenden Lichts* von Eugen Ruge.

Die Deutsche Bank Stiftung ist seit 2014 Hauptförderer des Deutschen Buchpreises.

2014 gab es im Rahmen des Deutschen Buchpreises eine vom Goethe-Institut Estland organisierte Blind-Date-Lesereise durch das Baltikum. *3000 Euro*-Autor Thomas Melle trat die Reise an.

Einen Großteil seiner Kindheit verbrachte der in Sofia geborene Ilija Trojanow, Autor von *Der Weltensammler* und *Macht und Widerstand,* in Nairobi.

Der *Welt aus Glas*- und *München*-Autor heißt nicht nur Händler, er ist auch Unternehmer. Sein Vorname lautet übrigens Ernst-Wilhelm.

Im Roman *Wir vier* von Andreas Schäfer dreht sich alles um den Versuch, nicht ständig um den Mord an einem Kind zu kreisen, das aus einer vierköpfigen Familie herausgerissen wird.

Timon Karl Kaleyta, der Autor von *Heilung*, spielt auch in der Band Susanne Blech, die unter anderem die Single *Helmut Kohl* herausbrachte.

Uwe Timm ist nicht nur der Autor von *Vogelweide*, sondern auch von *Rennschwein Rudi Rüssel*, für das er mit dem Deutschen Jugendliteraturpreis ausgezeichnet wurde.

Wie kommt der Krieg ins Kind-Autorin Susanne Fritz liebt die Musik – und während sie beim Schreiben ein Thema verfolgt, lässt sie sich beim Komponieren einfach treiben.

Der Großvater von Katerina Poladjan, die Armenien zum Gegenstand ihres Romans *Hier sind Löwen* machte, war Überlebender des Völkermords an den Armeniern in den Jahren 1915 und 1916.

Der 1978 gegründete Albrecht Knaus Verlag, der zweimal für den Deutschen Buchpreis nominiert war – beide Male mit Jenny Erpenbeck –, ging im Jahr 2018 im neu gegründeten Penguin Verlag auf.

Die erste öffentliche Bibliothek der Neuzeit wurde 1444 gegründet – und zwar vom Staatsmann und Bankier Cosimo de Medici in Florenz.

Im zweiten Jahrzehnt des 17. Jahrhunderts erschienen laut Messekatalogen jährlich 1587 Novitäten – zum Vergleich: 2023 waren es allein in Deutschland 60 230.

In den Minuten, bevor Katharina Hacker 2006 mit dem Deutschen Buchpreis ausgezeichnet werden sollte, brach unter den Verantwortlichen kurz Nervosität aus – denn die Autorin war nicht mehr im Raum. Sie kümmerte sich gerade um ihren Säugling, der mit ihr auf der Veranstaltung war, und musste unter einem Vorwand wieder in den Saal zurückgelockt werden.

Robert Menasse hatte 2017 keine Dankesrede vorbereitet – er habe ja nicht gewusst, dass er gewinnen würde, und arbeite, wie er scherzhaft sagte, nicht mehr für die Schublade.

Fast 12500 Menschen sahen im Jahr 2012 den Video-Livestream der Preisverleihung. Sie wurde so eine Veranstaltung »für alle«. Die meisten schauten aus dem deutschsprachigen Raum und europäischen Ländern zu – aber es waren auch 32 Zuschauende aus den USA dabei.

Wolf Haas landete 2006 mit seinem Roman *Das Wetter vor 15 Jahren* »nur« auf der Longlist des Deutschen Buchpreises – den Deutschen Krimipreis gewann er dagegen dreimal. 2009 wurde er mit *Der Brenner und der liebe Gott* erneut für den Deutschen Buchpreis nominiert.

1976 rief der österreichische Autor und Preisträger von 2017, Robert Menasse, gemeinsam mit Kommilitonen die Wiener Studentenzeitschrift *Zentralorgan herumstreunender Germanisten* ins Leben.

Der Geburtstag von Norbert Zähringer, dem Autor von *Einer von vielen* und *Wo wir waren*, ist etwas ganz Besonderes. Er wurde geboren am 4.5.67.

Der Autor von *Der wahre Sohn,* Olaf Kühl, ist Osteuropaexperte und veröffentlichte 2023 das Sachbuch *Z. Kurze Geschichte Russlands, von seinem Ende her gesehen.*

Für seinen Roman *Nachricht an alle* wurde Michael Kumpfmüller vor dem Erscheinen mit dem Döblin-Preis ausgezeichnet. Für den Deutschen Buchpreis nominiert wurde er für *Die Erziehung des Mannes.*

Freudenberg-Autor Carl-Christian Elze wuchs als Sohn des langjährigen Tierarztes des Leipziger Zoos auf und verbrachte einen großen Teil seiner Kindheit mit den Tieren.

Um der Mitra eines isländischen Bischofs besonderen Halt zu geben, verwendete ein Hutmacher im 13. Jahrhundert eine altfranzösische Handschrift, die er zurechtschnitt. Darauf stand ein Liebesgedicht.

1564 erschien der erste Katalog zur Frankfurter Buchmesse, in dem die in diesem Jahr angebotenen Publikationen aufgeführt wurden. Sein Titel lautete, wenig handlich, *Novorum librorum, quos nundinae autumnales Francoforti anno 1564 celebratea venales exhiberunt, catalogus.*

Goethes Karriere nahm mit Selfpublishing seinen Anfang. Den *Götz von Berlichingen* veröffentlichte er 1773 anonym und im Selbstverlag.

Der erste Autor, der es auf Platz 1 der *Spiegel*-Bestsellerliste im Bereich Belletristik schaffte, war Heinrich Böll.

Matthes & Seitz wurde 1977 von Axel Matthes und Claus Seitz in München gegründet und 2004 in Berlin neugegründet.

Der Klett-Cotta Verlag geht in seiner älteren Traditionslinie zurück auf den im Jahr 1659 gegründeten, maßgeblichen Verlag der deutschen Klassik von Johann Friedrich von Cotta.

Die als EPUBs vorliegenden für den Deutschen Buchpreis eingereichten Titel liest die Jury in der Regel auf einem E-Reader der Marke Tolino, die sie für ihre Arbeit zur Verfügung gestellt bekommt.

Das Wort »Serpentinen« kam insgesamt in zwei Buchtiteln, die für den Deutschen Buchpreis nominiert waren, vor – und beide im Jahr 2020: *1000 Serpentinen Angst* von Olivia Wenzel und *Serpentinen* von Bov Bjerg.

Ludwig Fels, der Autor von *Reise zum Mittelpunkt des Herzens,* wuchs als uneheliches Kind in Treuchtlingen in Franken auf und erfuhr aufgrund dessen gesellschaftliche Ausgrenzung, die ihn für sein Leben prägte.

Nur 4,2 Prozent aller Bücher wurden im Jahr 2023 von Verlagen direkt an private Endkunden vertrieben. Der Sortimentsbuchhandel lag im selben Jahr bei einem Anteil von 41,8 Prozent.

Ihre Ausbildung zur Steuerinspektorin beendete Karen Duve ohne Abschluss – anschließend fuhr sie Taxi in Hamburg und sammelte dort 13 Jahre lang Erfahrungen, die sie viele Jahre später im Roman *Taxi* verarbeitete.

Norbert Scheuer, der mit *Überm Rauschen* 2009 und mit *Winterbienen* 2019 auf der Shortlist für den Deutschen Buchpreis stand, war bis 2017 als Systemprogrammierer bei der Deutschen Telekom tätig.

Die Herrenausstatterin von Mariana Leky ist eine Dreiecksgeschichte über eine verlassene Frau, einen kleinkriminellen Feuerwehrmann sowie den Geist eines ehemaligen Nachbarn.

Der Roman *Wiener Straße*, mit dem Sven Regener 2017 für den Deutschen Buchpreis nominiert war, ist Teil des Herr-Lehmann-Universums und spielt im Berlin der 1980er-Jahre.

Hessen Film & Medien unterstützte die Verfilmung von *Allegro Pastell*, für die Autor Leif Randt auch die Drehbuchfassung schrieb, mit 650 000 Euro.

Sylvie Schenk, die Autorin von *Maman*, wurde 1944 in Chambéry, Frankreich, geboren. Sie lebt aber seit 1966 in Deutschland, wo sie zunächst als Lehrerin tätig war.

Der Schweizer Lenos Verlag wurde mit einem Startkapital von gerade einmal 400 Franken im Jahr 1970 gegründet.

Bei der ersten Auflage der 42-zeiligen Gutenbergbibel druckte Johannes Gutenberg vermutlich bereits gut 150 Exemplare auf Papier und etwa 30 auf Pergament.

Der Verlag Antje Kunstmann wird erst seit 1990 so genannt, 1976 war der Verlag unter dem Namen Weismann Verlag-Frauenbuchverlag gegründet worden.

2017 stellte Suhrkamp zum zweiten Mal die Hälfte der Shortlist. Das war dem Verlag 2012 schon einmal gelungen.

Der Börsenverein der Deutschen Buchhändler zu Leipzig wurde am 30. April 1825 gegründet.

Die Träumer-Autor Peter Truschner ist nicht nur Autor, sondern auch Fotograf.

Der Sales Manager Jochen Brockmann aus Ulrich Peltzers Roman *Das bessere Leben* ist eine Art Alter Ego, an dem Peltzer ein Gedankenexperiment durchspielt, nämlich die Frage: Was wäre, wenn er Jurist oder Kaufmann geworden wäre?

153 Formen des Nichtseins-Autorin Slata Roschal ist Literaturwissenschaftlerin und verfasste ihre Dissertation über das Thema *Der Mann im Untergrund. Zu einem Männlichkeitstypus in der russischen Literatur der zweiten Hälfte des 19. Jahrhunderts.*

Seit 2020 gehört der 1934 von Eugen Claassen gegründete Claassen Verlag zu den Ullstein Buchverlagen.

Die Akademie Deutscher Buchpreis, welche die Jurymitglieder auswählt, besteht aus bis zu elf Repräsentant*innen der Buch- und Kulturbranche sowie Vertreter*innen der Partner des Preises.

2011 wurden mehr als vier Fünftel der für den Deutschen Buchpreis zur Wahl stehenden Titel in digitaler Form eingereicht.

Die DVA, die unter anderem 2010 mit *Das amerikanische Hospital* von Michael Kleeberg für den Deutschen Buchpreis nominiert war, geht zurück auf die 1831 in Stuttgart gegründete Hallbergersche Verlagshandlung.

Zwei Jahre nach der Nominierung seines Romans *abwesend* für den Deutschen Buchpreis 2007 gewann Gregor Sander mit seiner Erzählung *Winterfisch* in Klagenfurt den 3sat-Preis.

Im selben Jahr, in dem Melinda Nadj Abonji für *Tauben fliegen auf* mit dem Deutschen Buchpreis ausgezeichnet wurde, erhielt sie auch den Schweizer Buchpreis, nämlich 2010.

Charles Lewinsky, der Autor von *Kastelau* und *Der Halbbart*, ist auch Drehbuchautor – unter anderem der Schweizer Sitcom *Fascht e Familie.*

Bodentiefe Fenster von Anke Stelling erschien im Verbrecher Verlag. Wie die Protagonistin ihres Romans lebt Stelling in einem Gemeinschaftshaus mit mehreren Familien im Prenzlauer Berg.

Ulrich Woelk, Autor von *Der Sommer meiner Mutter*, ist promovierter Astrophysiker. Der Roman erzählt unter anderem von der ersten Mondlandung.

Der Debütroman *Kintsugi* von Miku Sophie Kühmel zeichnet sich unter anderem durch eine mikro- und multiperspektivische Erzählweise aus.

Papyrus zerfällt in der Regel nach etwa 200 Jahren, Pergament kann auch Jahrtausende überdauern. Allerdings zeigen archäologische Funde, dass auch Papyrus unter speziellen Bedingungen extrem haltbar ist.

Goethe wurde von seinem Verleger offenbar ziemlich über den Tisch gezogen. Obwohl der *Werther* das Modebuch seiner Zeit war, notierte Goethe 1774: »Mir hat meine Autorschafft die Suppen noch nicht fett gemacht«.

Die *Schedelsche Weltchronik*, gedruckt von Albrecht Dürers Taufpaten Antonius Koberger, beinhaltete 1809 Holzschnitte. Kein anderes Buch im 15. Jahrhundert war ähnlich reich bebildert.

Die Leseproben-Anthologie mit allen Nominierten des Jahres war 2022 noch vor Bekanntgabe der Shortlist ausverkauft.

Der Frankfurter Verlag weissbooks wurde 2017 zum ersten Mal für den Deutschen Buchpreis nominiert, und zwar für Christoph Höhtkers *Das Jahr der Frauen.*

2003 wurde der Independent-Verlag kookbooks von der Dichterin Daniela Seel und dem Grafiker Andreas Töpfer gegründet, 2006 stand der Verlag schon mit Steffen Popps *Ohrenberg oder der Weg dorthin* auf der Longlist. Ein Jahr darauf wiederholte sich der Erfolg mit Pierangelo Masets *Laura oder die Tücken der Kunst.*

Die meisten Preisträger*innen gab es bisher bei Suhrkamp, gefolgt von Rowohlt.

Buchhändlerin und Jurymitglied im Jubiläumsjahr 2024 Regina Moths musste sich einmal eine Schaufensterdekoration von der Münchner Polizei »abnehmen« lassen. Als Dekoration hatte sie Verkehrsschilder verwendet und die Beamten sollten sicherstellen, dass dadurch nicht gegen Richtlinien verstoßen wurde.

Mark Twain war es, der konstatierte: »Schreiben ist leicht. Man muss nur die falschen Wörter weglassen.«

Karl-Heinz Ott, Musikwissenschaftler und Autor von *Ob wir wollen oder nicht*, hatte 2006 in Mainz eine Poetikdozentur zum Thema *Literatur als Form gewordene Gedankenmusik* inne.

Dreimal wurde Mirko Bonné für den Deutschen Buchpreis nominiert – mit *Nie mehr Nacht* schaffte er es 2013 auf die Shortlist.

Die Autorin von *Eins im Andern,* Monique Schwitter, hatte mehrere Jahre lang am Deutschen Schauspielhaus in Hamburg ihren eigenen literarischen Salon, den »Damensalon«, in dem sie ihre Lieblingsliteratur präsentierte.

Mit den Worten »Man muss nicht in der Bratpfanne gelegen haben, um über ein Schnitzel zu schreiben« ermutigte Maxim Gorki Schriftsteller*innen, sich auch in ein nicht ganz so vertrautes Terrain vorzuwagen.

André Kubiczek stand 2016 am Tag der Longlist-Verkündung gerade im Supermarkt an der Kasse, als seine Lektorin anrief. Er ging nicht dran, wusste aber durch den Anruf gleich Bescheid, dass er mit *Skizze eines Sommers* für den Deutschen Buchpreis nominiert war.

Bücher wurden im 17. Jahrhundert von den Buchhändlern – damals noch »Buchführer« genannt, weil sie Bücher im Angebot »führten« – in der Regel nur als »Rohmaterial« verkauft. Gebundene Bücher verkaufen durften nur die Buchbinder.

Alle Bücher der Longlist 2015 zusammengenommen wiegen über zehn Kilogramm, genauer 10 692 Gramm.

Bodo Kirchhoff gibt seit 2003 Schreibseminare in Torri del Benaco am Gardasee.

Mit einem Autor stand der 2003 von Sabine Dörlemann gegründete Schweizer Dörlemann Verlag gleich zweimal auf der Longlist für den Deutschen Buchpreis: Jens Steiner.

Sponsor hinter dem Paschen-Literatursalon, in dem auf der Frankfurter Buchmesse über mehrere Jahre hinweg eine Vielzahl der für den Deutschen Buchpreis nominierten Autor*innen lasen, war die ostwestfälische Möbelfirma Paschen & Companie.

Es gibt Dekorationspakete, mit denen die für den Deutschen Buchpreis Nominierten im Handel beworben werden können. Darin enthalten sind in der Regel Aufkleber, Plakate und Bucheinstecker.

Für die Jurysitzung, bei der die Nominierten für die Longlist festgelegt werden, wählt üblicherweise jedes Jurymitglied möglichst viele persönliche Favorit*innen aus, um so eine Diskussionsgrundlage zu schaffen.

Die beiden Verlage mit den bislang meisten Nominierungen sind Suhrkamp und Carl Hanser.

Lukas Bärfuss, der Autor von *Hundert Tage* und *Koala* war im Alter von 15 bis 19 Jahren wiederholt obdachlos.

Als Lyrikerin spielt *Dinge, die wir heute sagten*-Autorin Judith Zander gerne mit der Sprache, insbesondere mit Redewendungen, sodass ihre Gedichte oft völlig unverständlich scheinen und gleichzeitig offen für alle möglichen Assoziationen sind.

Die Autorin von *Sogar Papageien überleben uns,* Olga Martynova, war mit dem 2018 verstorbenen Dichter Oleg Jurjew verheiratet.

Ich nannte ihn Krawatte von Milena Michiko Flašar stand nicht nur auf der Longlist für den Deutschen Buchpreis, sondern wurde auch mit dem österreichischen Literaturpreis Alpha ausgezeichnet.

Anstoß für ihre Romane gibt *Eine dieser Nächte*-Autorin Christina Viragh das Dialogisieren mit sich selbst. Sie stellt sich selbst – schriftlich – Fragen, um herauszufinden, was sie erforschen will.

Reinhard Kaiser-Mühlecker stand 2022 mit *Wilderer* auf der Longlist für den Deutschen Buchpreis – im selben Jahr wurde er für den Roman mit dem Bayerischen Buchpreis ausgezeichnet.

Kim de l'Horizon, Kunstfigur und Buchpreisträger*in des Jahres 2022, gibt über sich selbst an, 2666 auf dem Science-Fiction-Planeten Gethen geboren worden zu sein.

Nach der Nominierung von Jonas Lüschers Roman *Frühling der Barbaren* für den Deutschen Buchpreis wurden von dem Roman, der bereits im Januar 2013 erschienen war, im August mehr Exemplare verkauft als in allen Monaten zuvor zusammen.

Nicht nur Faust unterschrieb seinen Teufelspakt mit Blut – im Alten Ägypten wurden auch Papyri, die Zaubersprüche enthielten, mit speziellen Tinten geschrieben, welchen unter anderem Blut beigemischt war.

Die Hitler-Tagebuch-Fälschung von Konrad Kujau umfasste 62 Bände.

Der Blumenbar Verlag, der inzwischen ein Imprint des Aufbau Verlags ist, ging hervor aus dem gleichnamigen literarischen Salon, den die Gründer Wolfgang Farkas und Lars Birken-Bertsch in den 1990er-Jahren unter anderem in ihrer Wohnung in der Blumenstraße 3 in München abhielten.

Das Online-Magazin *New Books in German* veröffentlicht Probeübersetzungen der für den Deutschen Buchpreis nominierten Titel für interessierte Verlage im Ausland.

Die Verleihung des Deutschen Buchpreises dauert in der Regel nur eine knappe Stunde.

Den Schirmer Graf Verlag, der 2007 mit Lena Goreliks *Hochzeit in Jerusalem* auf der Longlist stand, gibt es nicht mehr. Tanja Graf nahm mit dem Graf Verlag zwischenzeitlich eine eigene verlegerische Tätigkeit auf und ist heute Leiterin des Münchner Literaturhauses.

Der Verlag Klaus Wagenbach war 2012 zum ersten Mal für den Deutschen Buchpreis nominiert – und zwar mit dem Titel *Ich nannte ihn Krawatte* von Milena Michiko Flašar.

Der Vatikan reagierte auf die Erfindung des Buchdrucks mit der Einführung der Vorzensur.

Der 2014 für den Deutschen Buchpreis nominierte Martin Lechner hat sein Debüt *Kleine Kassa* mit reichlich Lüneburger Lokalkolorit versehen.

Im Jahr 2023 wurden 8760 Titel ins Deutsche übersetzt.

Südstern-Autor Tim Staffel arbeitet in einem Herzkatheterlabor, um die künstlerische Produktion vom Druck des Geldverdienens zu befreien.

Doppler-Autor Thomas Oláh ist Gründer der Kostümwerkstatt Oláh, die Kostüme für große Bühnen wie die Wiener Staatsoper anfertigte.

Die erste Erinnerung von Peter Kurzeck, dessen Schreiben stark autobiografisch geprägt ist, kreist um einen Tieffliegerangriff in seinem Geburtsort, als er noch nicht einmal zwei Jahre alt war und mit seiner Schwester in eine Marienkapelle flüchtete.

Der Ullstein Verlag wurde 1903 von den Gebrüdern Ullstein gegründet, nachdem diese zuvor schon jahrelang erfolgreich im Zeitschriftengeschäft tätig gewesen waren.

Das ab 1946 erscheinende monatliche Leseheft *story. Erzähler des Auslands* versprach den Inhalt eines 168-seitigen Buches auf 32 Heftseiten. Ein Heft kostete 60 Pfennig – eine Zigarette 600.

Ein Jubiläum feierte 2024 auch der Vorlesewettbewerb, der in die 65. Runde ging. Er findet seit 1959 statt.

Der Deutsche Buchpreis ist auch auf der Frankfurter Buchmesse präsent, zum Beispiel in Form von Auftritten des Preisträgers oder der Preisträgerin, teilweise zusammen mit Verleger*in oder Lektor*in.

Gustav Kiepenheuer starb, ehe auch nur ein Buch unter dem Imprint Kiepenheuer & Witsch erscheinen konnte. Der 26 Jahre jüngere Bibliotheksdirektor Dr. Joseph Caspar Witsch führte allein die Geschäfte von Kiepenheuer & Witsch fort.

2017 kamen beim Empfang nach der Preisverleihung erstmalig bewegte Lichtinstallationen zum Einsatz, die den Preisträger, die Shortlist und die Optik des Deutschen Buchpreises aufgriffen.

Mit seinem Roman *Heimweg* stand Harald Martenstein 2007 auf der Longlist – mit seiner Kolumne in der ZEIT sorgte er ein Jahr später dafür, dass die Altersfreigabe des Til-Schweiger-Films *Keinohrhasen* von sechs auf zwölf Jahre angehoben wurde.

Terézia Mora, Preisträgerin von 2013, stammt aus Ungarn und wuchs dort als Teil einer deutschen Minderheit zweisprachig auf.

Ganze viermal war Thomas Hettche für den Deutschen Buchpreis nominiert: 2006, 2010, 2014 und 2020.

»Ich schneide ein Loch in meinen Kopf. In die Stirne schneide ich das Loch. Mit meinem Blut soll mir das Hirn auslaufen«, las Rainald Goetz 1983 bei seinem Auftritt beim Ingeborg-Bachmann-Preis, während er sich mit einer Rasierklinge in die Stirn ritzte.

Im Jahr des Erscheinens von *Robinsons blaues Haus* wurde Ernst Augustin 85 Jahre alt.

Joachim Meyerhoff, Autor von *Wann wird es endlich wieder so, wie es nie war* und *Ach, diese Lücke, diese entsetzliche Lücke*, hat eine abgeschlossene Schauspielausbildung und war unter anderem Ensemblemitglied des Burgtheaters Wien.

Mit *Aus der Zuckerfabrik* stand Dorothee Elmiger sowohl beim Deutschen als auch beim Schweizer Buchpreis auf der Shortlist.

Der Sohn von *Ich an meiner Seite*-Autorin Birgit Birnbacher zeichnet gerne auf die Rückseiten ihrer Manuskriptblätter.

Ruth-Maria Thomas, die Autorin von *Die schönste Version*, war als Sozialarbeiterin in der Jugendhilfe tätig.

Bisher ging der Deutsche Buchpreis noch nie zweimal an die gleiche Person.

Mit ein Grund für die Gründung des Berenberg Verlags 2004 durch Petra und Heinrich von Berenberg war der Wunsch, den Büchern, die sie als Lektorin und Lektor entdeckten, den eigenen Stempel aufzuprägen.

Seit 2012 ist der Deutsche Buchpreis auf Facebook aktiv. Weiter ging es 2017 mit Twitter, 2019 mit Instagram und 2022 mit TikTok. Es folgten BlueSky im Jahr 2023 und Threads im Jahr 2024.

Die in der Buchbranche üblichen Konditionen sind in der Verkehrsordnung für den Buchhandel festgehalten, die immer gelten, insofern keine anderen Absprachen getroffen werden.

Uwe Timm – Autor von *Halbschatten* – ist gelernter Kürschner und übernahm Ende der 1950er-Jahre das Pelzgeschäft seines Vaters.

»Wawerzinek« ist nicht der echte Nachname des Autors von *Rabenliebe*. Er entschied sich für diesen auf das polnische Wort für den zur Papierherstellung verwendeten Seidelbast zurückgehenden Namen, um seine besondere Verbindung zur Literatur zum Ausdruck zu bringen.

In seinem Roman *Nichts Weißes* taucht Ulf Erdmann Ziegler ein in die Welt der Schriftzeichen und begleitet eine Typografin auf der Suche nach der perfekten Schrift.

Philipp Winklers Debütroman *Hool* spielt in der Hooliganszene um Hannover 96.

In dem von Thomas Melle verfassten und in München aufgeführten Theaterstück *Uncanny Valley* war ein humanoider Roboter, ein Doppelgänger des Schriftstellers, auf der Bühne zu sehen.

Birgit Müller-Wieland, die Autorin von *Flugschnee*, ist seit 1997 mit dem Komponisten und Dirigenten Jan Müller-Wieland verheiratet.

Der Vogelgott von Susanne Röckel zeichnet sich durch Elemente der Schwarzen Romantik aus.

Serpentinen-Autor Bov Bjerg heißt eigentlich Rudolf Schmidt. Sein Künstlername geht zurück auf den dänischen Ort Bovbjerg.

Angeblich war der Schweizer Ammann Verlag 1996 der erste Belletristik-Verlag des deutschsprachigen Raums mit eigenem Internetauftritt.

Das Buch *Wits and Wisdom of Spiro T. Agnew* ist komplett leer. Agnew war Vizepräsident unter Richard Nixon.

Gesetzlich verankert wurde die zuvor weitgehend privatrechtlich gehandhabte Buchpreisbindung in Deutschland erst im Jahr 2002, doch schon am 25. September 1887 wurde bei einer Hauptversammlung des Börsenvereins die Krönersche Reform beschlossen, die einen einheitlichen Ladenpreis festlegte, um Schleuderei zu vermeiden.

Der Deutsche Taschenbuchverlag wurde 1960 als eine Art Rechte-Verwertungsgesellschaft gegründet, von der ursprünglich nur Werke der Gesellschafter als Taschenbuchausgaben herausgegeben wurden.

The Blah Story ist nicht wirklich eine Geschichte, sondern ein absurdes Kunstwerk von Nigel Tomms. Sie ist ein einziger Satz aus 2 403 109 »Blah«s.

Der Dämon, der für Schreibfehler verantwortlich ist, heißt Titivillus.

Vor Wikipedia galt die Yongle-Enzyklopädie als die umfangreichste Enzyklopädie der Geschichte. Sie wurde vom gleichnamigen chinesischen Kaiser in Auftrag gegeben und hätte umgerechnet 300 Regalmeter eingenommen.

8030 Seiten zählten die Titel auf der Longlist zusammen im Jahr 2011 – die längste Longlist aller Zeiten.

2020 glich die Jury das wieder aus mit der kürzesten Longlist aller Zeiten, nämlich mit gerade einmal 5430 Seiten.

Pierangelo Maset antwortete einmal auf die Frage, was ihm zum Deutschen Buchpreis einfalle: »Pickel, Armut und Eifersucht«.

Mein drittes Leben von Daniela Krien erzählt von einer Frau, die ihre einzige Tochter verliert und den Weg zurück ins Leben finden muss.

Die Gründerinnen des im Jahr 1983 ins Leben gerufenen Nagel & Kimche Verlags waren Renate Nagel und Judith Kimche. Der Verlag wurde 2022 von HarperCollins übernommen.

In seiner Studienzeit war *Willkommen neue Träume*-Autor Norbert Niemann Frontmann der New-Wave-Band Diebe der Nacht.

Manche Rezensent*innen bewunderten, andere wunderten sich über die Unbefangenheit in Astrid Rosenfelds Debütroman *Adams Erbe*, der unter anderem den Holocaust behandelt.

2017 wurde Jenny Erpenbeck mit dem Bundesverdienstkreuz am Bande ausgezeichnet – unter anderem für ihren Einsatz, das Schicksal von Flüchtenden und deren Situation in Deutschland eindringlich zu schildern und zu vermitteln.

Josef Oberhollenzer, der Autor von *Sültzrather*, hat ein besonderes Geburtsdatum: 22.11.55.

Adolf Muschg, der Autor des Romans *Heimkehr nach Fukushima* ist mit einer Japanerin verheiratet und schreibt immer wieder über japanische Themen und Orte.

Bei ihrem Roman *Ein simpler Eingriff* ging es der Schweizer Schriftstellerin Yael Inokai bewusst darum, eine Geschichte über Frauen zu schreiben, die den Aufbruch wagen und nicht scheitern.

Das hohe Körpergewicht der Mutter ist eines der Lebensthemen im Werk Daniela Dröschers. Sie musste jedoch erst älter werden, um die Distanz und den Wortschatz zu gewinnen, den es brauchte, um sich dem Thema in *Lügen über meine Mutter* ein weiteres Mal anzunähern.

Zwei der Buchpreisblogger*innen 2016 – Tobias Nazemi und Sophie Weigand – reisten zum Goethe-Institut nach Dänemark, um dort über die Shortlist und die Szene der Literaturblogger*innen in Deutschland zu sprechen.

Während es in der Zeit von 1701 bis 1750 in Berlin nur 53 und in Hamburg 76 buchgewerbliche Betriebe gab, waren es in Leipzig 145, in Nürnberg 99 und in Augsburg sage und schreibe 150 Stück.

Der Penguin Verlag ist eine Neugründung der Penguin Random House Verlagsgruppe aus dem Jahr 2015. Der Verlag wurde erstmals 2021 für den Deutschen Buchpreis nominiert.

Das umfassende digitale Archiv zum Deutschen Buchpreis auf der entsprechenden Homepage gibt es seit dem zehnjährigen Jubiläum im Jahr 2014.

11 000 Literaturinteressierte aus 44 Ländern verfolgten 2018 die Preisverleihung via Livestream.

Die Mitglieder der Jury für den Deutschen Buchpreis müssen etwa 200 Bücher innerhalb kürzester Zeit lesen.

Schon während seiner Ausbildung zum Groß- und Außenhandelskaufmann in Hamburg in den Jahren 1973 bis 1976 verfasste Frank Schulz, der Autor von *Onno Viets und der Irre vom Kiez,* erste literarische Fingerübungen.

Seit 2023 ist *Der Russe ist einer, der Birken liebt*-Autorin Olga Grjasnowa – Jahrgang 1984 – Professorin für Sprachkunst an der Universität für angewandte Kunst Wien.

Jonas Lüscher, Autor von *Frühling der Barbaren* und *Kraft*, lag nach einer Coronainfektion mehrere Wochen im Koma und erhob danach seine Stimme gegen Gesellschaftsgruppen, die das Risiko einer Erkrankung abtaten und kleinredeten.

Seit 2023 ist *Weshalb die Herren Seesterne tragen*-Autorin Anna Weidenholzer Co-Kuratorin des Literaturfests Salzburg.

Michael Wildenhain, Autor von *Das Singen der Sirenen*, war früher Hausbesetzer.

Robert Menasse ist der Halbruder von Eva Menasse. Ihr gemeinsamer Vater Hans Menasse war Jude und gelangte mit gerade einmal acht Jahren mit einem Kindertransport nach England.

Dunkle Zahlen wurde angeblich nicht von seinem Autor Matthias Senkel, sondern von einer Maschine geschrieben. Senkel behauptet, er sei nur der Übersetzer.

Arno Camenisch, Autor von *Goldene Jahre*, trinkt keinen Alkohol, weil er Klarheit möchte. Er will das Leben spüren, auch wenn es wehtut.

Eine Liebe in Pjöngjang-Autor Andreas Stichmann hat Nordkorea selbst bereist.

Gabriele Riedle, Autorin von *In Dschungeln. In Wüsten. Im Krieg.*, war jahrelang Reporterin bei *Geo*.

Die Volksausgabe von Thomas Manns *Buddenbrooks* kostete im Winter 1929 im Kaufhaus nur zwei Mark und 85 Pfennig. Das Buch, für das Mann im selben Jahr mit dem Nobelpreis ausgezeichnet wurde, verkaufte sich in dieser Form fast eine Million Mal.

Im *Kamasutra* des alten indischen Philosophen Vātsyāyana ist die 44. Kunst *Mlecchita vikalpa*, nämlich eine Nachricht zu chiffrieren.

Der Suhrkamp Verlag wurde am 1. Juli 1950 gegründet.

Mit dem Übergang vom 17. zum 18. Jahrhundert kam es in der Buchkultur zu einem Umbruch: Lateinische Werke wurden abgelöst von volkssprachlichen Publikationen. Es begann der Aufstieg Leipzigs als Messestadt.

Die edition AZUR ist ein Leipziger Independent-Verlag, der 2022 mit Carl-Christian Elzes *Freudenberg* zum ersten Mal für den Deutschen Buchpreis nominiert war.

Der Aufbau Verlag wurde 1945 als Einrichtung des Kulturbundes gegründet und entwickelte sich schnell zum größten belletristischen Verlag der DDR.

Zum zehnjährigen Jubiläum des Deutschen Buchpreises gab es im Anschluss an die Preisverleihung eine Party – auf der es unter anderem Grüne-Soße-Eis gab.

Ganz nach oben ging es 2014 für den Siegertitel *Kruso*, der zunächst auf Platz 18 der *Spiegel*-Bestsellerliste einstieg und sich dann nach einigem Auf und Ab bis auf Platz 1 vorarbeitete.

Luca Kieser, der Autor von *Weil da war etwas im Wasser,* wird vor allem von anderen Menschen inspiriert, von Freunden, die schreiben, aber auch von Menschen, die er nicht leiden kann.

Der Paul Zsolnay Verlag gehört seit 1996 zum Münchner Carl Hanser Verlag.

Am 9. November 1867 – dem Klassikerjahr – wurden sämtliche Werke vor dem 9. November 1837 verstorbener Autor*innen gemeinfrei und konnten somit von jedem und jeder nachgedruckt werden. Heute gilt in Deutschland laut § 64 Abs. 1 UrhG die Frist: 70 Jahre *post mortem auctoris*, also 70 Jahre nach Tod des Autors oder der Autorin wird sein oder ihr Werk gemeinfrei.

In den Jahren 2015 bis 2023 produzierte das Onlineradio detektor.fm Hörproben zu jedem der 20 Romane auf der Longlist.

Zora del Buonos Schreibstil ist von ihrer Tätigkeit als Architektin geprägt. Dazu gehört es, erst ein Gerüst zu bauen, das dann mit Geschichten gefüllt wird.

In den Jahren 2018 und 2019 konnten sich Lesekreise bewerben, um einer der fünf offiziellen Lesekreise zu werden, welche die für den Deutschen Buchpreis nominierten Romane diskutierten und ihre Eindrücke veröffentlichten. Ausgewählt wurden 2018 unter anderem die Leseratten DC aus Washington, D.C.

Die Stiftung Buchkultur und Leseförderung des Börsenvereins des Deutschen Buchhandels vergibt nicht nur den Deutschen Buchpreis, sondern veranstaltet unter anderem auch den Vorlesewettbewerb des Deutschen Buchhandels.

Die Mittagsfrau, der Preisträgertitel von 2007, ist bis heute der Siegertitel mit den meisten ins Ausland verkauften Lizenzen.

2017 wurde besonders die große Anzahl unabhängiger Verlage auf der Longlist hervorgehoben.

Über 6000 Flyer mit allen relevanten Informationen zum Deutschen Buchpreis werden jedes Jahr auf der Buchmesse verteilt – über ein Drittel davon in englischer Sprache.

Drifter-Autorin Ulrike Sterblich ist auch die Frau hinter *Supatopcheckerbunny*, einem Comic, der unter anderem in der Zeitschrift *Titanic* erschien.

Die Protagonist*innen von Teresa Präauers Roman *Kochen im falschen Jahrhundert* tragen keine Namen.

Der früheste bekannte Fall einer Bücherverbrennung findet sich in der Apostelgeschichte, als Bekehrte auf Betreiben des Apostels Paulus ihre Bücher verbrannten.

Als der *Codex Manesse*, eine Sammlung mittelhochdeutscher Lieder, 2006 für eine Ausstellung verliehen wurde, betrug die Versicherungssumme unglaubliche 50 Millionen Euro.

Anfang des 20. Jahrhunderts band die britische Buchbinderfirma Sangorski & Sutcliffe die *Rubajats* von Omar Chayyām in Gold und Edelsteine. Das Buch, das als *The Great Omar* bezeichnet wurde, versank 1912 mit der Titanic.

Nicht einmal 27 Jahre alt war Carl Hanser, als er 1928 den nach ihm benannten Verlag gründete und sich für zwei Standbeine entschied: Literatur und Sachbuch.

Der Wiener Picus Verlag war bisher zweimal für den Deutschen Buchpreis nominiert.

Der oder die Vorsteher*in des Börsenvereins verkündet den oder die Preisträger*in.

Der homunculus verlag, der 2022 mit Slata Roschals *153 Formen des Nichtseins* zum ersten Mal für den Deutschen Buchpreis nominiert war, hat seinen Sitz in Erlangen.

2008 gegründet, zeichnet sich PalmArtPress – 2019 nominiert für Carmen-Francesca Bancius *Lebt wohl, Ihr Genossen und Geliebten!* – durch die experimentierfreudige Verknüpfung von Literatur, Kunst und Kultur aus.

Lichtjahre entfernt-Autor Rainer Merkel war einige Jahre als Helfer in Krisenregionen unterwegs, was er auch literarisch verarbeitet hat.

Die Ordnung der Sterne über Como-Autorin Monika Zeiner ist Sängerin und Texterin von Marinafon, einer Italo-Swing-Band.

Peter Handke verzichtete 2008 auf seine Nominierung für den Deutschen Buchpreis, damit jüngere Autor*innen eine Chance bekämen.

1700 Beiträge – Hörfunk nicht eingerechnet – widmeten sich im Jahr 2013 dem Deutschen Buchpreis.

Der erste deutsche Staat, der Autor*innen lebenslangen Schutz gegen unlizenzierten Nachdruck zusicherte, war Anfang des 19. Jahrhunderts Baden.

Natascha Freundel, Jurymitglied im Jubiläumsjahr 2024 und Journalistin, war bereits 2019 Jurorin des Alfred-Döblin-Preises.

Durch die Preisverleihung führte 2017 erstmals Moderatorin Cécile Schortmann. Eigentlich hätte sie schon 2016 den Staffelstab von Gert Scobel übernehmen sollen, fiel jedoch krankheitsbedingt aus.

Die Deutsche Welle produziert regelmäßig kurze Porträtfilme zu den einzelnen Shortlist-Autor*innen und ihren Romanen.

Der Titel von Esther Kinskys erstem für den Deutschen Buchpreis nominierten Roman *Banatsko* bezieht sich auf das nördliche Banat, eine Art Niemandsland zwischen Ungarn, Serbien und Rumänien. Sie wurde noch zwei weitere Male für den Deutschen Buchpreis nominiert.

Der Autor von *Die Laute,* Michael Roes, ist unter anderem Anthropologe und verarbeitet seine Erfahrungen in diesem Metier in seinen Romanen.

2017 gewann Ferdinand Schmalz mit *Mein Lieblingstier heißt Winter* in Klagenfurt den Ingeborg-Bachmann-Preis. 2021 stand er mit dem gleichnamigen Roman auf der Longlist.

Jochen Schmidt, Autor von *Phlox*, ist aktives Mitglied der Autonama, der Autorennationalmannschaft, einem Fußballteam aus Schriftstellern.

Der Innsbrucker Haymon Verlag ist benannt nach einer Sagenfigur aus Tirol, einem Riesen, der das Kloster Wilten im Süden Innsbrucks gegründet haben soll.

»Joghurt« war *das* Stichwort bei der Verleihung des Deutschen Buchpreises 2018 – so dankte Inger-Maria Mahlke all jenen, »die wissen, dass es einen Unterschied gibt zwischen Büchern und Joghurt«, weil eben nur Bücher – und die Kunst im Allgemeinen – Menschen eine existentielle Erfahrung ermöglichten.

Eine Verehrerin des französischen Astronomen Nicolas Camille Flammarion vermachte ihre Haut nach ihrem Tod an Tuberkulose dem Wissenschaftler – er sollte sein neuestes Werk damit binden lassen, was dieser auch tat.

Galiani Berlin ist ein Tochterverlag von Kiepenheuer & Witsch.

Der Rowohlt Verlag wurde dreimal gegründet, und zwar zunächst 1908 in Leipzig, wo Ernst Rowohlt sein erstes Buch verlegte. 1919 wurde der Verlag erneut in Berlin gegründet und nach dem Ende des Zweiten Weltkriegs abermals in allen vier Besatzungszonen.

Das »C.« in C. Bertelsmann Verlag steht für »Carl«, der den Verlag für religiöse Schriften im Jahre 1835 in Gütersloh gründete.

Der Anteil von E-Books am Buchhandelsumsatz lag im Jahr 2023 bei 6,1 Prozent und blieb damit nahezu unverändert.

Der Siegertitel im Jubiläumsjahr 2014 – *Kruso* – wurde als derart großartig betrachtet, dass *Die Welt* konstatierte, er habe aus beinahe allen bisherigen Jahrgängen herausgeragt.

Der Sieg von Frank Witzels *Die Erfindung der Roten Armee Fraktion durch einen manisch-depressiven Teenager im Sommer 1969* im Jahr 2015 galt als Überraschung, auch für den Autor selbst.

Panischer Frühling von Gertrud Leutenegger ist die Geschichte einer Frau, die nach dem Ausbruch des isländischen Vulkans Eyjafjallajökull in London strandet.

Das Sandkorn-Autor Christoph Poschenrieder besuchte die Journalistenschule an der Columbia University, New York.

Obwohl Franz Friedrich, der Autor von *Die Meisen von Uusimaa singen nicht mehr* und *Die Passagierin*, in Deutsch immer eher schlecht war und viele Rechtschreibfehler machte, wollte er schon immer Autor werden.

Die Figuren in Anna Yeliz Schentkes Debütroman *Kangal* hatten zunächst keine Namen. Indem die Autorin ihnen Namen gab, wurden die Figuren für sie in gewisser Weise aus der Anonymität herausgerissen, was sich für Schentke ein bisschen wie Verrat anfühlte.

Der griechische Philosoph Dionysios Metathemenos führte seinen Lehrer an der Nase herum, indem er eine Tragödie schrieb und behauptete, diese stamme von Sophokles. Der Lehrer war so überzeugt, dass er fast nicht mehr von seinem Glauben abzubringen war.

Wie schon in den Jahren zuvor gab es auch 2024 wieder 20 Buchpreisblogger*innen, denen jeweils ein Roman zur Besprechung zugelost wurde.

1994 hauchte Joachim Unseld der stillliegenden Frankfurter Verlagsanstalt neues Leben ein. Für den Deutschen Buchpreis nominiert war die FVA seitdem achtmal.

Der kürzeste für den Deutschen Buchpreis nominierte Titel war *F* von Daniel Kehlmann, wobei das F einerseits für *fatum* – Schicksal, Verhängnis – steht, aber auch für den Nachnamen der drei Protagonisten: Friedland.

Der Salis Verlag mit Sitz in Zürich wurde 2019 zum ersten Mal für den Deutschen Buchpreis nominiert, und zwar für Tom Zürchers *Mobbing Dick*.

2018 standen 12 Frauen auf der Longlist für den Deutschen Buchpreis. Damit waren die Frauen erstmals in der Überzahl.

1600 Beiträge in Presse und TV gab es im Jahr 2012 zum Deutschen Buchpreis und damit mehr als doppelt so viel Resonanz wie im ersten Jahr des Preises.

Für das erste Kapitel von *Walter Nowak bleibt liegen* wurde Julia Wolf 2016 in Klagenfurt mit dem 3sat-Preis ausgezeichnet.

Die Übersetzung von *Wie hoch die Wasser steigen* von Anja Kampmann war 2020 für den US-amerikanischen National Book Award nominiert.

Der Klöpfer & Meyer Verlag stand genau einmal auf der Auswahlliste für den Deutschen Buchpreis, und zwar mit Joachim Zelters Roman *Der Ministerpräsident* im Jahr 2010.

Der österreichische Residenz Verlag hat ein Kinderbuchprogramm mit den Namen »Nilpferd«.

Die für den Deutschen Buchpreis nominierten Titel wurden in den Jahren 2022 bis 2024 vom Deutschen Zentrum für barrierefreies Lesen geprüft. Im Bedarfsfall wurden Handlungsvorschläge gegeben, welche die Verlage umsetzen konnten, sodass die Bücher auch für blinde, seh- und lesebehinderte Menschen zur Verfügung stehen.

Reinhard Jirgl, Autor von *Die Stille* und *Nichts von euch auf Erden*, hat sich seit 2017 komplett aus der Öffentlichkeit zurückgezogen. Und obwohl er weiterhin schreibt, will er keines seiner Manuskripte mehr veröffentlichen.

Die Autorin von *Cherubino,* Andrea Grill, ist promovierte Biologin und hat ein Kinderbuch über Artenvielfalt geschrieben. Es trägt den Titel *Bio-Diversi-Was?*.

Die US-Amerikanische Buchhandlung Powell's Books in Portland in Oregon ist mit über 6000 Quadratmetern Fläche die größte Buchhandlung der Welt.

Alfred Andersch und Hans Werner Richter irritierten mit ihrer dem sozialistischen Humanismus verpflichteten Zeitschrift *Der Ruf* nach dem Zweiten Weltkrieg die Besatzungsmächte derart, dass den beiden schließlich die Redaktion entzogen wurde. Die Zeitschrift hatte eine Auflage von 20 000 bis 70 000 Exemplaren.

Im Mittelalter wurde regelmäßig der Versuch unternommen, Bücher zu trinken. Dabei wurde die Tinte von Handschriften abgewaschen und in Wasser gelöst, weil man sich davon eine heilende oder anderweitig positive Wirkung erhoffte.

Im Gegensatz zum Deutschen Buchpreis werden beim Deutschen Sachbuchpreis nur acht Autor*innen für den Preis nominiert. Sie erhalten jedoch alle ein Preisgeld von 2500 Euro. Der oder die Preisträger*in erhält 25 000 Euro.

Die bisher insgesamt jüngste Jury kam im Jahr 2020 zusammen.

Einige Jurymitglieder wurden mehrmals berufen, so zum Beispiel Volker Hage in den Jahren 2005 und 2006, Christoph Bartmann 2008 und 2018, Daniela Strigl 2009 und 2019 und Richard Kämmerlings 2009 und 2021.

Im Roman *Hasenprosa* von Maren Kames entführt eine hasenartige Figur die Leserschaft in verschiedene Welten.

Dagmar Leupold, die dreimal für den Deutschen Buchpreis nominiert war, kuratierte 2013 das forum:autoren beim Literaturfest München.

Vater unser-Autorin Angela Lehner wollte schon früh Schriftstellerin werden, empfand diesen Berufswunsch jedoch als ähnlich unrealistisch wie Astronautin.

Es gibt ein Buch, in dem wirklich nur Käse ist: *20 Slices of American Cheese* von Ben Denzler, das eingeschweißte Käsescheiben enthält.

Der Stream zur Preisverleihung 2022, bei der Kim de l'Horizon sich den Kopf rasierte, wurde binnen eines knappen Monats über 13 000-mal aufgerufen.

Die kürzeste Kurzgeschichte der Welt wird Ernest Hemingway zugschrieben. Sie lautet folgendermaßen: »For sale: baby shoes, never worn.« Ähnliche Geschichten gab es jedoch schon weit vor Hemingways Zeit.

Nicht nur der Deutsche Buchpreis feiert 2024 einen runden Geburtstag: Der Berlin Verlag wird 30 Jahre alt.

Zum zehnjährigen Jubiläum des Deutschen Buchpreises gab es eine Wanderausstellung mit persönlichen Andenken einzelner Beteiligter. Die erste Station von »Das Original!« nach der Eröffnung der Ausstellung in Marbach war das Haus des Buches in Frankfurt.

2013 fanden längere Blind-Date-Lesereisen im europäischen Ausland statt. Norbert Gstrein reiste nach Frankreich, Marion Poschmann nach Bulgarien.

1975 ging Patrick Roth, Autor von *Sunrise. Das Buch Joseph*, mit Hilfe eines einjährigen Stipendiums des DAAD für die University of Southern California nach Los Angeles – und blieb dort.

Der Protagonist von Kai Weyands Roman *Applaus für Bronikowski* hasst Kanada, weil seine Eltern dorthin ausgewandert sind und ihn allein gelassen haben.

Bisher wurde Thomas Lehr dreimal für den Deutschen Buchpreis nominiert: im Jahr 2005 mit *42*, 2010 mit *September, Fata Morgana* und 2017 mit *Schlafende Sonne*.

Der Buchpreisträger von 2023, Tonio Schachinger, ist mit der österreichischen Autorin Margit Mössmer verheiratet.

Um den Geldverkehr zu vermeiden, wurden im Tauschhandel zwischen buchgewerblichen Betrieben im 17. Jahrhundert Buchbögen gegen Bögen im Verhältnis 1:1 getauscht – außer die Bücher unterschieden sich in ihrer Ausstattung allzu sehr. Dann konnte auch ein anderes Tauschverhältnis festgesetzt werden.

Bei ihrem ersten Erscheinen im Oktober 1961 hieß die *Spiegel*-Bestsellerliste noch »Bücherspiegel«.

Autor*innen schwammen noch nie im Geld – besonders hart traf es jedoch den Dichter und Worterfinder Philipp von Zesen: Der Mann, der vorschlug, statt »Bibliothek« bitteschön »Bücherei« zu sagen, musste auf den Buchmessen gut und gerne auch mal ausstehende Honorare eintreiben.

Bisher zwölfmal war der Wallstein Verlag für den Deutschen Buchpreis nominiert.

Zum zehnjährigen Jubiläum des Deutschen Buchpreises gab es ein Plakat mit allen 200 bis dato nominierten Titeln.

Das Buchpreisbindungsgesetz gilt nicht für Zeitungen und Zeitschriften – für sie müssen eigene Verträge geschlossen werden, um eine Preisbindung zu gewährleisten.

Über 200 Buchhandlungen bewarben sich 2015 für die Blind-Date-Lesungen mit den Autor*innen der Longlist – damals ein Rekord, 2017 waren es dann sogar knapp 320. Der Börsenverein steuert einen Zuschuss zu den Veranstaltungen in Höhe des Autor*innenhonorars bei.

Der Grabstein des 2014 verstorbenen Autors von *Reise an den Rand des Universums,* Urs Widmer, hat die Form eines aufgeschlagenen Buches.

89/90-Autor Peter Richter ist auch Kunstkritiker und schrieb seine Magisterarbeit zum Naturalismus in der spanischen Malerei des 17. Jahrhunderts.

Saša Stanišić nutzte seine Dankesrede als Preisträger im Jahr 2019, um die Auszeichnung von Peter Handke mit dem Literaturnobelpreis zu kritisieren, der in seinem Werk Lügen verbreite und die Opfer des Krieges in Jugoslawien nicht erwähne.

Im Roman *Laufendes Verfahren* von Kathrin Röggla über die NSU-Prozesse erzählt ein »Wir«, bei dem nie ganz geklärt wird, wer dieses »Wir« eigentlich ist.

Google-Erhebungen zufolge gab es 2010 auf der Welt bereits 129 864 880 Bücher, also rund 130 Millionen Buchtitel. Inzwischen werden es einige mehr sein.

Franz Kafka-Entdecker Kurt Wolff trennte sich 1912 von Rowohlt und begründete eine eigene Reihe mit dem Namen »Der jüngste Tag«, einem Sprachrohr des Expressionismus, in dem dann auch wieder Kafka erschien.

2018 war mit Uwe Kalkowski erstmals ein Buchblogger Teil der Jury.

Im Zuge des Währungsverfalls in den 1920er-Jahren wurde eine Schlüsselzahl festgesetzt, mit der der eigentlich fixe Buchpreis multipliziert werden musste. Am 13. September 1922 war die Schlüsselzahl noch 60, am 22. November 1923 lag sie bei 110 Milliarden.

Von einem Miniaturbuch spricht man, wenn ein Buch nicht größer als 76 Millimeter ist.

Der Jungbuchhändler Reinhard Piper gründete den Piper Verlag 1904 in Schwabing, wo er noch heute seinen Sitz hat.

»Ich schenk dir eine Geschichte« ist eine Aktion anlässlich des Welttags des Buches am 23. April, im Rahmen derer eine Million Schüler*innen in Deutschland ein Buch von Buchhandlungen geschenkt bekommen.

Die Ausschreibung für den Deutschen Buchpreis beginnt in der Regel im Februar.

Der Folio Verlag wurde von Hermann Gummerer und Ludwig Paulmichl zunächst als ein Dienstleistungsbetrieb rund um das Buch gegründet, der Übersetzungen, Redaktionen, aber auch Projektmanagement für die Buchbranche anbot.

Der Verlag Voland & Quist war 2023 zum ersten Mal mit einem Titel für den Deutschen Buchpreis nominiert.

Sasha Marianna Salzmann, Autor*in von *Im Menschen muss alles herrlich sein* und *Außer sich*, war lange Zeit Hausautor*in und Leiter*in der Studiobühne am Maxim Gorki Theater Berlin.

Im Musikduo Äffchen & Craigs singt und rappt der Autor von *Triceratops*, Stephan Roiss, als »Äffchen«.

1,1 Millionen Mark zahlte das Germanische Nationalmuseum Nürnberg 1955 für den tausend Jahre alten *Codex Aureus*, auf dessen Einband aus Gold und Elfenbein Edelsteine und Perlen prangen.

Die ersten Publikationen des Droschl Verlags waren in den 1970er-Jahren Kunstbücher.

Magda Birkmann, Jurymitglied im Jubiläumsjahr 2024 sowie freie Literaturvermittlerin und Buchhändlerin, geht seit ihrer Kindheit gerne auf Schatzsuche in Bibliotheken, Antiquariaten und auf Bücherflohmärkten.

Der wichtigste deutsche Handschriftenproduzent und -verleger war Diebold Lauber aus dem elsässischen Hagenau. Er war mit seiner Werkstatt vermutlich von 1427 bis 1467 tätig.

Der erste Verleger gedruckter Literatur war der Bamberger Albrecht Pfister, der dort unter anderem um 1463 den *Ackermann aus Böhmen* herausbrachte.

30 000 Titel umfasste die nach dem Zweiten Weltkrieg von der sowjetischen Militäradministration herausgegebene »Liste der auszusondernden Literatur«.

Der Verkauf deutscher Lizenzen ins Ausland ist in den letzten Jahren rückläufig. Grund sind unter anderem die sinkenden Verkaufszahlen nach Russland und China, die sich fast halbiert haben.

Der Kanon Verlag war 2023 zum ersten Mal für den Deutschen Buchpreis nominiert – und zwar mit dem Titel *Südstern* von Tim Staffel.

Im Jahr 2017 standen exakt 200 Romane für den Deutschen Buchpreis zur Auswahl.

Das Leben der Elena Silber-Autor Alexander Osang ist auch Journalist und war der Erste, der nach dem Amtsende von Angela Merkel ein Interview mit der Ex-Kanzlerin führen durfte.

Jens Wonneberger, dem Autor von *Mission Pflaumenbaum*, geht es beim Schreiben nicht um Sprachschöpfung, sondern um Sprachverdichtung.

Theresia Enzensberger, die Autorin der Dystopie *Auf See*, liest gerne Science-Fiction-Literatur und Schauerromane.

Schon bevor die Brille erfunden worden war, mussten Leser*innen mit schlechten Augen nicht verzweifeln. Sie konnten einen Lesestein auf den Text legen, dieser vergrößerte die Buchstaben wie eine Lupe.

Zu seinem sechzigsten Geburtstag ließ Saddam Hussein einen kompletten Koran in seinem Blut schreiben – als Dank für all die Gelegenheiten, bei denen in der Vergangenheit sein Blut nicht vergossen worden war.

1739 verzeichnete Leipzig 20 Buchhandlungen auf 28 000 Einwohner*innen. Das sind mehr Buchhandlungen pro Einwohner*in als heutzutage Brauereien pro Kopf in Oberfranken.

Einer der ersten Selfpublisher war der Hamburger Prediger Johann Balthasar Schupp. Er ließ seine Schriften im 17. Jahrhundert auf eigene Kosten drucken und vertrieb sie auch selbst.

Der Müry Salzmann Verlag ist mit seiner Gründung im Jahr 2009 ein echter Youngster unter den Bewerbern um den Deutschen Buchpreis, war aber bereits zweimal mit dabei.

Der Schweizer Engeler Verlag war 2020 mit *Goldene Jahre* von Arno Camenisch zum ersten Mal für den Deutschen Buchpreis nominiert.

Hoffmann und Campe geht zurück auf die Fusion des 1781 von Benjamin Gottlob Hoffmann gegründeten Verlags mit dem seines Schwiegersohns August Campe im Jahr 1810.

Im Jahr 2011 verstarb ein Jurymitglied innerhalb des Preisjahres nach schwerer Krankheit: Clemens-Peter Haase.

2022 war das Jahr mit den bisher meisten Einreichungen, nämlich insgesamt 202 Titel.

Feridun Zaimoglu war fünfmal für den Deutschen Buchpreis nominiert, so oft wie niemand sonst bisher.

Vorbild für Wilhelm Leeb, den überzeugten Nazi und herrischen Patriarchen im Roman *Mitgift,* war für Autor Henning Ahrens sein eigener Großvater.

Der von Karl Dietrich Wolff in Frankfurt gegründete Kleinverlag Stroemfeld schaffte es im Jahr 2011 mit Peter Kurzecks Roman *Vorabend* auf die Longlist für den Deutschen Buchpreis.

Der Deutsche Sachbuchpreis ist ein ganzes Stück jünger als der Deutsche Buchpreis. Er wurde 2021 erstmals verliehen.

Der Gründer des Salzburger Otto Müller Verlags war ein nach Österreich ausgewanderter Deutscher, nämlich der in Karlsruhe geborene Otto Müller.

Die Mainzer Minipressen-Messe – eine Alternativveranstaltung zur Frankfurter Buchmesse, die alle zwei Jahre stattfindet – wurde 1970 ins Leben gerufen.

Andreas Platthaus von der *FAZ* bezeichnete Jung und Jung als einen »Verlag, der in den letzten Jahren immer wieder ein irres Talent für das Entdecken neuer Talente hat«.

1956 gegründet, war der DuMont Buchverlag lange Jahre ausschließlich Kunstbuchverlag; ein eigenes literarisches Programm gibt es erst seit 1998.

Auf dem Berliner Opernplatz gibt es ein Denkmal des israelischen Künstlers Micha Ullmann, das an die Bücherverbrennungen von 1933 erinnert.

2010 war das erste Jahr, in dem ein kleiner Independent-Verlag den Preis erhielt – nämlich Jung und Jung mit *Tauben fliegen auf* von Melinda Nadj Abonji.

26 Jahre alt war der Buchhändlergehilfe Samuel Fischer, als er in Berlin seinen eigenen Verlag gründete, zu dessen Publikationen zunächst auch Eisenbahnkursbücher gehörten.

Dank

Mal ehrlich: Für wahre Bücherliebende gibt es so etwas wie unnützes Wissen zum Thema Literatur und Bücher doch gar nicht, oder?

Deshalb möchte ich zum Schluss vor allem jenen Menschen danken, die immer wieder dazu beitragen, das Wissen um die schönste Sache der Welt zu mehren und zu verbreiten, und die mir auf diese Weise bei meiner Arbeit eine große Hilfe waren. Sei es nun im wissenschaftlichen Bereich Reinhard Wittmann mit der altehrwürdigen *Geschichte des deutschen Buchhandels* oder im eher unterhaltsameren Genre Edward Brooke-Hitching mit seiner schaurig-schönen *Bibliothek des Wahnsinns*. Nicht zu vergessen all jene Zeitungen und Zeitschriften, die *SZ*, die *FAZ*, *DIE WELT*, *DIE ZEIT*, *DER SPIEGEL* und viele mehr, sowie außerdem die Literaturseiten, die Kultursender und Nischenprogramme, die in allen möglichen Formen über die neuesten Erscheinungen berichten, Hintergrundwissen bereitstellen und Lust machen auf die Lesestoffe, die der Buchhandel uns jedes Jahr in herrlicher Vielfalt präsentiert.

Vor allem danke ich den Menschen hinter den Plattformen Perlentaucher und Wikipedia, die mir, wenn ich den Wald vor lauter Bäumen nicht mehr sah, immer wieder die Stellen wiesen, an denen ich graben konnte.

Dieses Buch ist nun zu Ende und auf meinem Nachttisch stapeln sich jene Bücher, die ich, angeregt durch meine Recherchen zu diesem kleinen Kompendium, erworben und gesammelt habe. Dass jetzt mit der neuen Longlist 2024 noch einige neue dazukommen werden, schreckt mich nicht. Was ist ein Lesestapel anderes als die Verheißung neuer Abenteuer und berührender Erfahrungen? Für jede Seelenlage gibt es zum Glück das passende Buch.

In diesem Sinne: Viel Spaß beim Weiterlesen!
Carina Heer

Der Deutsche Buchpreis von 2005 bis 2024

2005

Cailloux, Bernd: *Das Geschäftsjahr 1968/69* (Longlist)
Draesner, Ulrike: *Spiele* (Longlist)
Franzobel, *Das Fest der Steine* (Longlist)
Geiger, Arno: *Es geht uns gut* (**Preisträger**)
Genazino, Wilhelm: *Die Liebesblödigkeit* (Longlist)
Gramer, Egon: *Gezeichnet: Franz Klett* (Longlist)
Grill, Evelyn: *Vanitas oder Hofstätters Begierden* (Longlist)
Henisch, Peter: *Die schwangere Madonna* (Longlist)
Kehlmann, Daniel: *Die Vermessung der Welt* (Shortlist)
Lehr, Thomas: *42* (Shortlist)
Loschütz, Gert: *Dunkle Gesellschaft* (Shortlist)
Lustiger, Gila: *So sind wir* (Shortlist)
Mayröcker, Friederike: *Und ich schüttelte einen Liebling* (Shortlist)
Missfeldt, Jochen: *Steilküste* (Longlist)
Ortheil, Hanns-Josef: *Die geheimen Stunden der Nacht* (Longlist)
Petersen, Jens: *Die Haushälterin* (Longlist)
Politycki, Matthias: *Herr der Hörner* (Longlist)
Poschmann, Marion: *Schwarzweißroman* (Longlist)
Treichel, Hans-Ulrich: *Menschenflug* (Longlist)
Zelik, Raul: *Berliner Verhältnisse* (Longlist)

2006

Fels, Ludwig: *Reise zum Mittelpunkt des Herzens* (Longlist)
Glattauer, Daniel: *Gut gegen Nordwind* (Longlist)
Haas, Wolf: *Das Wetter vor 15 Jahren* (Longlist)
Hacker, Katharina: *Die Habenichtse* (**Preisträgerin**)
Hettche, Thomas: *Woraus wir gemacht sind* (Shortlist)

Hochgatterer, Paulus: *Die Süße des Lebens* (Longlist)
Hoppe, Felicitas: *Johanna* (Longlist)
Hürlimann, Thomas: *Vierzig Rosen* (Longlist)
Kluger, Martin: *Die Gehilfin* (Longlist)
Kuckart, Judith: *Kaiserstraße* (Longlist)
Lewitscharoff, Sibylle: *Consummatus* (Longlist)
Popp, Steffen: *Ohrenberg oder der Weg dorthin* (Longlist)
Schroeder, Bernd: *HAU* (Longlist)
Schulze, Ingo: *Neue Leben* (Shortlist)
Stamm, Peter: *An einem Tag wie diesem* (Longlist)
Stanišić, Saša: *Wie der Soldat das Grammofon repariert* (Shortlist)
Steinfest, Heinrich: *Ein dickes Fell* (Longlist)
Trojanow, Ilija: *Der Weltensammler* (Shortlist)
Walser, Martin: *Angstblüte* (Shortlist)
Zaimoglu, Feridun: *Leyla* (Longlist)
Zschokke, Matthias: *Maurice mit Huhn* (Longlist)

2007

Bayer, Thommie: *Eine kurze Geschichte vom Glück* (Longlist)
Boehning, Larissa: *Lichte Stoffe* (Longlist)
von Düffel, John: *Beste Jahre* (Longlist)
Franck, Julia: *Die Mittagsfrau* (**Preisträgerin**)
Glavinic, Thomas: *Das bin doch ich* (Shortlist)
Gorelik, Lena: *Hochzeit in Jerusalem* (Longlist)
Gruber, Sabine: *Über Nacht* (Longlist)
Henisch, Peter: *Eine sehr kleine Frau* (Longlist)
Köhlmeier, Michael: *Abendland* (Shortlist)
Lange-Müller, Katja: *Böse Schafe* (Shortlist)
Lentz, Michael: *Pazifik Exil* (Longlist)
Martenstein, Harald: *Heimweg* (Longlist)
Maset, Pierangelo: *Laura oder die Tücken der Kunst* (Longlist)
Menasse, Robert: *Don Juan de la Mancha* (Longlist)
Mosebach, Martin: *Der Mond und das Mädchen* (Shortlist)

Nolte, Mathias: *Roula Rouge* (Longlist)
Sander, Gregor: *abwesend* (Longlist)
Stadler, Arnold: *Komm, gehen wir* (Longlist)
von Steinaecker, Thomas: *Wallner beginnt zu fliegen* (Shortlist)
Truschner, Peter: *Die Träumer* (Longlist)

2008

Bärfuss, Lukas: *Hundert Tage* (Longlist)
Beyer, Marcel: *Kaltenburg* (Longlist)
Dath, Dietmar: *Die Abschaffung der Arten* (Shortlist)
Duve, Karen: Taxi (Longlist)
Fatah, Sherko: *Das dunkle Schiff* (Shortlist)
Flor, Olga: *Kollateralschaden* (Longlist)
Gstrein, Norbert: *Die Winter im Süden* (Longlist)
Hanika, Iris: *Treffen sich zwei* (Shortlist)
Kluger, Martin: *Der Vogel, der spazieren ging* (Longlist)
Kuckart, Judith: *Die Verdächtige* (Longlist)
Lappert, Rolf: *Nach Hause schwimmen* (Shortlist)
Niemann, Norbert: *Willkommen neue Träume* (Longlist)
Ott, Karl-Heinz: *Ob wir wollen oder nicht* (Longlist)
Pleschinski, Hans: *Ludwigshöhe* (Longlist)
Schulze, Ingo: *Adam und Evelyn* (Shortlist)
Tellkamp, Uwe: *Der Turm* (**Preisträger**)
Timm, Uwe: *Halbschatten* (Longlist)
Walser, Martin: *Ein liebender Mann* (Longlist)
Zaimoglu, Feridun: *Liebesbrand* (Longlist)

2009

Berg, Sibylle: *Der Mann schläft* (Longlist)
Bonné, Mirko: *Wie wir verschwinden* (Longlist)
Glavinic, Thomas: *Das Leben der Wünsche* (Longlist)
Haas, Wolf: *Der Brenner und der liebe Gott* (Longlist)

Hahn, Anna Katharina: *Kürzere Tage* (Longlist)
Händler, Ernst-Wilhelm: *Welt aus Glas* (Longlist)
Jirgl, Reinhard: *Die Stille* (Longlist)
Kronauer, Brigitte: *Zwei schwarze Jäger* (Longlist)
Merkel, Rainer: *Lichtjahre entfernt* (Shortlist)
Mora, Terézia: *Der einzige Mann auf dem Kontinent* (Longlist)
Müller, Herta: *Atemschaukel* (Shortlist)
Overath, Angelika: *Flughafenfische* (Longlist)
Scheuer, Norbert: *Überm Rauschen* (Shortlist)
Schmidt, Kathrin: *Du stirbst nicht* (**Preisträgerin**)
Setz, Clemens J.: *Die Frequenzen* (Shortlist)
Stamm, Peter: *Sieben Jahre* (Longlist)
Stangl, Thomas: *Was kommt* (Longlist)
Thome, Stephan: *Grenzgang* (Shortlist)
Wagner, David: *Vier Äpfel* (Longlist)
Zähringer, Norbert: *Einer von vielen* (Longlist)

2010

Bronsky, Alina: *Die schärfsten Gerichte der tatarischen Küche* (Longlist)
Faktor, Jan: *Georgs Sorgen um die Vergangenheit oder im Reich des heiligen Hodensack-Bimbams von Prag* (Shortlist)
Haratischwili, Nino: *Juja* (Longlist)
Hettche, Thomas: *Die Liebe der Väter* (Longlist)
Kleeberg, Michael: *Das amerikanische Hospital* (Longlist)
Köhlmeier, Michael: *Madalyn* (Longlist)
Lehr, Thomas: *September, Fata Morgana* (Shortlist)
Leky, Mariana: *Die Herrenausstatterin* (Longlist)
Ljubić, Nicol: *Meeresstille* (Longlist)
Magnusson, Kristof: *Das war ich nicht* (Longlist)
Maier, Andreas: *Das Zimmer* (Longlist)
Martynova, Olga: *Sogar Papageien überleben uns* (Longlist)
Mosebach, Martin: *Was davor geschah* (Longlist)

Nadj Abonji, Melinda: *Tauben fliegen auf* (**Preisträgerin**)
Rabinovici, Doron: *Andernorts* (Shortlist)
Schädlich, Hans Joachim: *Kokoschkins Reise* (Longlist)
Schäfer, Andreas: *Wir vier* (Longlist)
Wawerzinek, Peter: *Rabenliebe* (Shortlist)
Zander, Judith: *Dinge, die wir heute sagten* (Shortlist)
Zelter, Joachim: *Der Ministerpräsident* (Longlist)

2011

Altwasser, Volker Harry: *Letzte Fischer* (Longlist)
Brandt, Jan: *Gegen die Welt* (Shortlist)
Buselmeier, Michael: *Wunsiedel. Ein Theaterroman* (Shortlist)
Capus, Alex: *Léon und Louise* (Longlist)
Genazino, Wilhelm: *Wenn wir Tiere wären* (Longlist)
Kermani, Navid: *Dein Name* (Longlist)
Kinsky, Esther: *Banatsko* (Longlist)
Klüssendorf, Angelika: *Das Mädchen* (Shortlist)
Knecht, Doris: *Gruber geht* (Longlist)
Kurzeck, Peter: *Vorabend* (Longlist)
Laher, Ludwig: *Verfahren* (Longlist)
Lewitscharoff, Sibylle: *Blumenberg* (Shortlist)
Melle, Thomas: *Sickster* (Longlist)
Modick, Klaus: *Sunset* (Longlist)
Rosenfeld, Astrid: *Adams Erbe* (Longlist)
Ruge, Eugen: *In Zeiten des abnehmenden Lichts* (**Preisträger**)
Schalansky, Judith: *Der Hals der Giraffe* (Longlist)
Steiner, Jens: *Hasenleben* (Longlist)
Streeruwitz, Marlene: *Die Schmerzmacherin* (Shortlist)
Strubel, Antje Rávik: *Sturz der Tage in die Nacht* (Longlist)

2012

Augustin, Ernst: *Robinsons blaues Haus* (Shortlist)
Cailloux, Bernd: *Gutgeschriebene Verluste* (Longlist)
Erpenbeck, Jenny: *Aller Tage Abend* (Longlist)
Flašar, Milena Michiko: *Ich nannte ihn Krawatte* (Longlist)
Goetz, Rainald: *Johann Holtrop* (Longlist)
Grjasnowa, Olga: *Der Russe ist einer, der Birken liebt* (Longlist)
Herrndorf, Wolfgang: *Sand* (Shortlist)
Kirchhoff, Bodo: *Die Liebe in groben Zügen* (Longlist)
Kratochwil, Germán: *Scherbengericht* (Longlist)
Krechel, Ursula: *Landgericht* (**Preisträgerin**)
Loher, Dea: *Bugatti taucht auf* (Longlist)
Meier, Angelika: *Heimlich, heimlich mich vergiss* (Longlist)
Nadolny, Sten: *Weitlings Sommerfrische* (Longlist)
Peters, Christoph: *Wir in Kahlenbeck* (Longlist)
Roes, Michael: *Die Laute* (Longlist)
Roth, Patrick: *Sunrise. Das Buch Joseph* (Longlist)
Schulz, Frank: *Onno Viets und der Irre vom Kiez* (Longlist)
Setz, Clemens J.: *Indigo* (Shortlist)
Thome, Stephan: *Fliehkräfte* (Shortlist)
Ziegler, Ulf Erdmann: *Nichts Weißes* (Shortlist)

2013

Bonné, Mirko: *Nie mehr Nacht* (Shortlist)
Dutli, Ralph: *Soutines letzte Fahrt* (Longlist)
Glavinic, Thomas: *Das größere Wunder* (Longlist)
Gstrein, Norbert: *Eine Ahnung vom Anfang* (Longlist)
Jirgl, Reinhard: *Nichts von euch auf Erden* (Shortlist)
Kehlmann, Daniel: *F* (Longlist)
Kuckart, Judith: *Wünsche* (Longlist)
Kühl, Olaf: *Der wahre Sohn* (Longlist)
Leupold, Dagmar: *Unter der Hand* (Longlist)

Lüscher, Jonas: *Frühling der Barbaren* (Longlist)
Meyer, Clemens: *Im Stein* (Shortlist)
Meyerhoff, Joachim: *Wann wird es endlich wieder so, wie es nie war* (Longlist)
Mora, Terézia: *Das Ungeheuer* (**Preisträgerin**)
Poschmann, Marion: *Die Sonnenposition* (Shortlist)
Stangl, Thomas: *Regeln des Tanzes* (Longlist)
Steiner, Jens: *Carambole* (Longlist)
Timm, Uwe: *Vogelweide* (Longlist)
Veremej, Nellja: *Berlin liegt im Osten* (Longlist)
Widmer, Urs: *Reise an den Rand des Universums* (Longlist)
Zeiner, Monika: *Die Ordnung der Sterne über Como* (Shortlist)

2014

Bärfuss, Lukas: *Koala* (Longlist)
Draesner, Ulrike: *Sieben Sprünge vom Rand der Welt* (Longlist)
Fian, Antonio: *Das Polykrates-Syndrom* (Longlist)
Friedrich, Franz: *Die Meisen von Uusimaa singen nicht mehr* (Longlist)
Hettche, Thomas: *Pfaueninsel* (Shortlist)
Kinsky, Esther: *Am Fluß* (Longlist)
Klüssendorf, Angelika: *April* (Shortlist)
Köhlmeier, Michael: *Zwei Herren am Strand* (Longlist)
Lechner, Martin: *Kleine Kassa* (Longlist)
Leutenegger, Gertrud: *Panischer Frühling* (Shortlist)
Lewinsky, Charles: *Kastelau* (Longlist)
Melle, Thomas: *3000 Euro* (Shortlist)
Nawrat, Matthias: *Unternehmer* (Longlist)
Poschenrieder, Christoph: *Das Sandkorn* (Longlist)
Seiler, Lutz: *Kruso* (**Preisträger**)
Stanišić, Saša: *Vor dem Fest* (Longlist)
Steinfest, Heinrich: *Der Allesforscher* (Shortlist)
Streeruwitz, Marlene: *Nachkommen* (Longlist)

Zaimoglu, Feridun: *Isabel* (Longlist)
Ziegelwagner, Michael: *Der aufblasbare Kaiser* (Longlist)

2015

Bronsky, Alina: *Baba Dunjas letzte Liebe* (Longlist)
Dutli, Ralph: *Die Liebenden von Mantua* (Longlist)
Erpenbeck, Jenny: *Gehen, ging, gegangen* (Shortlist)
Fritsch, Valerie: *Winters Garten* (Longlist)
Helle, Heinz: *Eigentlich müssten wir tanzen* (Longlist)
Klemm, Gertraud: *Aberland* (Longlist)
Kopetzky, Steffen: *Risiko* (Longlist)
Lappert, Rolf: *Über den Winter* (Shortlist)
Mahlke, Inger-Maria: *Wie Ihr wollt* (Shortlist)
Peltzer, Ulrich: *Das bessere Leben* (Shortlist)
Richter, Peter: *89/90* (Longlist)
Schwitter, Monique: *Eins im Andern* (Shortlist)
Setz, Clemens J.: *Die Stunde zwischen Frau und Gitarre* (Longlist)
Stelling, Anke: *Bodentiefe Fenster* (Longlist)
Trojanow, Ilija : *Macht und Widerstand* (Longlist)
Vertlib, Vladimir: *Lucia Binar und die russische Seele* (Longlist)
Weyand, Kai: *Applaus für Bronikowski* (Longlist)
Witzel, Frank: *Die Erfindung der Roten Armee Fraktion durch einen manisch-depressiven Teenager im Sommer 1969* (**Preisträger**)
Wunnicke, Christine: *Der Fuchs und Dr. Shimamura* (Longlist)
Zaimoglu, Feridun: *Siebentürmeviertel* (Longlist)

2016

Doma, Akos: *Der Weg der Wünsche* (Longlist)
Falkner, Gerhard: *Apollokalypse* (Longlist)
Händler, Ernst-Wilhelm: *München* (Longlist)
Kaiser-Mühlecker, Reinhard: *Fremde Seele, dunkler Wald* (Shortlist)

Kirchhoff, Bodo: *Widerfahrnis* (**Preisträger**)
Kubiczek, André: *Skizze eines Sommers* (Shortlist)
Kumpfmüller, Michael: *Die Erziehung des Mannes* (Longlist)
Lange-Müller, Katja: *Drehtür* (Longlist)
Leupold, Dagmar: *Die Witwen* (Longlist)
Lewitscharoff, Sibylle: *Das Pfingstwunder* (Longlist)
Melle, Thomas: *Die Welt im Rücken* (Shortlist)
Meyerhoff, Joachim: *Ach, diese Lücke, diese entsetzliche Lücke* (Longlist)
Platzgumer, Hans: *Am Rand* (Longlist)
Schmidt, Eva: *Ein langes Jahr* (Shortlist)
Stadler, Arnold: *Rauschzeit* (Longlist)
Stamm, Peter: *Weit über das Land* (Longlist)
von Steinaecker, Thomas: *Die Verteidigung des Paradieses* (Longlist)
Steinbeck, Michelle: *Mein Vater war ein Mann an Land und im Wasser ein Walfisch* (Longlist)
Weidenholzer, Anna: *Weshalb die Herren Seesterne tragen* (Longlist)
Winkler, Philipp: *Hool* (Shortlist)

2017

Bonné, Mirko: *Lichter als der Tag* (Longlist)
Falkner, Gerhard: *Romeo oder Julia* (Shortlist)
Franzobel: *Das Floß der Medusa* (Shortlist)
Helfer, Monika: *Schau mich an, wenn ich mit dir rede!* (Longlist)
Höhtker, Christoph: *Das Jahr der Frauen* (Longlist)
Lehr, Thomas: *Schlafende Sonne* (Shortlist)
Lüscher, Jonas: *Kraft* (Longlist)
Menasse, Robert: *Die Hauptstadt* (**Preisträger**)
Müller-Wieland, Birgit: *Flugschnee* (Longlist)
Nolte, Jakob: *Schreckliche Gewalten* (Longlist)
Poschmann, Marion: *Die Kieferninseln* (Shortlist)
Preiwuß, Kerstin: *Nach Onkalo* (Longlist)

Prosser, Robert: *Phantome* (Longlist)
Regener, Sven: *Wiener Straße* (Longlist)
Salzmann, Sasha Marianna: *Außer sich* (Shortlist)
Schulze, Ingo: *Peter Holtz. Sein glückliches Leben erzählt von ihm selbst* (Longlist)
Wildenhain, Michael: *Das Singen der Sirenen* (Longlist)
Wolf, Julia: *Walter Nowak bleibt liegen* (Longlist)
Wunnicke, Christine: *Katie* (Longlist)
Zaimoglu, Feridun: *Evangelio* (Longlist)

2018

Banciu, Carmen-Francesca: *Lebt wohl, Ihr Genossen und Geliebten!* (Longlist)
Barbetta, María Cecilia: *Nachtleuchten* (Shortlist)
Biller, Maxim: *Sechs Koffer* (Shortlist)
Fritz, Susanne: *Wie kommt der Krieg ins Kind* (Longlist)
Geiger, Arno: *Unter der Drachenwand* (Longlist)
Haratischwili, Nino: *Die Katze und der General* (Shortlist)
Hauser, Franziska: *Die Gewitterschwimmerin* (Longlist)
Hegemann, Helene: *Bungalow* (Longlist)
Kampmann, Anja: *Wie hoch die Wasser steigen* (Longlist)
Klüssendorf, Angelika: *Jahre später* (Longlist)
Loschütz, Gert: *Ein schönes Paar* (Longlist)
Mahlke, Inger-Maria: *Archipel* (**Preisträgerin**)
Molinari, Gianna: *Hier ist noch alles möglich* (Longlist)
Muschg, Adolf: *Heimkehr nach Fukushima* (Longlist)
Nickel, Eckhart: *Hysteria* (Longlist)
Oberhollenzer, Josef: *Sültzrather* (Longlist)
Röckel, Susanne: *Der Vogelgott* (Shortlist)
Senkel, Matthias: *Dunkle Zahlen* (Longlist)
Thome, Stephan: *Gott der Barbaren* (Shortlist)
Viragh, Christina: *Eine dieser Nächte* (Longlist)

2019

Bossong, Nora: *Schutzzone* (Longlist)
Bremer, Jan Peter: *Der junge Doktorand* (Longlist)
Edelbauer, Raphaela: *Das flüssige Land* (Shortlist)
Grill, Andrea: *Cherubino* (Longlist)
Köhler, Karen: *Miroloi* (Longlist)
Kühmel, Miku Sophie: *Kintsugi* (Shortlist)
Lehner, Angela: *Vater unser* (Longlist)
Maeß, Emanuel: *Gelenke des Lichts* (Longlist)
Osang, Alexander: *Die Leben der Elena Silber* (Longlist)
Poladjan, Katerina: *Hier sind Löwen* (Longlist)
Randl, Lola: *Der Große Garten* (Longlist)
Schachinger, Tonio: *Nicht wie ihr* (Shortlist)
Scheuer, Norbert: *Winterbienen* (Shortlist)
Schmidt, Eva: *Die untalentierte Lügnerin* (Longlist)
Stanišić, Saša: *Herkunft* (**Preisträger**)
Streeruwitz, Marlene: *Flammenwand.* (Longlist)
Thomae, Jackie: *Brüder* (Shortlist)
Woelk, Ulrich: *Der Sommer meiner Mutter* (Longlist)
Zähringer, Norbert: *Wo wir waren* (Longlist)
Zürcher, Tom: *Mobbing Dick* (Longlist)

2020

Adler, Helena: *Die Infantin trägt den Scheitel links* (Longlist)
Birnbacher, Birgit: *Ich an meiner Seite* (Longlist)
Bjerg, Bov: *Serpentinen* (Shortlist)
Camenisch, Arno: *Goldene Jahre* (Longlist)
Ehrlich, Roman: *Malé* (Longlist)
Elmiger, Dorothee: *Aus der Zuckerfabrik* (Shortlist)
Fritsch, Valerie: *Herzklappen von Johnson & Johnson* (Longlist)
Hettche, Thomas: *Herzfaden* (Shortlist)
Lewinsky, Charles: *Der Halbbart* (Longlist)
Ohde, Deniz: *Streulicht* (Shortlist)

Randt, Leif: *Allegro Pastell* (Longlist)
Roiss, Stephan: *Triceratops* (Longlist)
Seethaler, Robert: *Der letzte Satz* (Longlist)
Sichelschmidt, Eva: *Bis wieder einer weint* (Longlist)
Weber, Anne: *Annette, ein Heldinnenepos* (**Preisträgerin**)
Wenzel, Olivia: *1000 Serpentinen Angst* (Longlist)
Witzel, Frank: *Inniger Schiffbruch* (Longlist)
Wolff, Iris: *Die Unschärfe der Welt* (Longlist)
Wonneberger, Jens: *Mission Pflaumenbaum* (Longlist)
Wunnicke, Christine: *Die Dame mit der bemalten Hand* (Shortlist)

2021

Ahrens, Henning: *Mitgift* (Longlist)
Bazyar, Shida: *Drei Kameradinnen* (Longlist)
Dath, Dietmar: *Gentzen oder: Betrunken aufräumen* (Longlist)
Franzobel: *Die Eroberung Amerikas* (Longlist)
Goldschmidt, Georges-Arthur: *Der versperrte Weg* (Longlist)
Grigorcea, Dana: *Die nicht sterben* (Longlist)
Gstrein, Norbert: *Der zweite Jakob* (Shortlist)
Güngör, Dilek: *Vater und ich* (Longlist)
Helfer, Monika: *Vati* (Shortlist)
Hoppe, Felicitas: *Die Nibelungen* (Longlist)
Karoshi, Peter: *Zu den Elefanten* (Longlist)
Kracht, Christian: *Eurotrash* (Shortlist)
Kunst, Thomas: *Zandschower Klinken* (Shortlist)
Loschütz, Gert: *Besichtigung eines Unglücks* (Longlist)
Marfutova, Yulia: *Der Himmel vor hundert Jahren* (Longlist)
Salzmann, Sasha Marianna: *Im Menschen muss alles herrlich sein* (Longlist)
Sanyal, Mithu: *Identitti* (Shortlist)
Schmalz, Ferdinand: *Mein Lieblingstier heißt Winter* (Longlist)
Strubel, Antje Rávik: *Blaue Frau* (**Preisträgerin**)
Strunk, Heinz: *Es ist immer so schön mit dir* (Longlist)

2022

Aydemir, Fatma: *Dschinns* (Shortlist)
Bilkau, Kristine: *Nebenan* (Shortlist)
Dröscher, Daniela: *Lügen über meine Mutter* (Shortlist)
Elze, Carl-Christian: *Freudenberg* (Longlist)
Enzensberger, Theresia: *Auf See* (Longlist)
Faktor, Jan: *Trottel* (Shortlist)
Gamillscheg, Marie: *Aufruhr der Meerestiere* (Longlist)
de l'Horizon, Kim: *Blutbuch* (**Preisträger*in**)
Inokai, Yael: *Ein simpler Eingriff* (Longlist)
Kaiser-Mühlecker, Reinhard: *Wilderer* (Longlist)
Kim, Anna: *Geschichte eines Kindes* (Longlist)
Kinsky, Esther: *Rombo* (Longlist)
Leupold, Dagmar: *Dagegen die Elefanten!* (Longlist)
Nickel, Eckhart: *Spitzweg* (Shortlist)
Riedle, Gabriele: *In Dschungeln. In Wüsten. Im Krieg.* (Longlist)
Roschal, Slata: *153 Formen des Nichtseins* (Longlist)
Schentke, Anna Yeliz: *Kangal* (Longlist)
Schmidt, Jochen: *Phlox* (Longlist)
Stichmann, Andreas: *Eine Liebe in Pjöngjang* (Longlist)
Strunk, Heinz: *Ein Sommer in Niendorf* (Longlist)

2023

Dotan-Dreyfus, Tomer: *Birobidschan* (Longlist)
Edelbauer, Raphaela: *Die Inkommensurablen* (Longlist)
Fatah, Sherko: *Der große Wunsch* (Longlist)
Fischer, Elena: *Paradise Garden* (Longlist)
Gneuß, Charlotte: *Gittersee* (Longlist)
Kieser, Luca: *Weil da war etwas im Wasser* (Longlist)
Klüssendorf, Angelika: *Risse* (Longlist)
Mall, Sepp: *Ein Hund kam in die Küche* (Longlist)
Mora, Terézia: *Muna oder Die Hälfte des Lebens* (Shortlist)
Oláh, Thomas: *Doppler* (Longlist)

Overath, Angelika: *Unschärfen der Liebe* (Longlist)
Öziri, Necati: *Vatermal* (Shortlist)
Präauer, Teresa: *Kochen im falschen Jahrhundert* (Longlist)
Rabe, Anne: *Die Möglichkeit von Glück* (Shortlist)
Röggla, Kathrin: *Laufendes Verfahren* (Longlist)
Schachinger, Tonio: *Echtzeitalter* (**Preisträger**)
Schenk, Sylvie: *Maman* (Shortlist)
Setz, Clemens J.: *Monde vor der Landung* (Longlist)
Staffel, Tim: *Südstern* (Longlist)
Sterblich, Ulrike: *Drifter* (Shortlist)

2024 nominiert

Bossong, Nora: *Reichskanzlerplatz*
del Buono, Zora: *Seinetwegen*
Friedrich, Franz: *Die Passagierin*
Hefter, Martina: *Hey guten Morgen, wie geht es dir?*
Kaleyta, Timon Karl: *Heilung*
Kames, Maren: *Hasenprosa*
Köhlmeier, Michael: *Das Philosophenschiff*
Krien, Daniela: *Mein drittes Leben*
Kubiczek, André: *Nostalgia*
Lenze, Ulla: *Das Wohlbefinden*
Meyer, Clemens: *Die Projektoren*
Oravin, Max: *Toni & Toni*
Othmann, Ronya: *Vierundsiebzig*
Sanyal, Mithu: *Anti Christie*
Sargnagel, Stefanie: *Iowa – ein Ausflug nach Amerika*
von Suffrin, Dana: *Nochmal von vorne*
Thielemann, Markus: *Von Norden rollt ein Donner*
Thomas, Ruth-Maria: *Die schönste Version*
Wirth, Doris: *Findet mich*
Wolff, Iris: *Lichtungen*

ALAIN

81 KAPITEL ÜBER DEN MENSCHLICHEN GEIST UND DIE LEIDENSCHAFTEN

SAMMLUNG JUNIUS

Junius Verlag GmbH
Stresemannstraße 375
2000 Hamburg 50

Copyright dieser Ausgabe 1991 by Junius Verlag
Titel der französischen Ausgabe:
81 Chapîtres sur l'Esprit et les Passions
Copyright 1960 Editions Gallimard
Einbandgestaltung: Johannes Hartmann, Hamburg
Satz: DSD, Hamburg
Druck: SOAK GmbH, Hannover
Printed in Germany 1991
ISBN 3-88506-420-0
1. Auflage November 1991

Aus dem Französischen von
Frauke Hamann und Peter Hammans

Die Deutsche Bibliothek – CIP-Einheitsaufnahme
Alain:
81 Kapitel über den menschlichen Geist und die Leidenschaften /
Alain. Aus dem Franz. von Frauke Hamann und Peter Hammans.
– 1. Aufl. – Hamburg: Junius, 1991
(Sammlung Junius; 20)
Einheitssacht.: 81 chapîtres sur l'esprit et les passions ‹dt.›
ISBN 3-88506-420-0
NE: Alain: Einundachtzig Kapitel über den menschlichen Geist
und die Leidenschaften; GT
Vw: Chartier, Emile Auguste [Wirkl. Name] → Alain

INHALT

VORWORT

Manche meiner Leser haben oft bedauert, in den kurzen Kapiteln, die ich bisher veröffentlicht habe, weder System noch eine Reihenfolge gefunden zu haben. Da ich in letzter Zeit durch Unglück und Zufälle unfreiwillig viel Muße hatte, wollte ich prüfen, ob eine systematische Gliederung dem Stoff nicht schade. Und da ich keinen Grund sah, der mich davon abhielt, selbst die unergiebigsten Probleme zu erörtern, unter der einzigen Bedingung, nur über das zu reden, worüber ich etwas wußte, fand sich, daß ich eine Art philosophischen Traktat verfertigt habe. Doch da ein solcher Titel zuviele Hoffnungen in sich birgt und ich zudem fürchte, wegen des verderblichen Anspruches auf Vollkommenheit, der so vielen Büchern zum Schaden gereicht, über das mir Vertraute hinauszugehen, wählte ich einen bescheideneren Titel. Dennoch glaube ich nicht, bei dem nun Folgenden irgendeinen wichtigen Aspekt der theoretischen oder praktischen Philosophie ausgelassen zu haben, sieht man von Polemiken ab, die niemandem dienen. Doch allein der Gedanke, daß dieses Buch der Beurteilung eines Berufsphilosophen unterzogen werden könnte, verdürbe mir das Vergnügen, das ich beim Schreiben empfand – und es war ein lebhaftes. In den gegenwärtigen Zeiten, wo Vergnügen rar sind, schien mir das ein ausreichender Grund für die Abfassung eines Buches zu sein.

19. Juli 1916

EINLEITUNG

Das Wort Philosophie in seiner geläufigsten Bedeutung beinhaltet das Wesentliche der Erkenntnis. Es bedeutet in den Augen eines jeden Menschen eine genaue Festlegung von Gut und Böse, wodurch es möglich wird, Wünsche, Ambitionen, Ängste und Sehnsüchte zu bestimmen. Diese Festlegung schließt die Erkenntnis von den Dingen ein, zum Beispiel bei der Überwindung eines lächerlichen Aberglaubens oder eines nichtigen Omens. Ebenso schließt sie die Kenntnis von den Leidenschaften selbst ein, sowie die Kunst, diese zu mildern. Damit ist die philosophische Erkenntnis klar umrissen. Wir sehen, daß sie immer auf eine ethische oder moralische Doktrin gerichtet ist, und auch, daß sie sich auf das eigenständige Urteil eines jeden Menschen gründet, ohne einen anderen Beistand als den Rat der Weisen. Das bedeutet nicht, daß der Philosoph viel weiß, denn eine richtige Einschätzung von Problemen und das genaue Erfassen desjenigen, was wir nicht wissen, kann ein Weg zur Weisheit sein. Das setzt jedoch voraus, daß der Philosoph wohl weiß, was er weiß, und dies dank eigenen Bemühens. Seine ganze Stärke besteht in seinem unerschütterlichen Urteil über den Tod, die Krankheit, Träume und Enttäuschungen. Dieser Begriff von Philosophie ist jedermann vertraut, und er reicht aus.

Wenn man ihn weiterentwickelt, steht man vor einem weiten Feld voller Gestrüpp: der Erkenntnis der Leidenschaften und ihrer Ursachen. Es gibt zwei Arten von Ursachen: mechanische Ursachen, gegen die wir nicht viel ausrichten können, obschon eine genaue Kenntnis von ihnen uns bereits von ihnen befreit, wie wir noch sehen werden, und moralische Ursachen, die auf Irrtümern der Interpretation beruhen und zum Beispiel dann auszumachen sind, wenn ich ein tatsächlich vorhandenes Geräusch höre und eine ungeheure Angst verspüre, weil ich glaube, im Haus seien Diebe. Solche falschen Vorstellungen können nur durch eine genaue Kenntnis der Dinge und des menschlichen Körpers berichtigt werden, der, fast immer ohne unser Zutun, unaufhörlich auf die äußeren Umstände reagiert, wenn zum Beispiel mein Herz schlägt oder meine Hände zittern.

Somit ist offenbar, daß die Philosophie strenggenommen eine Ethik ist. Sie ist eben dadurch eine Art universelle Erkenntnis, die sich indessen vom Zweck der Erkenntnis unterscheidet, dessen Ziel die Befriedigung unserer Leidenschaften oder einfach unserer Neugier ist. Jede Erkenntnis ist für den Philosophen dienlich, sofern sie zur Weisheit führt. Doch das tatsächliche Ziel besteht immer in einer guten Ordnung des Geistes. Unter diesem Gesichtspunkt gelangt man ganz selbstverständlich zur Idee der Erkenntniskritik. Denn die Beachtung unserer eigenen Irrtümer zeigt uns, daß die Erkenntnis von den Leidenschaften verdunkelt wird und es obendrein in großem Ausmaß Erkenntnis gibt, die nicht zu beweisen und auf kein Ziel gerichtet ist. Unseren Irrtümern liegen zwei Quellen zugrunde: die Sprache, die sich widerstandslos allen Wortkombinationen fügt, und wiederum die Leidenschaften, die ein anderes Universum voller Götter und schicksalhafter Mächte erfinden, worin sie magischen Beistand und Zukunftswissen suchen. Jeder Mensch versteht, daß es hier eine Wissenschaft von der menschlichen Natur, der Mutter aller Götter, zu erläutern und zu begründen, d.h. von der Religionskritik abzuleiten gilt. Reflexion nennt man diesen kritischen Antrieb, der von jeder Erkenntnis immer zu demjenigen zurückkehrt, der sie entfaltet, um ihn weiser zu machen.

Die einzig wahrhafte Methode zur Entwicklung eines Begriffs von Philosophie liegt in der gedanklichen Anlehnung an das, was frühere Philosophen gedacht haben. Der Schüler sollte sich ein Bild von diesen denkwürdigen Männern machen, welche die Könige, das Glück, Tugend und Verbrechen, selbst die Götter, ja letztlich alles ihrem Urteil unterzogen. Noch bemerkenswerter ist, daß diese Männer immer bewundert und oftmals von den Königen selbst mit Ehren überhäuft wurden. Joseph deutete in Ägypten die Träume, deswegen wurde er zum Minister ernannt. Richten Sie Ihre Bewunderung hier auf die Kunst, Leidenschaften zu entwirren und Ängste, Argwohn, Gewissensbisse, letztlich alles, was ein König geheimhält, zu durchschauen. Anhand des Beispiels von Joseph wird verständlich, daß es zu allen Zeiten und in allen Zivilisationen Philosophen gegeben hat, Mahner zur Mäßigung, nützliche Ratgeber, in gewissem Sinne Seelenärzte. Astrologen, die sich bei den Tyrannen einer so einflußreichen Stellung erfreuten, waren ohne Zweifel sehr listige Philosophen, die vorgaben, aus der Stellung der Gestirne die Zukunft zu ersehen, während sie in Wirklichkeit die Zukunft aus den Leidenschaften der Tyrannen und aus einem überlegenen politischen Blick errieten. Immer war es das Los der Philosophen, daß man sie mit einem schärferen Blick ausgestattet glaubte, wo sie doch nur nach ihrem gesunden Menschenverstand urteilten. Denken Sie nur an den Astrologen des Tiberius und an Tiberius selbst, der nicht weniger klug war.

Beschreiben Sie beider Leidenschaften in dem folgenden, wohlüberlegten Gedankenspiel. Nehmen Sie die erste Szene des *Wallenstein* von Schiller zu Hilfe; und ebenso das, was Schiller und Goethe darüber in ihren Briefen sagen. Sie befinden sich hier inmitten der menschlichen Wirklichkeit, in jenem furchterregenden Heerlager, wo allein Stärke, Grimm und Habgier regieren — eine Form der Zivilisation. Wenn Sie darin die Sie umgebenden

Menschen und Ihre eigenen Gefühle wiedererkennen, haben Sie bereits einen Schritt nach vorn getan. Doch lassen wir das Träumen! Es geht ums Schreiben, und es soll gut sein. Gut wird es sein, wenn es menschlich ist. Verfolgen Sie diese Richtung, es ist die des wahren Philosophen. Sollten Sie darob Zweifel überkommen, schlagen Sie nur Platon an irgendeiner Stelle auf und vertreiben Sie sofort den Gedanken, Platon sei schwierig. Was ich hier von Platon unterbreite, ist weder verborgen, noch schwierig, noch anfechtbar. Tun Sie diesen für die Kultur entscheidenden Schritt.

Der Leser sei nicht erstaunt, daß die kurze Abhandlung gewissermaßen mit dem Ende beginnt und vom Ordnen der Meinungen zur Ordnung der Sitten voranschreitet, anstatt in mühevoller Manier die Leidenschaften mitsamt ihren Krisen einer nüchternen Prüfung zu unterziehen, welche diese fast zur selben Zeit korrigiert, wie das Alter sie schaler werden läßt.

ERSTES BUCH

VON DER ERKENNTNIS DURCH DIE SINNE

Kapitel I

Von der Antizipation in der Erkenntnis durch die Sinne

Jeder ist der naiven Annahme, eine Landschaft biete sich uns wie ein Objekt dar, an dem wir nichts ändern können und von dem wir nur den Eindruck aufzunehmen haben. Der landläufigen Meinung zufolge sehen nur Verrückte in diesem zur Schau gestellten Universum Gegenstände, die dort nicht sind. Und diejenigen, die ihre Phantasien gerne spielerisch mit den konkreten Dingen vermischen würden, sind vor allem Sprachkünstler, die niemanden täuschen. Was die von jedermann angestellten Mutmaßungen betrifft, wie zum Beispiel, daß wir beim Geräusch von Pferdehufen einen Reiter erwarten, so nehmen sie nie eine gegenständliche Form an. Solange das Pferd nicht durch das Spiel des Lichts sichtbar ist, sehe ich es nicht. Und wenn ich sage, ich stelle mir ein Pferd vor, stelle ich höchstens eine Hypothese auf, die einer festen Grundlage entbehrt, eine Hypothese, die ich nicht erhärten kann. Dergestalt ist die naive Vorstellung der Wahrnehmung.

Doch kann der kritische Geist sich schon anhand dieses Beispiels erproben. Wenn Nebel das Blickfeld trübt oder Nacht ist und wenn sich eine undeutliche, einem Pferd geringfügig ähnelnde Form abzeichnet, würde man dann nicht zuweilen schwören, man habe es wahrhaftig gesehen, obschon dem keineswegs so ist? Hier kann eine wahre oder falsche Antizipation in das Äußere eines Objektes gekleidet sein. Doch wollen wir nicht erörtern, ob der wahrgenommene Gegenstand dann bereits einer Veränderung unterliegt oder nicht oder ob nur unsere sprachliche Ausdrucksweise uns einen Irrtum aufzwingt. Denn zusammenfassend sollten wir besser sagen, daß es sich bei der Wahrnehmung der Dinge immer um eine Antizipation handelt.

Wägen wir gut ab. Den weit entfernten Horizont sehe ich nicht in der Ferne. Ich nehme lediglich an, er sei weit entfernt, nach seiner Farbe, der relativen Größe der Gegenstände, die ich sehe, nach dem Ineinanderfließen der Einzelheiten und dem Dazwischenliegen anderer Objekte zu urteilen, die ihn teilweise vor mir verbergen. Der Beweis dafür, daß ich hier etwas annehme, ist, daß die Maler wohl wissen, wie sie mir durch die Nachahmung bestimmter Formen auf Leinwand die Erfahrung eines weit entfernt liegenden Berges vermitteln können. Aber nichtsdestotrotz sehe ich dort den Horizont ebenso deutlich, wie ich diesen Baum hier neben mir deutlich sehe. Und all diese Entfernungen nehme ich wahr. Was die Landschaft ohne den äußeren Rahmen der Entfernungen wäre, vermag ich nicht zu sagen; vielleicht eine Art unscharfes Licht in meinen Augen. Fahren wir fort. Ich sehe die plastische Wirkung dieses Rundbildes so deutlich wegen der Schatten. Und jeder kann leicht erahnen, daß ein Kind durch Deuten von Konturen und Farben die Dinge sehen lernt. Noch einleuchtender ist, daß ich die Glocke dort in der Ferne nicht höre, und so fort.

Man behauptet gemeinhin, die Berührung vermittle uns Wissen, und zwar mittels einer klaren und einfachen Feststellung, ohne irgendeine Interpretation. Doch ist dem keineswegs so. Ich berühre diesen Würfel nicht. Nein. Ich berühre nach und nach seine Kanten, die Spitzen, die harten und glatten Flächen, und indem ich all diese Erscheinungen in einem einzigen Objekt miteinander verbinde, entscheide ich, daß dieser Gegenstand würfelförmig ist. Üben Sie sich anhand anderer Beispiele, denn diese Betrachtung führt sehr weit, und es ist wichtig, die ersten Schritte wohlüberlegt zu machen. Überdies ist ziemlich offensichtlich, daß ich es nicht als durch meine Sinne gegeben erachten kann, daß dieser kubische und harte Würfel gleichzeitig überall weiß und mit schwarzen Punkten versehen ist. Nie sehe ich ihn gleichzeitig von allen Seiten, und nie sind die sichtbaren Seitenflächen zur selben Zeit gleichermaßen gefärbt, genausowenig wie ich sie zur selben Zeit als gleichförmige sehe. Aber dennoch sehe ich einen Kubus mit gleichförmigen Flächenseiten, die alle gleichermaßen weiß sind. Und ich sehe eben dieses Ding, das ich berühre. Platon stellt in seinem *Theaitetos* die Frage, durch welchen Sinn ich die Einheit der Wahrnehmungen verschiedener Sinne in einem Objekt erkenne.

Kommen wir auf den Würfel zurück. Ich stelle sechs schwarze Punkte auf einer der Seitenflächen fest. Ohne weiteres wird man zugeben, daß es sich hier um einen Vorgang des Verstandes handelt, für den die Sinne nur den Anlaß liefern. Es ist offenkundig, daß ich bei flüchtiger Betrachtung dieser schwarzen Punkte, wobei ich Rang und Platz eines jeden registriere, anfangs nicht ohne Mühe zu dem Schluß gelange, daß es sechs sind, das heißt, zwei mal drei oder fünf und eins. Fällt Ihnen die Ähnlichkeit auf zwischen diesem Vorgang des Zählens und dem anderen Vorgang, mit dessen Hilfe ich festhalte, daß die aufeinanderfolgenden Erscheinungen, jene für die Hand und diese für das Auge, mich einen Kubus erkennen lassen? Woraus folgt, daß schon die Wahrnehmung eine Tätigkeit des Verstandes ist und, um auf meine Landschaft zurückzukommen, daß selbst der vernünftigste Kopf dort mehr hineinlegt, als er glaubt. Denn die Entfernung des Horizonts wird ebenfalls angenommen und hergeleitet, wenn dies auch instinktiv geschieht. Und das soll uns vor der naiven Vorstellung warnen, von der ich sprach.

Schauen wir noch ein wenig genauer hin. Bei der Entfernung des Horizonts handelt es sich nicht um ein Ding unter anderen Dingen, sondern um eine Beziehung von Dingen zu mir, eine überlegte, hergeleitete, durch Urteil zustande gekommene Beziehung, oder wie immer man es ausdrücken möchte. Das verdeutlicht die Wichtigkeit der Unterscheidung zwischen der Form und dem Inhalt unserer Erkenntnis. Diese Ordnung und die Beziehungen, die der Landschaft und jedem Objekt zugrunde liegen, sie determinieren und etwas Wirkliches, Handfestes, Echtes aus ihnen machen, diese Beziehungen und diese Ordnung haben eine Form und bestimmen die gedankliche Arbeit. Und wer sähe nicht, daß Narren oder Schwärmer Menschen sind, die ihre eigenen Fehlurteile in den Dingen sehen und diese für gegeben und stichhaltig halten? Anspruchsvoll definiert und in abstrakten Begriffen können wir hierin ein gutes Beispiel für philosophische Erkenntnis sehen. Von Anfang an merken wir sehr wohl, auf welches Ziel wir zusteuern. Diese Beobachtung eignet sich besonders dafür, das philosophische Fragen von allen anderen fruchtlosen Disputen zu unterscheiden, die sich gerne mit diesem schönen Namen schmücken würden.

Kapitel II

Sinnestäuschungen

Bei der Erkenntnis durch die Sinne kann man sich in der Entfernung, in der Größe und Form der Objekte irren. Oft ist unser Urteil klar und deutlich, und wir fällen es gemäß unserer Erfahrung; es wird also an unseren Verstand appelliert. Die Täuschungen unterscheiden sich von den Irrtümern darin, daß bei ihnen das Urteil blind ist, und zwar in einem solchen Maße, daß eben die äußere Erscheinung der Dinge uns verändert vorkommt. Wenn wir zum Beispiel das gelungene Gemälde eines Panoramas sehen, meinen wir, die Entfernung und die Tiefe gegenständlich zu erfassen; das Bild tut sich vor unseren Blicken auf. Ebenso wollen wir Täuschungen immer mit irgendeiner Schwäche unserer Sinne erklären, da das der Beschaffenheit unserer Augen und Ohren entspricht. Es bedeutet einen großen Schritt in der philosophischen Erkenntnis, dies bei fast allen Täuschungen zu registrieren, in anderen aber die Arbeit des Verstandes zu erahnen und auch ein Urteil, das sich für uns in Form eines Objektes manifestiert. Ich führe hier einige einfache Beispiele an und verweise ansonsten auf die *Physiologische Optik* von Helmholtz, in der sich in ausreichendem Maße Stoff zum Nachdenken findet.

Gewiß, wenn ich einen schweren Körper in meiner Hand fühle, spüre ich sein Gewicht, und wie mir scheint, ändern meine Ansichten nichts daran. Doch geht hier eine erstaunliche Sinnestäuschung vor sich. Wenn Sie jemanden verschiedene Gegenstände desselben Gewichts, doch von sehr unterschiedlichem Umfang, mit der Hand wiegen lassen, eine Bleikugel, einen Holzwürfel, einen großen Karton, wird er immer finden, die größten seien die leichtesten. Dieser Effekt wird noch deutlicher, wenn es sich um Gebilde derselben Beschaffenheit, zum Beispiel um mehr oder weniger große Bronzeröhren, ebenfalls desselben Gewichts, handelt. Die Täuschung besteht fort, wenn die Gebilde an einem Ring oder Haken befestigt sind; doch verflüchtigt sich in diesem Fall bei verbundenen Augen die Täuschung. Und ich sage ausdrücklich Täuschung, denn diese eingebildeten Gewichtsunterschiede spürt man mit den Fingern genauso deutlich wie warm und kalt. Den Umständen zufolge, die ich ins Gedächtnis gerufen habe, ist diese irrtümliche Einschätzung offensichtlich das Ergebnis einer dem Verstand gestellten Falle; denn üblicherweise sind die größten Objekte die schwersten. Und so erwarten wir, dem bloßen Auge nach zu urteilen, daß die größten tatsächlich am meisten wiegen. Da wir aber keinen dergearteten Eindruck haben, kommen wir auf unser erstes Urteil zurück. Und weil wir sie leichter finden als erwartet, beurteilen und empfinden wir sie schließlich als leichter als die anderen. An diesem Beispiel ist deutlich zu erkennen, daß wir hier noch mittels Beziehung und Vergleich wahrnehmen und daß die diesmal fehlgeleitete Antizipation wiederum eine gegenständliche Form annimmt.

Desgleichen lassen sich leicht die bekanntesten Täuschungen des Auges aufschlüsseln. Ich weise besonders auf absichtlich derart gezeichnete Bilder hin, in denen eine Straßenlaterne und ein Mensch aufgrund der Perspektive genau dieselbe Größe haben, was wir, auch wenn wir nicht mehr Maß nehmen, trotzdem nicht glauben können. Es geht also um eine Einschätzung, welche das Objekt größer macht. Doch werfen wir einen aufmerksamen Blick darauf. Das Objekt selbst hat sich nicht verändert, denn ein Objekt an sich hat keine Größe. Größe ergibt sich immer durch einen Vergleich, und somit bildet die Größe dieser beiden Objekte und die aller Objekte ein einheitliches Ganzes und kann in Wirklichkeit nicht aufgeteilt werden. Größen sind das Ergebnis einer Beurteilung des Ganzen. Woraus ersichtlich ist, daß man materielle Dinge, die immer voneinander getrennt und aus Teilstücken zusammengesetzt sind, nicht mit der Vorstellung von diesen Dingen verwechseln darf, bei der keinerlei Teilung möglich ist. Wie verworren diese Unterscheidung nun auch sein mag und wie schwierig es auch bleiben muß, sie zu denken – halten Sie sie so ganz nebenher fest. In einer Hinsicht, und wenn man sie als Materie betrachtet, sind die Dinge in Teilelemente untergliedert, wobei eines nicht wie das andere ist. Aber in einer anderen Hinsicht, wenn man sie als Gedanken betrachtet, sind die Wahrnehmungen dieser Dinge unteilbar, nicht in Teilelemente zergliedert. Diese Einheit ist formgebunden, das versteht sich von selbst. Ich greife nicht vor. Wir müssen nun eine erste Skizze für diese Form vorlegen, die man Raum nennt und von der die Vermessungsingenieure dank ihres Verstandes so viel wissen, wenn auch nicht außerhalb der Erkenntnis durch die Sinne, wie wir sehen werden.

Zur besseren Vorbereitung auf diese schwierige Erörterung möchte ich den Leser dazu animieren, über das Beispiel des Stereoskops nachzudenken, sobald er sich Theorie und Handhabung dieses Geräts wieder ins Gedächtnis gerufen hat. Auch hier scheint die räumliche Wirkung in die Augen zu springen. Dennoch wird sie aus einem Erscheinungsbild geschlossen, das mitnichten räumlicher Tiefe ähnelt, sondern vielmehr einem Unterschied zwischen den äußeren Formen derselben Dinge für jedes unserer Augen. Es genügt zu sagen, daß diese Entfernungen zu uns, die eine räumliche Tiefe ergeben, keine tatsächlichen Entfernungen sind, sondern eher Gedanken als Entfernungen, das, was jedem Ding wieder seinen Platz zuweist, gemäß dem berühmten Ausspruch von Anaxagoras: »Alles war eins; doch dann kam der Verstand und brachte alles in Ordnung.«

Vielleicht ist dem Leser bereits aufgegangen, daß die Erkenntnis durch die Sinne etwas von einer Wissenschaft hat. Er wird zu einem späteren Zeitpunkt verstehen müssen, daß die ganze Wissenschaft in einer genaueren Wahrnehmung der Dinge besteht. Unsere ganze Anstrengung muß sich nun darauf richten, den Verstand in den Sinnen wiederzufinden, so wie sie sich später darauf konzentrieren wird, die Sinne im Verstand wiederzufinden, wobei immer Form und Inhalt zwar unterschieden, jedoch nie getrennt werden. Eine Aufgabe, die schwer genug ist, um darüber polemische Diskurse außer acht zu lassen, die immer ein wenig verfehlt und für alle diejenigen gefährlich sind, die nicht genügend Übung darin besitzen.

Kapitel III

Von der Wahrnehmung der Bewegung

Die Bewegung der Dinge betreffende Täuschungen sind leicht zu analysieren und allseits bekannt. Es genügt zum Beispiel, daß der Beobachter sich bewegt, damit die Dinge scheinbar in die entgegengesetzte Richtung laufen. Infolge der ungleichen Bewegungen der Dinge scheinen sogar manche Dinge schneller als andere zu laufen; und es sieht so aus, als laufe der aufgehende Mond in dieselbe Richtung wie der Reisende. Durch eine ähnliche Wirkung scheint der Horizont, sobald der Reisende dem Objekt, dem er sich nähert, den Rücken kehrt, näherzurücken und auf ihn zuzukommen. Machen Sie die Beobachtung selbst und erörtern Sie das Phänomen; es wird Ihnen nicht schwerfallen. Dagegen ist die Interpretation dieser Beispiele, sind sie einem einmal vertraut, sehr schwierig und kann als Beweis für die kühne und für den Philosophen so notwendige Kraft des Geistes dienen. Darauf wird ein angehender Philosoph seine Überlegungen richten. Zuerst wird er sehen, daß keinerlei Unterschied zwischen der wirklichen Bewegung, die er wahrnimmt, und der imaginären Bewegung besteht, die er den Bäumen oder dem Mond zuschreibt – keinerlei Unterschied, wenn Sie Ihr Augenmerk auf die Wahrnehmung richten, die man von diesen Phänomenen hat. Zweitens wird man beachten müssen, daß diese imaginären Bewegungen nur im Verhältnis zu etwas wahrgenommen werden, was noch einmal verdeutlicht, daß hier der Verstand am Werke ist. Man muß sich eine Bewegung vorstellen, um ihre Erscheinungsweisen zu erklären, was strenggenommen bereits eine wissenschaftliche Methode ist, wiewohl eine, die ohne Sprache auskommt. Und vor allem wird man vielleicht verstehen, daß die Bezugspunkte des Vergleichs, die aufeinanderfolgenden Positionen des in Bewegung befindlichen Objekts, die wechselnden Entfernungen, daß all das festgehalten und verdichtet wird zu einem Ganzen, das die wahrgenommene Bewegung ist. So besteht unsere Wahrnehmung der Bewegung in weiten Teilen darin, ihr durch ständiges Wechseln des Standortes zu folgen, wie der bewegliche Körper selbst. Von Zenon, dem sublimen, stammt der Satz: Der bewegliche Körper befindet sich niemals in Bewegung, da er in jedem Moment genau da ist, wo er ist. Ich werde auf andere Problemstellungen dieser Art noch zurückkommen. Doch können wir bereits jetzt verstehen, daß es sich bei der Bewegung um ein unteilbares Ganzes handelt, daß wir sie als ein Ganzes wahrnehmen und uns vorstellen. Alle Positionen des beweglichen Körpers werden gleichzeitig wahrgenommen, auch wenn der bewegliche Körper sie nur nacheinander einnimmt. So ist es also nicht die tatsächliche Bewegung, die wir mit unserer Wahrnehmung erfassen, sondern in Wirklichkeit die unerschütterliche Vorstellung von ihr, und die Bewegung erst durch eben diese Vorstellung. Man entschuldige diese allzuschnelle Abschweifung in das weite Feld der Erkenntnis; solche Analysen sind schwer voneinander zu trennen. Beachten Sie weiterhin, daß – ebenso wie wir Einheiten zählen, während sie an uns vorüberziehen, sie aber im Gedächtnis behalten – wir auf diese Weise die Bewegung wahrnehmen, indem wir sie ihren Lauf nehmen lassen, gewiß, aber auf der Länge eines Weges, der antizipiert und gesichert, zwischen zwei Fixpunkten abgesteckt, und, um es genau zu sagen, festgelegt ist. Wenn man schon ein wenig darüber nachgedacht hat, ist nichts nützlicher, als Täuschungen zu betrachten, denen man sich hingibt, wenn man an diese oder jene Form der Bewegung denkt. So nimmt man beim Drehen eines Korkenziehers eine Verschiebung der Achse, sozusagen ohne Rotation, wahr. Oder man kann auch von außen her die Richtung der Rotation einer Windmühle oder eines Windmessers ändern, vorausgesetzt man entscheidet sich, die Achse anderweitig zu orten. Durch die Wahl anderer Fixpunkte kommt so eine andere Bewegung zustande. Der Begriff der relativen Bewegung scheint in einem Wissen jenseits der Worte auf.

Alles, was hier über die Wahrnehmung der Bewegung gesagt wurde, bezieht sich auch auf den Tastsinn und besonders auf das Wissen, das wir von unseren eigenen Bewegungen durch Tastkontakte oder Druckempfindungen haben, mit oder ohne Hilfe des Auges. Mühelos wird man zu dem Urteil gelangen, daß die Vorstellung ursprünglicher Sinneseindrücke, welche die Bewegung hervorbringen wie andere die Farbe oder einen Klang, eine haltlose Vorstellung ist. Immer komme ich mit Hilfe der gedachten Bewegung zur wahrgenommenen Bewegung. Und in der Ganzheit einer Bewegung ist ein Teil der Bewegung eben Teil der Bewegung. Vielleicht werden Sie dann rasch zu der Auffassung gelangen, daß die bekannten Diskussionen über eine Wahrnehmung jenseits des Verstandes der philosophischen Erkenntnis fremd sind. Tatsächlich ist dies nur eine eitle Rede, deren Theorie wir später, nach der Beschreibung und Untersuchung der Sprache, als einen befremdlichen Gegenstand verstehen werden, mit dem man praktisch nach Belieben verfahren kann.

Kapitel IV
Die Erziehung der Sinne

Die Beobachtung manch eines Blinden, der von einem angeborenen grauen Star geheilt wurde, hat die Aufmerksamkeit der Philosophen auf das gelenkt, was die bedeutendsten unter ihnen immer ahnten, nämlich, daß man lernt zu sehen, das heißt die äußeren Erscheinungen zu deuten, die vom Licht, von Schatten und Farben hervorgebracht werden. Gewiß, es ist immer gut, hierbei die medizinischen Fakten zu kennen. Aber es entspricht eher der philosophischen Methode, unser Sehvermögen selbst zu analysieren und dabei das, was sich uns darbietet, von dem zu unterscheiden, was wir ahnen. Es ist offenkundig, daß ein Waldsaum unserem Blick nicht in erster Linie weit entfernt, sondern wegen der dazwischenliegenden Luftschichten vor allem bläulich erscheint; nur gibt uns das kein Rätsel auf. Ebenso verstehen wir es, die Perspektive zu deuten, was besonders lehrreich ist, wenn gleich große Objekte wie Säulen, Fenster oder die Bäume einer Allee verschieden weit von uns entfernt liegen und umso kleiner aussehen, je weiter entfernt sie sind. Solche Beobachtungen lassen sich problemlos anstellen, sobald wir unsere Aufmerksamkeit darauf richten. Doch zuweilen erhebt sich der unbefangene Verstand im Namen dessen, was er als gegeben weiß, gegen die äußeren Erscheinungen, die man ihm beschreiben will. Zum Beispiel wird ein Mensch, der nicht genau hingesehen hat, ohne weiteres behaupten, jene Bäume dort seien vom selben Grün wie diese hier, sie lägen nur weiter entfernt. Ein anderer, der sich im Zeichnen versucht, wird zunächst nicht wollen, daß das Äußere eines Menschen sich kleiner als ein Regenschirm ausnimmt. Ich kannte jemanden, der nicht zuzugeben bereit war, daß unsere Augen uns zwei Bilder von jedem Objekt vorführen.

Und doch genügt es, die Augen fest auf einen in ziemlicher Nähe befindlichen Gegenstand zu richten, zum Beispiel auf einen Bleistift, damit die Bilder entfernter Gegenstände sich verdoppeln. Doch verneint der naive Verstand diese Erscheinungen, gemäß der scharfsinnigen Schlußfolgerung: »Das gibt es nicht, also kann ich es nicht sehen.« Im Gegensatz dazu sind die Maler von Berufs wegen dazu angeleitet, ihr Augenmerk nicht mehr auf die wahrheitsgetreue Abbildung der Dinge zu lenken, sondern auf das Äußere als solches, das sie nachzuahmen trachten.

Besser wird der Philosoph durch in Bewegung befindliche Dinge unterrichtet. Hier sind die äußeren Erscheinungen eindrücklicher und der wahre Sachverhalt des Gegenstands wird nur behauptet, ohne daß man dahin käme, ihn zu sehen. Es gibt keinen Reisenden, der, wenn er mit großer Geschwindigkeit davongetragen wird, umhin könnte, etwas zu sehen, wovon er nichtsdestoweniger weiß, daß es inexistent ist, zum Beispiel, daß Bäume und Masten laufen und sich die ganze Landschaft wie ein Rad dreht, dessen Achse sich irgendwo in Richtung des Horizonts befindet. Auch der größte Astronom sieht, wie sich die Sterne am Himmel bewegen, wiewohl er weiß, daß sich in Wirklichkeit die Erde um die Achse der Pole dreht. Denkt man über diese Dinge nach, begreift man ohne weiteres, daß man durch Beobachtung und Überlegung lernen muß, nach dem äußeren Erscheinungsbild die wahre Sachlage der Dinge zu rekonstruieren, und daß hierbei die Hand die Erzieherin des Auges ist. Noch offensichtlicher ist es, daß auch das Ohr sich schulen muß und wir mit der Zeit zu lernen haben, einen Ton nach Richtung und Entfernung des tönenden Gegenstandes einzuschätzen und – falls wir ihn sehen und berühren wollen – die dazu erforderlichen Bewegungen auszuführen. Ein Jäger, ein Artillerist setzen diese Schulung mit kalkulierten Beobachtungen und methodischen

Erfahrungen fort. Man kann sich daraufhin die Anstrengung eines Kindes vorstellen, das sich, nicht ohne gelegentliche Fehlgriffe, darin übt, das anzufassen, was es erblickt, und das anzuschauen, was es hört.

Das allerschwierigste ist ohne Zweifel die Erkenntnis, daß der Tastsinn, Erzieher aller anderen Sinne, sich seinerseits schulen mußte. Bekanntlich lernt ein erblindeter Mensch viele taktile Eindrücke deuten, die er vorher nicht einmal wahrgenommen hat. Er wird zum Beispiel bei der Berührung der Hand eines Freundes tausend Dinge erahnen, die wir gemeinhin vom Gesicht ablesen. Führen wir das weiter aus, bekommen wir eine Vorstellung von den Erfahrungen eines Kindes mit Weichem und Hartem, mit Glattem und Rauhem und mit allem, was sich aus dem Geschmack, den Gerüchen und den Farben der Dinge schließen läßt. Auch ist einleuchtend, daß man seine Aufmerksamkeit, unter all diesen Erkenntnissen, auf die Erkenntnis durch den eigenen Körper lenken muß. Daß sie sich nicht sofort einstellt, ergibt sich schon aus unseren Begriffen von Ort und Entfernung selbst, die jeweils Bezüge auf etwas einschließen, so daß die Erkenntnis nicht schon im Sinneseindruck selbst gegeben sein kann. So ist diese Erkenntnis über unseren Körper und von den Dingen, die von selbst da zu sein scheint, in Wirklichkeit zur Gänze erlernt. Was Einzelheiten und Reihenfolge betrifft, so kann man sich nützlicherweise darin üben, sie herzuleiten, darf sich jedoch nicht darauf versteifen, mehr als das Wahrscheinliche zu wollen. Ansonsten könnte man leicht in spitzfindige, endlose Diskussionen verfallen, die mit wahrer Philosophie nichts gemein haben.

Kapitel V

Von der Empfindung

Was man bei einer Entfernung und bei allen Bezügen auf Orte, die Entfernungen voraussetzen, wie Umrisse, Formen und Größe, wahrnimmt, ist immer die Wirkung einer bloß möglichen Bewegung. Hierüber sollte man lange nachdenken, denn daher stammen die paradoxen Eigenschaften des Raumes der Geometer, jener Form aller Dinge, die aber nichts mit einem Ding gemein hat. Was ich zum Beispiel als Umriß wahrnehme, ist nicht tatsächlich ein Umriß, will sagen, er offenbart sich nicht durch Ertasten im selben Moment. Ich kenne die Zeichen, die mich voraussehen lassen, was ich mit den Händen wahrnähme, wenn ich sie ausstreckte. Das gilt für jede Entfernung, die niemals etwas anderes ist als Antizipation. Ich werde darauf noch zurückkommen. Für den Augenblick möchte ich einen Gedanken ausführen, der Ihnen zweifelsohne von selbst kommt, nämlich, daß nicht alles Antizipation ist. Die Zeichen als solche werden wirklich hervorgebracht; sie sind im eigentlichen Sinne Tatsachen. Und wenn ich es ganz genau betrachte, sind es Feststellungen meiner Augen, meiner Ohren, meiner Hände. Ich kann ein Ohrensausen falsch deuten, doch ist nicht daran zu rütteln, daß ich es verspüre. Wenn es auch nur durch das Blut erfolgt, das in den Adern fließt, ich spüre es trotzdem. Ich täusche mich über einen Umriß, doch spüre ich wohl dies Licht hier und jenen Schatten dort. Und wenn der Schatten dort nur von einer Ermüdung meiner Augen herrührt, so ist nicht weniger wahr, daß ich ihn wahrnehme, und ebenso wahr ist, daß ich bestimmte trügerische Farben wahrnehme, die dank intensiver Lichteinwirkung entstehen, oder auch jene variierenden und undeutlichen Schemen in dunkler Nacht, die die Folge zu langen Lesens sind. Möglich, daß ich wegen einer vorgefaßten Meinung Druckempfindungen auf meinen Fingern falsch deute, aber dennoch spüre ich sie. Und wenn ich finde, der Wein habe einen bitteren Geschmack, weil ich Fieber habe, so schmecke ich dennoch das Bittere wirklich und wahrhaftig. Immer muß es sich um etwas Tatsächliches handeln, was mir Anlaß zum Nachdenken gibt, wonach ich Vermutungen anstelle oder auf etwas vorgreife. Und die Bewegung, sei sie scheinbar oder wirklich, würde ohne Änderung der Farben und des Lichts überhaupt nicht wahrgenommen. Nichts ist einfacher oder leichter zu erfassen. Ich erfasse die Dinge mit Hilfe ihrer physischen Einwirkung auf meinen Körper. Und diese Gegebenheit, ohne die ich nichts erfaßte, nennt man Empfindung.

Dieses vorausgesetzt, habe ich noch zwei wichtige Bemerkungen zu machen. Erstens darf man sich hier nicht auf die Wege der Physiologen verirren und mit Hilfe von Empfindungen körperliche Bewegungen, die durch bestimmte Konstellationen in den Sinnesorganen oder im Gehirn entstehen, verstehen wollen. Das hieße, eine künstliche und großenteils imaginäre Wahrnehmung beschreiben, mittels derer sich der Physiologe die Struktur des menschlichen Körpers und dessen Reaktionen auf äußerliche Handlungsabläufe vorstellt. Vermeiden Sie diesen ebenso alltäglichen wie groben Irrtum. Habe ich eine Wahrnehmung, so muß ich sie genau betrachten und versuchen, durch die Ausschaltung von Erlerntem oder Hergeleitetem zu bestimmen, was sich darbietet. Damit komme ich zu meiner zweiten Bemerkung, wonach es keineswegs leicht ist, ohne die geringste Antizipation zu wissen, was eine Empfindung ist. Denn das Vorgegebene besteht, was das Sehen betrifft, aus nebeneinandergesetzten Farbflecken. Aber wer sähe nicht, daß es sich hierbei immer noch um eine vereinfachte Wahrnehmung handelt, bei der ich alle Farben in einem Bild ohne Umriß und in einiger Entfernung von meinen Augen unterbringen will? Sicherlich ist die reine Empfindung der Farbe etwas Einfacheres, und ich dürfte sie in diesem oder jenem Teil meines Körpers noch nicht einmal fühlen, denn auf diese Art und Weise fühlen, hieße wiederum wahrnehmen, mit anderen Worten, Formen, Dimensionen und Situationen erkennen. Um die reine Empfindung zu erfassen, müßte man daher gewissermaßen denken, ohne zu denken. Manche unbeschreiblichen Vorkommnisse im Traum, im Halbschlaf oder kurz vor dem Erwachen bedeuten eine Annäherung an diesen Zustand, so wie die ersten Eindrücke eines Blinden, dem das Augenlicht wiedergegeben wurde. Aber er kann darüber eben nichts mitteilen und behält davon nicht mehr in Erinnerung als wir selbst von unseren ersten Kindheitserlebnissen. Diese Bemerkungen dienen dazu, jene grobschlächtige Theorie zu vermeiden, wonach unsere Eindrücke aufeinanderfolgen, sich voneinander unterscheiden, sich ergänzen, sich geltend machen, als ginge es um eindeutige und klar abgegrenzte Tatbestände. Wir werden sagen müssen, daß ein Tatbestand etwas anderes ist als dieser erste Zusammenprall, dieses erste Zusammentreffen von Subjekt und Objekt. Dabei muß man Form und Inhalt unterscheiden – was uns bereits die einfachste Wahrnehmung lehrt.

Es gibt einen sehr viel schwierigeren und noch kaum erkundeten Weg, um Wahrnehmung und Empfindung zu unterscheiden. Dabei muß man Qualität und Quantität betrachten und sie anhand ihrer Eigenschaften definieren, was sofort die kompliziertesten Spekulationen aufwirft und einen jener Teile der *Kritik der reinen Vernunft* ausmacht, welcher dem Leser die meisten Schwierigkeiten bereitet. Versuchen wir hier genau zu beschreiben, was Größe ist und was Qualität ist. Wenn die Größe zunimmt, wenn ich zum Beispiel einen Strich ziehe oder wenn ich zähle, addieren sich Elemente von Quantität, die klar unterscheidbar bleiben. Wenn die Qualität zunimmt, zum Beipiel bei steigender Intensität des Lichts, gliedert sich das Mehr an Klarheit unterschiedslos ein. Man könnte wohl sagen, das Licht habe sich geändert, das von mir »intensiver« genannte Licht sei in Wirklichkeit ein anderes Licht, ein intensiveres Blau sei ein anderes Blau, ein stärkerer Druck sei ein anderer Druck und so fort. Dennoch neige ich unerschütterlich dazu, mir ein – an reiner Intensität – stärker werdendes Licht vorzustellen, vom schwächsten Eindruck bis zur blendenden Helligkeit. Diese Größe, die nur in einer gewissen Zeit so zunehmen und abnehmen kann, ist genau das, was man Intensität nennt. Doch scheint mir, das sei nicht reine Qualität und wir behülfen uns hierbei mit der sogenannten Größe, um darin in unseren Augen jene nebeneinanderliegenden Intensitäten unterzubringen. In der reinen Empfindung gäbe es niemals weder Zunahme, noch Verringerung, noch Größe im eigentlichen Sinne, sondern nur Veränderung und Neuheit. Welch unbeschreibliches Ding. Doch dürfen wir uns letztlich mit Hilfe einer verfeinerten Ausdrucksweise annähern, wie es schon viele versucht haben in dem Bestreben, die ursprünglichen Eindrücke oder unmittelbaren Gegebenheiten zu beschreiben, so wie sie vor aller Geometrie waren. Hier soll es jedoch genügen, diese subtilen Forschungen zu definieren und vorauszuschicken, daß die Sprache sie immer nur in unvollkommener Weise wiedergeben wird. Eine gesonderte Analyse des Gedächtnisses wird ohne Zweifel besser erklären, daß man vergeblich die erste Erfahrung oder den ersten Eindruck sucht. Diese Unternehmungen schließen, so scheint es, die kühnste und weitreichendste Wahrnehmung mit ein.

Kapitel VI

Vom Raum

Vielleicht beginnt der Leser das schöne Wort »Vorstellung«, von einigen vortrefflichen Philosophen auf so gelungene Art und Weise verwendet, nun in seiner ganzen Tragweite zu begreifen. Nicht uns werden die Dinge unterbreitet, sondern wir unterbreiten sie uns, oder besser: wir stellen sie uns vor. In unserer Wahrnehmung, auch in ihrer einfachsten Ausprägung, existiert immer Erinnerung, Wiederherstellung, resümierte Erfahrung. Nur ist es von Nutzen, das gesprochene Urteil, das bereits Wissenschaft ist, von der Intuition zu unterscheiden. Das Intuitive sticht vom Diskursiven ab wie das unmittelbare, zumindest scheinbar unmittelbare Wissen von der Art Wissen, zu der wir durch Forschung, Erinnerung oder Schlußfolgerung gelangen. Doch ergänzen und kommentieren immer Diskurse, Vergleiche und gewisse Vermutungen unsere Wahrnehmung. Ich sage mir zum Beispiel, daß diese Baumreihe jene Straße kennzeichnet oder daß dies dunkle Dreieck dort die Spitze eines Kirchturms ist; oder auch, daß dies Brummen ein bestimmtes Automobil ankündigt. Und man ist geneigt zu glauben, diese Kenntnisse seien im gewöhnlichen Sinn des Wortes intuitiv; doch geht es im jetzigen Kapitel darum, ein intuitives Wissen im strengsten Sinne des Wortes sichtbar zu machen, welches Kenntnisse – und zwar ganz präzise – durch gewisse Eigentümlichkeiten der Vorstellung vermittelt, die uns wie ein Ding berührt.

Ich sehe diesen Horizont in sehr weiter Ferne. Um es ganz genau zu sagen: So wie er sich meinem Blick präsentiert, ist er gegenwärtig durch seine Farbe, ebenso alles Übrige, sozusagen das nicht Entfernte. Doch berührt mich die Entfernung nichtsdestotrotz wie ein Ding; ja, sie ist sogar das wahre Wesen dieses Dinges, ist das, was ich der bläulichen Farbe entnehmen kann. Diese auf mich so natürlich wirkende Entfernung, die mir alles Übrige vor Augen führt und einen Sinn für Größenordnungen, Formen und Farben gibt, ist – wohlgemerkt! – dennoch kein Ding. Diese Entfernung ist keineswegs eine charakteristische Eigenschaft dieses Horizonts, sondern ein Verhältnis dieser Dinge zu anderen Dingen und zu mir. Will ich dieser Entfernung nahekommen, indem ich sie durchschreite, bringe ich sie zum Verschwinden. In einer Hinsicht würde ich sie dann erfahren, wenn auch immer durch Vorstellung. Doch so, wie ich sie jetzt sehe und zu empfinden meine, so, wie ich sie mir jetzt denke, kenne ich sie. Alles, was darüber zu erfahren ist, weiß ich. Diese Erfahrung stammt von mir, nicht von den Dingen. Ich bestimme sie, stecke sie ab, lege sie fest. Sie ist, ob wahr oder falsch, immer Entfernung, ein unteilbares Verhältnis; sie wird nicht wirklich durchschritten, ihre Teile addieren sich, doch ist sie in ihrer Gänze festgelegt und wird erst danach geteilt und durchschritten. Im voraus gibt sie der Teilung und dem Durchlaufen einen Sinn.

Noch deutlicher weist die Richtung dieselben Charakteristika auf, denn sie regelt die Dinge in bezug auf die Drehbewegungen meines Körpers, doch ist sie dennoch keine Sache. Sie determiniert; sie besteht aus Form und ist, ob definiert oder vorausgesetzt, nicht selbstverständlich. Alle Paradoxa über den Raum und alle Probleme, über die man oft zu schnell hinweggeht, sind hier zusammengefaßt, als seien sie Erfindungen des Autors. Entfernung und Richtung, beide sind die Waffen des Geometers. Und wir werden nicht überrascht sein, daß er sie so gut kennt, nicht völlig ohne Hilfsmittel, aber mit Hilfe willkürlich herausgegriffener Dinge, schwarz auf weiß, Punkte, Linien und Winkel. Doch greifen wir nicht zu sehr vor.

Unter den Entfernungen habe ich diejenige gewählt, die man räumliche Tiefe nennt, weil die Eigenschaften des Raumes, der an sich nicht existiert, sondern festgelegt wird und die Erfahrung determiniert, darin am deutlichsten aufscheinen. Betrachten Sie jetzt andere Entfernungen, die sich vor Ihren Augen ausbreiten, oder unsichtbare Entfernungen, Entfernungen wie bei einem Blinden, die eine Anstrengung erfordern. Sie werden erkennen, daß es sich auch bei diesen Entfernungen um Entfernungen handelt, das heißt um unteilbare Verhältnisse von der gleichen Art wie die Tiefe. Und nehmen Sie die schillernden Farben nicht für etwas Oberflächliches. Glauben Sie, daß diese Landschaft, die Sie auf einer Karte entfalten wollen, von sich aus eine Karte ergibt, mit satten oder blassen, wohltuenden oder traurig anzusehenden Farben? Um Ihnen diese Illusion zu nehmen, gebe ich Ihnen lediglich zu bedenken, daß diese Karte nur einen Sinn bekommt durch die Tiefe, die Sie ihr entnehmen. Und was die Oberflächen betrifft, die sich Ihnen indirekt darbieten und die Sie in Ihrer Vorstellung richtigstellen, wie die jenes Teichs oder auch der Krümmung dieses Abhangs, so ist noch einleuchtender, daß Sie auf diese Weise jedem Ding seinen Sinn und seinen Platz geben; daß Sie die Wahrheit für das Äußere ersinnen und das Äußere in diesen strengen Formen mit einbeziehen. Was die Rauminhalte betrifft, so werden sie immer geraten, festgesetzt, ausgedacht, da man sie nicht betritt, ohne sie zu teilen, und andere Oberflächen mit anderen Rauminhalten dahinter entdeckt und errät.

Kehren wir nun zu unserem Würfel zurück, der Sie ohne Zweifel besser instruieren wird. Jeder weiß was – der Definition nach – ein Kubus ist: gleiche Kanten, gleiche Winkel, gleiche Seitenflächen. Doch niemand sieht den Würfel so; niemand berührt ihn auf diese Weise. Sich die Form dieses kubischen Würfels vorzustellen bedeutet, durch Erfahrung jene Form festzustellen und zu bestätigen, die keine Erfahrung sichtbar oder spürbar macht. Besser gesagt, es bedeutet, alle äußeren Erscheinungen und Perspektiven bis hin zu den Schlagschatten mit Hilfe anderer Richtungsbestimmungen und Entfernungen zu erklären, bei denen die Wissenschaft schon Licht ins Dunkel gebracht hat. Doch zeichnen Sie verschiedene Ansichten dieses Würfels und bestaunen Sie das Phänomen, daß Sie dieselbe Form wiedererkennen. Machen Sie es noch besser. Zeichnen Sie den Würfel mit allen seinen sichtbaren Kanten, als bestehe er aus eisernem Gestänge, und üben Sie sich darin, ihn sich auf zweierlei Art vorzustellen: einmal von einer Seite und von oben, ein anderes Mal von der anderen Seite und von unten. Sie werden erkennen, wie das Äußere Form annimmt – und damit den Sinn meiner Weisung. Vielleicht gibt es kein philosophisches Experiment, das besser geeignet ist, die Reflexion für alle Zeit auf den richtigen Weg zu lenken. Lassen Sie uns zusammenfassend sagen, daß wir Dinge im Raum wahrnehmen, doch daß der Raum kein Objekt der Sinne ist, obwohl die Objekte der Sinne nur durch den Raum geordnet, voneinander unterschieden und wahrgenommen werden. Sagen wir, daß der Raum ein Kontinuum, das heißt unteilbar ist, daß er an sich weder Größe noch Form hat, obwohl er der Vater der Größenverhältnisse und der Formen ist, und daß er schlußendlich keineswegs in der Art eines Kieselsteins existiert. Woraus schon ersichtlich ist, daß Fragen wie die, ob der Raum begrenzt oder unbegrenzt sei, unsinnig sind. Doch werde ich darauf noch mehr als einmal zurückkommen. Besinnen Sie sich in diesem schwierigen Abschnitt auf Ihre geistigen Kräfte. Sie wissen jetzt ein wenig, was Philosophieren bedeutet. Wenn diese Art der Untersuchung Ihnen keinen Spaß macht, nehmen Sie's als einen Wink der Götter. Legen Sie das Buch beiseite.

Kapitel VII

Die Sinne und der Verstand

Ich muß dennoch etwas vorgreifen. Die Untersuchungen über die Wahrnehmung, die leidlich anschaulich und sehr weitläufig sind, stellen nichts als ein Spiel dar, wenn man sie nicht alsbald auf tatsächliche Schwierigkeiten bezieht. Und gerade das ist meine Absicht. Jeder weiß, daß Kant in seiner *Kritik der reinen Vernunft* den Raum als eine Form der Sinnlichkeit und nicht als eine Konstruktion des Verstandes ansehen will. Es ist wohl einsichtig, daß ich in den vorangegangenen Analysen eher dazu neige, dieses transparente und umschließende Bild eines sinnlich wahrnehmbaren Raumes vollkommen beiseitezuschieben, um an seine Stelle wissenschaftliche Beziehungen im wortwörtlichen Sinne treten zu lassen. In einer einführenden Abhandlung fällt diese Unterscheidung kaum ins Gewicht. Wenn Kant den Raum so behandelt, wie er es tut, vergißt er nie, daß der Raum eine Form ist, und für den Anfänger ist gerade das entscheidend. Wenn er jetzt hinzufügt, der Raum sei eine Form der Sinnlichkeit, hebt er hervor, daß die Eigenheiten des Raumes nicht allesamt auf die dem Verstand zugänglichen Beziehungen, die die Wissenschaft bildet, zurückgeführt werden können. Diese sind die Form der eindeutigen Erkenntnis. Lesen Sie dazu Hamelin*, der mit dieser Angelegenheit verständig umgeht.

Die Sache wird unklar, weil die Mathematiker sich in der Behauptung gefallen, der dreidimensionale Raum, also drei Koordinaten, die immer auf einen Punkt gerichtet sind, sei ein Faktum unserer Erfahrung, das mit wirklichen Erfordernissen nichts zu

* Anm. d. Übers.: Octave Hamelin (1856-1907), französischer Philosoph.

schaffen habe. Läßt man diese Frage außer acht, so sehe ich nicht, daß der Raum, den ich beschrieben habe, sich von dem unterscheidet, was man strenggenommen die Form der Tätigkeit des Geistes nennt. Möglich ist auch, daß sich die Mathematiker mit Hilfe der Algebra getäuscht haben oder daß die drei Dimensionen nicht so eindeutig verwoben mit den Fakten der Erfahrung sind wie die Vorstellung von Entfernung und Richtung. Doch sollten wir hier nicht allzu sehr ins Detail gehen. Der Leser soll ermuntert, nicht überfordert werden, und nicht seine Schwäche, vielmehr seine Stärke sei hervorzuheben.

Indem ich mich vor allem daran halte, die menschliche Erkenntnis als solche zu beschreiben, unterstreiche ich die frappierende Verwandtschaft zwischen der Antizipation geometrischer Formen, die uns die Dinge nah oder weit entfernt sehen läßt, und den Formen der Wissenschaft im eigentlichen Sinne. Das sei hier nur angemerkt. Ich will das Ziel im Auge behalten und mich damit abfinden, daß ich zu keiner vollendeten, systematisch ausgearbeiteten Theorie gelange. Das Ordnen von Meinungen und Denkgewohnheiten mag sich indes als nützlich erweisen, schon bevor die Diskussionen zwischen den Menschen zu einem Abschluß gekommen sind.

Alle Philosophen von Bedeutung, und insbesondere Platon und Descartes, haben überzeugend gezeigt, daß es keine Wissenschaft von der Empfindung gibt. Mir scheint, wir sind nun soweit, den Sinn dieser bekannten Aussage zu verstehen. Es ist offensichtlich, daß man Intensitäten nur in bezug auf ihre jeweilige Länge mißt. Beispielsweise sind zwei Töne derselben Intensität zwei Töne, die auf dieselbe Entfernung die gleiche Schwingung einer Membran erzeugen. Zwei Temperaturen werden mit Hilfe der Ausdehnung einer angemessen angeordneten gleichen Menge Quecksilber verglichen. Die Kalorien werden nach einer bestimmten Menge Eis gezählt, die in Wasser umgewandelt wurde, und das Gewicht wird mittels eines stabilen Gleichgewichts durch einen Drehhebel gemessen. Wir sehen, daß die Wissenschaft an die Stelle sinnlicher Wahrheiten die von uns beschriebenen geometrischen Elemente setzt. Und alles, was man über Intensität wissen kann, reduziert sich letztlich auf Längenmaße. Doch ist dies lediglich eine wissenschaftliche Tatsache, die eine direkte Analyse klären muß.

Die Wahrnehmung ist genaugenommen eine Antizipation unserer Bewegungen und ihrer Auswirkungen. Das Ziel besteht immer darin, einer Empfindung zuteil zu werden oder sie zu vermeiden, wie wenn ich eine Frucht pflücken oder dem Aufprall eines Steines ausweichen will. Deutlich wahrnehmen heißt, im voraus zu erkennen, welche Bewegung ich machen müßte, um diese Ziele zu erreichen. Einer, der deutlich wahrnimmt, weiß im voraus, was er tun muß. Der Jäger nimmt deutlich wahr, wo er seine Hunde, die er hört, wiederfinden kann, er nimmt deutlich wahr, wie er das auffliegende Rebhuhn treffen kann. Das Kind nimmt unzureichend wahr, wenn es den Mond mit den Händen zu erhaschen versucht und so weiter. Was also an der Wahrnehmung wahr, zweifelhaft oder falsch ist, ist diese Einschätzung, die so deutlich bei der Perspektive und dem räumlichen Sehen, aber auch beim Gehör und beim Geschmackssinn zutage tritt und zweifelsohne sogar beim Fühlen, wie die tastenden Hände eines Blinden zeigen. Was die Empfindung selbst angeht, so ist sie weder zweifelhaft noch falsch und folglich auch nicht wahr; sie ist gegenwärtig, jedesmal wenn man sie hat. Falsch bei der Wahrnehmung einer Spukgestalt ist nicht das, was unsere Augen uns empfinden lassen, das verschwommene Licht oder der farbige Fleck, sondern einzig unsere Antizipation. Eine Spukgestalt zu sehen, heißt nach den visuellen Eindrücken voraussetzen, man berühre irgend etwas Lebendiges, streckte man nur die Hand aus; heißt auch vermuten, daß ich, was ich jetzt vor dem Fenster sehe, auch noch vor dem Schrank erblickte, wenn ich eine bestimmte Bewegung vollführte. Aber was ich gegenwärtig empfinde, empfinde ich ohne Zweifel. Davon gibt es keine Wissenschaft, weil kein Irrtum möglich ist. Jedes Studium meiner Empfindungen besteht immer darin, zu wissen, was sie bedeuten und wie sie sich mit meinen Bewegungen verändern. Daraus wird ersichtlich, daß ein Gegenstand etwas ist, was wesentlich einen Standort und eine Form hat oder, besser ausgedrückt, das Wahre an einem Gegenstand ist die Gesamtheit seiner räumlichen Beziehungen, die seine Form, seinen Standort und all seine Eigenheiten definieren. Denken Sie einmal darüber nach, daß ein Astronom nichts anderes tut als seine Objekte durch gewisse Beziehungen zu bestimmen, bis er nach vielen Wahrnehmungen in Form von Messungen verlauten läßt, die Erde drehe sich um die Sonne und ähnliche Dinge, und voraussagt, was aus diesen Bewegungen folgen wird, beipielsweise eine von einem bestimmten Ort aus sichtbare Finsternis. Doch genug jetzt dieser Bemerkungen.

Kapitel VIII
Vom Objekt

Als Demokrit behaupten wollte, die Sonne und der Mond seien tatsächlich so, wie wir sie sehen, nämlich so groß wie es den Anschein hat, und befänden sich in der von uns geschätzten Entfernung, wußte er nur zu gut, wozu ihn seine Lehre nötigen würde. Niemand kann sicher sein, daß ihn Abenteuer verschonen werden, wenn er sich einmal darauf einläßt. Heute wird gemeinhin anerkannt, selbst von denen, die die Beweise hierfür nicht zu erbringen wüßten, daß die Sonne sehr weit von uns entfernt ist, viel weiter als der Mond, und daß sie folglich viel größer als der Mond ist, obschon beide ungefähr gleich groß zu sein scheinen, was bei den jeweiligen Finsternissen besonders deutlich wird. Folglich kann man nicht behaupten, daß der Gegenstand, den wir Sonne nennen, die wirkliche Sonne, eine blendende Kugel ist. Genausogut könnte man sagen, die wirkliche Sonne sei der Schmerz im Auge, wenn wir sie allzu unvorsichtig anschauen. Man muß also untersuchen, wie man dazu kam, die wirkliche Sonne anzunehmen, die niemand weder sehen noch ersinnen kann, so wie ich den Würfel nicht sehen kann, von dem ich dennoch weiß, daß er einer ist. Ich sehe seine Merkmale, so wie die Merkmale der wirklichen Sonne; und unter den Merkmalen der wirklichen Sonne, ihrer Größe, ihrer scheinbaren und ihrer realen Bewegung, ist der wandernde Schatten eines Stockes nicht unwichtiger als die Scheibe des Gestirns, wie man sie durch geschwärzte Augengläser sieht. So ist auch die wirkliche Sonne genau abgegrenzt, und das manchesmal besser durch eines dieser Merkmale als durch ein anderes. Hier wird ersichtlich, daß ein Gegenstand durch seine Beziehungen zu anderen Gegenständen, eigentlich zu allen anderen Gegenständen festgelegt wird. Anders ausgedrückt: Ein Gegenstand allein betrachtet ist nie wirklich, er ist kein Gegenstand. Das bedeutet, daß ein Gegenstand in einem System unteilbarer Beziehungen existiert und auch, daß der Gegenstand gedacht, nicht gefühlt wird. Wenn Sie erneut über das Beispiel des Würfels nachdenken, welches eines der einfachsten ist, werden Sie das Paradox verstehen, das Demokrit vergeblich zu verwerfen versuchte.

Der Ehrlichkeit halber muß man die Welt so beschreiben, wie man sie sieht. Einfach ist das nicht, denn man sieht sie nicht so, wie man sie fühlt. Und jeder weiß wohl, daß sie keineswegs so ist, wie man sie sieht. Ändern Sie Ihren Standort, gehen Sie um einen Menschen herum, immer wird sein Abbild ein dunkler Fleck sein, und die Erde, die ihn umgibt, wird immer von einer helleren Farbe sein. Doch wissen Sie wohl, daß er etwas anderes ist, was es durch dieses und andere Merkmale zu bestimmen gilt. Und jene, die gerne sagen würden, man urteile dank eines direkten Kontaktes, gewinnen nichts dabei, denn sie werden wohl nicht behaupten, besagter Mensch sei dieses oder jenes Gefühl auf meiner Hand. Im Gegenteil, wir wissen, daß er sich durch eine einfache Bewegung meiner Hand nicht so sehr verändert hat. Letztlich müssen wir diese äußerlichen Merkmale in einem System unterbringen, bis wir sagen können, dank dieser tausend Gesichtspunkte erkennen wir denselben Menschen. Genauso komme ich, wenn ich im Mondlicht tanze, zu dem Entschluß, daß nicht der Mond tanzt. Jeder kleine Hirte weiß das, und zwar aus eigener Kenntnis.

In früheren Zeiten glaubten die Astronomen, der Morgenstern und der Abendstern seien zwei unterschiedliche Gestirne, weil Venus, der Planet, der der Sonne näher steht als wir, nicht denselben Weg am Firmament nimmt wie die anderen. Da sie keine Kenntnis der entsprechenden Beziehungen besaßen, konnten sie die beiden Erscheinungsweisen nicht miteinander verbinden, wie wir es heute tun. Es ist in dieser Hinsicht von Nutzen, die verschiedenen astronomischen Systeme miteinander zu vergleichen. Dabei sieht man, anhand welcher Methode man ein einzelnes Objekt unter mehreren desselben äußeren Anscheins wiederfindet: durch Erzeugung einer geeigneten Bewegung der Gegenstände selbst und auch des Beobachters. Durch keine andere Methode komme ich zu dem Schluß, daß es mein Zug ist, der sich in Bewegung setzt, und nicht der andere. Und vielleicht denke ich: »Ah, die Schwalbe ist zurückgekommen«, wo ich doch nur einen Schatten auf dem Himmel neben dem Kellergeschoß gesehen habe, wo sie, wie ich weiß, alle Jahre ihr Nest baut. Eine weitreichende Vermutung, die ohne Zweifel teilweise falsch ist, denn möglicherweise handelt es sich nicht um dieselbe Schwalbe. Indessen sieht man daran sehr gut, wie der Verstand seine Systeme konstruiert und die wirklichen Gegenstände bestimmt.

So genügt es nicht zu fragen, weshalb man mit zwei Augen nur einen Gegenstand sieht. Man muß fragen, warum man mit zwei Händen nur einen Würfel berührt, warum man sagt, man berühre denselben Gegenstand, den man sieht, den man hört, den man riecht, den man schmeckt. Denn da wären wohl genügend andere Gegenstände, äußerst unterschiedliche zumal, wenn man sich an die äußeren Erscheinungen hielte. Mir scheint, mit diesen Bemerkungen läßt sich nach und nach die merkwürdige Macht des Denkens umreißen, die der Großteil der Menschen nur im wohlformulierten Diskurs erkennen will, in den man mit anderen oder sich selbst eintritt. Man merkt schon, daß der menschliche Geist sich nach den äußeren Erscheinungsweisen eine gemeinsame Welt denkt, in der jeder zunächst allein ist. Der Tor verbringt in ihr sein ganzes Leben.

Kapitel IX
Von der Einbildungskraft

Definiert man die Einbildungskraft als falsche Wahrnehmung, hebt man damit vielleicht das Wichtigste hervor. Denn man wäre versucht, die Einbildungskraft als ein Spiel im Inneren zu betrachten, wie ein Denken mit sich selbst, ein freies Spiel, ohne realen Gegenstand. Damit ließe man freilich auch das Wichtigste außer acht, nämlich die Beziehung der Einbildungskraft zu den Zuständen und den Bewegungen unseres Körpers. Zunächst muß die Fähigkeit, sich etwas vorzustellen, innerhalb der Wahrnehmung betrachtet werden, da wir sonst, gemäß den allseits bekannten Fakten, Gefahr laufen, zuviel herumzuraten. Und es ist hinreichend verständlich, daß die Wahrnehmung sich von der Einbildungskraft nur durch eine Verbindung all unserer Erfahrungen und eine ständige Überprüfung all unserer Antizipationen unterscheidet. Doch auch in der gewissenhaftesten Wahrnehmung schwingt immer die Einbildungskraft mit. Sie zeigt sich in jedem Augenblick und wird durch eine rasche Nachforschung, durch eine kleine Veränderung beim Beobachter, letztlich durch ein sicheres Urteil ausgeschaltet. Der Preis dieses sicheren Urteils, das die Geister vertreibt, macht sich vor allem im Spiel der Leidenschaften bemerkbar, beispielsweise des Nachts, wenn die Angst uns auflauert. Ebenso, wenn am hellichten Tage die Götter von Baum zu Baum huschen. Das ist ohne weiteres verständlich; wir haben ein Urteil so schnell bei der Hand, gestützt auf so schwache Indizien, daß unsere eigentliche Wahrnehmung ein immerwährender Kampf gegen umherschwirrende Irrtümer ist. Wie man sieht, muß man die Quelle unserer Hirngespinste nicht lange suchen.

Doch liefern ebenso häufig unsere Sinnesorgane von sich aus

den Stoff für unsere Phantasien. Wohlgemerkt, von sich aus. Unser Körper wird ohne Unterlaß auf tausend verschiedene Arten durch äußere Einwirkungen verändert. Doch muß hier angemerkt werden, daß die Beschaffenheit unserer Organe und die Bewegungen des Lebens selbst nur schwache Eindrücke vermitteln, die freilich eindrucksvoll genug sind, solange andere Eindrücke verstummen. So dröhnt das Blut in den Ohren, fühlt man im Mund einen bitteren Geschmack, spüren wir Schauer und Kribbeln auf unserer Haut. Mehr brauchen wir nicht, um uns einen kurzen Augenblick lang Objekte vorzustellen; und das ist im eigentlichen Sinne das, was wir träumen nennen.

Schließlich suchen wir oder vielmehr ersinnen wir mit Hilfe unserer Bewegungen häufig Bilder. Der Blick spielt nur eine untergeordnete Rolle, wenn unsere Gesten oder besser unser Bleistift Formen zeichnen, denen unsere Augen folgen, oder besser noch, wenn schnelle Bewegungen der Augen reale Wahrnehmungen verwischen und der Phantasie ihren Lauf lassen. Das Gehör wird hingegen durch unsere Worte unmittelbarer verändert; unser Wort ist ein realer Gegenstand, den wir wahrnehmen, selbst wenn wir ganz leise sprechen. Vor allem der Tastsinn vermittelt sich selbst Eindrücke aufgrund jeder unserer Bewegungen. Ich kann mich anketten, mich selbst würgen und schlagen; und diese starken Eindrücke sind ohne Zweifel im Wahn eines Irren nicht die geringsten Beweise. Wir beobachten hier eine Verbindung, welche die Einbildungskraft mit den Leidenschaften eingeht. Einer, der auf der Flucht ist, nimmt alles andere kaum wahr, ahnt noch weniger, was sich hinter ihm abspielt, verstärkt durch seine überstürzte Handlung die Bewegung von Herz und Lunge, erzeugt ein Echo durch seinen Lauf. Jede übermäßige Bewegung bringt das Universum, das man wahrnimmt, in Verwirrung. Wir sind somit ständig Konservatoren und Architekten dieser Welt und ebenso Erfinder von Dämonen und irreführenden Beweisen, sobald wir uns konvulsiven Bewegungen hingeben. Darüber hinaus ist das Universum übervoll genug, um unseren Verwirrungen immer die Andeutung eines Objekts zu unterschieben. Und in jedem Faktum der Einbildungskraft wird man immer drei Arten von Ursachen wiederfinden, die äußere Welt, den Zustand des Körpers und die Bewegungen. Gleichwohl schadet es nicht, drei Arten der Einbildungskraft zu unterscheiden. Erstens die geordnete Einbildungskraft, die sich einzig durch ein Zuviel an Kühnheit täuscht, aber immer mit Hilfe einer Methode und unter Aufsicht der Erfahrung. Von dieser Art sind die Überlegungen eines Kriminalbeamten zu irgendwelchen Abdrücken oder einem Hauch von Staub oder das Versehen des Jägers, der seinen eigenen Hund tötet. Die zweite Art von Einbildungskraft, die sich von den Dingen abwendet, die Augen schließt und ihre Aufmerksamkeit insbesondere auf die Bewegungen des Lebens und die schwachen Eindrücke richtet, die sich aus ihm ergeben, könnte Phantasterei genannt werden. Sie mischt sich kaum in die Dinge ein, wie es die geordnete Einbildungskraft tut; das Erwachen ist daher jäh und total, während es in der geordneten Einbildungskraft in jedem Augenblick ein Erwachen gibt. Die leidenschaftliche Einbildungskraft schließlich könnte man vor allem durch konvulsivische Bewegungen und Gezeter charakterisieren.

Es gibt aber auch eine geordnete Einbildungskraft, die an allen dreien Anteil hat, wenn auch in einem anderen Sinne. Dies ist die poetische Imagination, die wir später behandeln werden. Denken Sie hier nur daran, wie der Poet die Inspiration sucht, bald, indem er die Dinge wahrnimmt, wenn auch ohne Geometrie, bald schlafwandlerisch, bald gestikulierend und zeternd. Andere Künste, wie die Architektur und die Malerei, sind stärker auf den Gegenstand bezogen, wieder andere, wie Tanz und Musik, entnehmen ihren ganzen Stoff der Substanz des Themas selbst. Die Kunst hängt jedoch auch von Leidenschaften und insbesondere von Zeremonien ab; doch ist hier nicht der Ort, näher darauf einzugehen.

Kapitel X

Von der Vorstellung durch die verschiedenen Sinne

Sich etwas vorstellen bedeutet immer, sich einen Gegenstand zu denken und seine mögliche Wirkung auf all unsere Sinne vor Augen zu haben. Eine rein bildhafte Imagination wäre mitnichten Imagination; sie wäre nur eine farbenfrohe Impression ohne Einbettung in eine Situation und ohne Form. In dem Maße, wie man dazu neigt, Vorstellungen auf Phänomene des menschlichen Körpers zu reduzieren, gewöhnt man sich die Imagination ab. Was heißt sich eine Spukgestalt vorzustellen anderes, als sie an einem bestimmten Ort zu sehen und sich auszumalen, wie man sie berührte? Mangels gründlichen Nachdenkens darüber beschreiben unsere Philosophen eine bestimmte Imagination nur als visuell, eine andere nur als taktil, und ordnen ihnen Typen von Menschen zu, die dem entsprechen, ohne daß diese Untersuchungen sehr weit führen. Es ist nicht leicht wahrzunehmen, daß jede visuelle Vorstellung, da sie immer räumliche Tiefe und Entfernung einschließt, stets beredte Erklärungen der Muskeln abgibt. Man müßte sich also auf zweideutige oder überaus gefällige Antworten gefaßt machen. Und, um es der Vollständigkeit halber zu sagen: Es gibt keine Bilder, es gibt nur imaginierte Objekte. Dieses Beispiel verdeutlicht, daß die Reflexion hier den Nachforschungen vorauszugehen und sie stets verständlich zu machen hat.

Nach dieser Einschränkung dürfen wir daran gehen zu prüfen, wie wir mit jedem unserer Sinne imaginieren. Zu Geschmack und Geruchssinn läßt sich ohne Zweifel wenig sagen, außer daß die realen Objekte der Imagination weniger Stoff liefern als die Reaktionen des Körpers es tun, insbesondere die unbeabsichtigten, wie etwa der Ekel. Und daß auch die Imagination häufig von anderen Sinnen bestimmt wird. Jeder weiß, daß der Anblick eines Gerichts, das ansonsten dem Gaumen schmeichelt, es vorschnell ungenießbar erscheinen lassen kann. Auch kommt es zuweilen vor, daß eine durch Krankheit verfeinerte und geschärfte Empfindlichkeit Gerüche oder Geschmacksempfindungen hervortreten läßt, die gewöhnlich sehr schwach sind. Somit erweist sich die Imagination als richtig, aber ohne unser Wissen. Und zudem gibt es keine Imagination, die nicht in irgendeiner Weise richtig wäre; denn das Universum wirkt unablässig in tausenderlei Art auf uns ein, und wir haben sicherlich keinen Traum, wie närrisch er auch sei, zu dem nicht ein realer Gegenstand den Anlaß gegeben hat. Imaginieren hieße demnach, zwar immer etwas wahrnehmen, dies aber undeutlich.

Dasselbe gilt in nicht geringerem Maße für die visuelle Wahrnehmung, obschon man nicht immer daran denkt. Selbstverständlich sind die Wolken, dichtes Laubwerk oder auch die verworrenen, durchkreuzten Linien einer alten Zimmerdecke oder einer Tapete besonders geeignet, uns menschliche Gesichter oder Ungeheuer wachzurufen. Jeder weiß, daß auch das Zwielicht und das Spiel der Schatten, ebenso ein zu grelles Licht, dieselbe Wirkung haben. Genauso beflügeln Rauch und Feuer den Träumer.

Jetzt muß beschrieben werden, wie wir mit unseren eigenen Augen, insbesondere wenn sie geschlossen sind, unseren Hirngespinsten Vorschub leisten. Jeder kann, schließt er rasch die Augen, das Bild eines sehr hellen Gegenstandes erkennen, was nichts anderes ist als ein fortgesetztes Vibrieren oder ein negatives Abbild in Komplementärfarbe, das auf Müdigkeit zurückzuführen ist. Zweifellos befindet sich unsere Netzhaut nie in vollkommener Ruhe; bekanntlich lassen Druck und elektrische Reize Funken darauf erscheinen. Und leidenschaftliche Leser kennen diese farbigen und sich verändernden Büschel, die zweifelsohne das erste Anzeichen unserer Träume sind. Mehrmals sah ich in den Momenten, die dem Schlaf vorausgehen, diese beweglichen Formen sich in Bilder von Menschen oder Häusern verwandeln, doch bedarf es der Aufmerksamkeit und eines wachen Kritikvermögens, um diese Dinge zu erkennen. Die Schwärmer sagen gerne, sie sähen die Abbilder der Dinge in diesen selbst, ohne erklären zu wollen, was sie damit meinen. Meiner Meinung nach ist jede visuelle Wahrnehmung, bedingt durch das Wesen der Wahrnehmung, außerhalb meiner selbst und auch außerhalb ihrer selbst. Der Wald, den ich im Traum durchwandere, ist nicht in meinem Körper, aber mein Körper ist in ihm. Man wird fragen: Was machen Sie mit den Augen der Seele? Doch die Augen der Seele sind meine Augen.

Schließlich muß man die Wirkung der eigenen Bewegungen betrachten, denn natürlich sind sie von größter Bedeutung, wenn ich mir die Bewegung der Dinge vorstelle. Die geringste Bewegung meines Kopfes veranlaßt alle Dinge, sich zu bewegen. Fügen wir hinzu, daß meine Bewegung geeignet ist, die Bilder zu verwischen und daß ein Augenblinzeln Gegenbilder aufleben läßt – wovon jeder sich überzeugen kann. Doch die wichtigste Tatsache ist hierbei das Gebärdenspiel der Hände, das einen abwesenden Gegenstand vor unseren Augen entstehen läßt. Natürlich sind auch Entwürfe und Modelle von Bedeutung, die unsere Träume an wirkliche Objekte binden. Ich betrachte hier nur den hin- und herstreifenden Bleistift, dessen Linien uns in Erstaunen versetzen. Damit kommen wir wieder auf den Hauptgedanken dieses Kapitels zurück, wonach wir gar nicht so viel erfinden, wie man glauben könnte. Mehr als einmal habe ich mir gesagt: Nun stelle ich mir ein leuchtendes Rot vor, und erblickte im selben Moment den roten Einband eines Heftes vor mir.

Dieselben, vielleicht noch bekannteren Dinge sind über die akustische Imagination zu sagen. Zuerst einmal, daß alle verworrenen Geräusche, des Windes, eines Wasserfalls, eines Automobils oder einer Menschenmenge, Worte und Musik erzeugen. Ein fahrender Zug lädt uns zu einem Rhythmus ein. Auch die Atmung und das Klopfen des Blutes wirken auf unsere Ohren und erzeugen darin ein Dröhnen, Pfeifen und Sausen. In erster Linie sprechen, singen und tanzen wir das, was die akustische Wahrnehmung festhält und was an andere Eindrücke gemahnt. Lassen wir hier die Analyse der musikalischen Eingebung beiseite. Erwähnen wir hier nur, daß die Stimmen, die wir in unseren Träumen zu vernehmen meinen, sicherlich oft unsere eigenen sind, die Schreie unsere eigenen Schreie, die Gesänge unsere eigenen Gesänge. So erzeugen wir mit dem Atem, den Muskeln, dem Blut Rhythmen. Das ergibt ganze Symphonien.

Bleibt der Tastsinn, und der ist nicht weiter schwierig. Denn erstens wirken die Dinge ohne Unterlaß auf uns ein: durch warm und kalt, Atem, Druck und Reibung. Zweitens wird unsere Tastempfindung ständig durch die Bewegungen des Lebens, durch Müdigkeit, Krämpfe, Fieber, Verletzungen verändert. Wir meinen, ein Kneifen, Drehen, Bohren und Sägen zu fühlen. Oder wir stellen uns auch Klammern um unsere Brust vor, eine grausame

Hand um unseren Hals, ein erdrückendes Gewicht, das auf uns lastet. Und letztendlich vermitteln unsere leichten oder lebhaften Bewegungen uns sehr reale Eindrücke. Ein Mensch, der träumt, daß er sich schlüge, kann sich selbst Faustschläge versetzen. Er kann die Arme verschränken, sich an einer Mauer stoßen, stocksteif werden, sich winden. Von solcher Art ist die Quelle unserer unglücklichsten Träume, auch wenn wir keineswegs diese Vermutung hegen. Doch rühren wir hier an die Leidenschaften: ein weites Feld – aber man kann nicht alles auf einmal sagen.

Kapitel XI

Von der Verknüpfung von Vorstellungen

Unsere gedankliche Folge wird gemeinhin mittels der Gegenstände geordnet, die sich uns zeigen. Doch wie man gesehen hat, werden diese Gegenstände erst nach einer Anzahl von Versuchen, Entwürfen und Hypothesen wahrgenommen. Diesen Mann dort hielt ich zuerst für den Briefträger; diesen Wagen hielt ich für den des Fleischers, jenes Blatt im Wind für einen Vogel. So beendet jede unserer Wahrnehmungen eine schnelle Analyse, ein Gerüst aus falschen und kaum faßbaren Wahrnehmungen, die der nie stillstehenden Sprache eine Art Gewißheit verleiht. Daher denke ich bei jedem Gegenstand an viele andere, die ihm ähneln, in dem Sinne, daß ihre Form meine Eindrücke einigermaßen erklärt. Hier muß man die Quelle der meisten jener Evokationen suchen, welche die Theoretiker als durch Ähnlichkeit bedingte Assoziationen ansehen. Es wäre ein Irrtum, hierbei zu glauben, daß sich unsere Gedanken in unserem Verstand aneinanderreihen, so als zählten wir, zurückgezogen in einem festverschlossenen Zimmer, unsere Schätze. In Wirklichkeit heißt denken stets: wahrnehmen; und selbst träumen bedeutet noch wahrnehmen, wenn auch undeutlich. Es ist wichtig, diesen Leitgedanken festzuhalten, will man die leichtfertigen und oft rein dialektischen Betrachtungen der Theoretiker dieses Themas richtigstellen.

Es kommt auch vor, daß wir aufgrund der Ermüdung der Sinne Komplementärbilder der Dinge wahrnehmen, wie das Violett nach dem Gelb. Beispiele dieser Art sind relativ selten; doch ist es nur natürlich, anzunehmen, daß jeder anregende Eindruck, und dies gilt für alle unsere Sinne, uns unempfänglich für bestimmte Vorgänge macht, so daß wir andere bemerken können. So erklären sich viele sogenannte Assoziationen zweifellos durch Gegensätze. Ein Reisender berichtete mir einmal, daß er jedesmal, wenn er seine Augen schlösse, die des algerischen Sandes müde waren, an eine norwegische Landschaft im Mondlicht dächte.

Schließlich muß man die Sprache wegen ihres beständigen Flusses als Regulativ für alles ansehen, was in unserer Gedankenwelt nicht Wahrnehmung ist, und übrigens ist auch das noch Wahrnehmung, denn wir nehmen unsere Sprache wahr. Nun sagen wir aber häufig ein anderes Wort als das gemeinte, und diese Ungeschicklichkeiten haben hauptsächlich zwei Gründe: Entweder rutscht uns ein Wort heraus, das dem gemeinten ähnlich, aber leichter auszusprechen ist, was wiederum eine durch Ähnlichkeit bedingte Assoziation ist; oder die Sprechorgane, müde von Gebrauch oder Anspannung, verfallen in einen Zustand, der ihnen Entspannung bringt. Dies ist die Ursache für mehr als einen dieser merkwürdigen Brüche in unseren Überlegungen.

Doch erwähnen wir auch, daß uns die Kette unserer Gedanken oft entgleitet, und daß wir uns weit von unserem ersten Gedanken entfernen, ohne uns erinnern zu können, wie wir ihn verlassen haben. Fast immer bewirkt das Vergessen, daß die Abfolge unserer Ideen uns so eigenwillig anmutet.

Was angrenzende Assoziationen angeht, betreffen sie nun Raum oder Zeit, so sind es Gegebenheiten des flüchtigen Gedächtnisses, die sich nur durch vollständige Erinnerung erklären lassen. Ich kann nicht an eine bestimmte Kathedrale denken, ohne an die danebenstehende Blumenfrau zu denken. Schön und gut, aber in derselben Art und Weise denke ich ebenfalls an alte Häuser, an die Stadt, an die Straße, die zu ihr hinführt. Alle topographischen Übersichten schließen mehr Gedankliches ein, als man annimmt. Aber die Abfolge wird natürlich vor allem, wie man so sagt, von der Erfahrung aufgezeigt. Gewiß gibt es einen Automatismus in der Erinnerung, wenn auch nicht in solchem Maße, wie man meinen möchte. Doch in der Handlung, will sagen: in der Sprache, ist er stets auffindbar. Das Ziel dieser Bemerkungen ist es, den Leser vor jenen ideologischen Konstruktionen zu warnen, in denen die Ideen und Vorstellungen als unveränderliche Begriffe verwendet werden, die einer nach dem anderen auf der Bildfläche erscheinen. Daß eine solche Mechanik des Denkens unausgegoren ist, wird die Analyse des Erinnerungsvermögens zeigen.

Hinzugefügt sei noch, daß die berühmten Gesetze der Verknüpfung von Vorstellungen nichts erklären. Daß eine Orange mich an die Erde denken läßt, erklärt sich keineswegs aus der Ähnlichkeit, denn eine Orange ähnelt sehr viel mehr einem Apfel, einem Ball oder einer anderen Orange. Und anhand dieses Beispiels wird hinreichend klar, daß die sogenannte Verknüpfung nur die flüchtige Erinnerung an eine Astronomiestunde ist, in der man die Unebenheiten der Orangenschale mit den Erhebungen der Berge auf unserem Globus verglich. Es handelt sich also um eine Analogie, das heißt um einen wirklichen Gedanken, der hier die Vorstellungskraft beflügelt.

Kapitel XII

Von der Erinnerung

Wahrnehmen heißt immer vorstellen. Folglich gibt es in unserer Wahrnehmung, und sei sie noch so einfach, immer eine Erinnerung, die man implizit nennen kann. In jeder Erfahrung bündeln sich alle unsere Erfahrungen. Mit den Augen eine von Bäumen gesäumte Allee wahrzunehmen bedeutet, sich zu erinnern, daß man diese oder andere Alleen entlanggelaufen ist, Bäume berührt hat, mit den Schattenspielen und der Perspektive vertraut ist und so weiter. Und da zum Beispiel die Schatten von der Sonne abhängen und die Wahrnehmung der Sonne selbst – indirekt immer – eine Vielfalt von Erfahrungen einschließt, behaupte ich, daß all unsere Erfahrungen in jeder Erfahrung versammelt sind. Doch macht diese Bemerkung wohl verständlich, daß es sich hier um eine implizite Erinnerung und nicht um Erinnerung im eigentlichen Sinne handelt. Um diese Allee richtig wahrzunehmen, muß ich nicht notwendigerweise an einen bestimmten Spaziergang denken, den ich unternommen habe, noch weniger daran, ihn an einem bestimmten Augenblick der Vergangenheit unternommen zu haben. Man könnte jene Erinnerung oberflächliche Erinnerung nennen, die nur die Gegenwart und die allernächste Zukunft erhellt, ohne je die Vergangenheit vor uns auszubreiten. Im Gegensatz dazu könnte man das träumerische Erinnerung nennen, was die Gelegenheit der Gegenwart nutzt, um in einem Streifzug die Jahre zu durchmessen und uns ins Reich der Schatten zu führen. Diese träumerische Erinnerung verläßt uns nie ganz. Fest steht jedoch, daß jedes neue Wesen ohne Erinnerung, und sei sie auch implizit, Entfernungen nicht einschätzen, in Gedanken die Welt nicht erfassen, erraten, sehen, hören oder berühren könnte, wie wir es tun. Erinnerung ist folglich weder ein abgetrennter noch ein abtrennbarer Vorgang.

Es ist auch ausgeschlossen, daß die Begriffe von Vergangenheit und Zukunft völlig fehlen. Denn wenn tausend Erinnerungen in die Wahrnehmung einer x-beliebigen Sache einfließen, dann trifft gleichermaßen zu, daß diese Sache inmitten anderer Sachen gedacht wird oder – anders ausgedrückt – wie eine Kreuzung anzusehen ist, deren unzählige Wege in alle Sinne hinein verlängert sind, was bereits eine Unterscheidung von abwesenden und mehr oder weniger anwesenden Dingen voraussetzt. Das legt in gewisser Weise schon die Zeit fest durch ihre einzigartige Wirkung, zugleich zusammenzufügen und auszuschließen. Eine Sache ist demzufolge dieselbe oder nicht dieselbe, oder, besser gesagt, ein und dieselbe Sache kann durch die Eigentümlichkeit der Zeit abwesend wie gegenwärtig sein. Zum Beispiel kann ich die hinter mir liegende Stadt in einer halben Stunde erreichen.

Doch selbst das heißt noch zuwenig sagen. Dies ist nur eine mögliche Zeit; die wirkliche Zeit scheint auch in der geringsten Wahrnehmung auf. Denn wenn ich ein Ding oder einen Ort wahrnehme, setzt das voraus, daß ich mir den Weg, den ich verfolgt habe, um dort anzukommen, vorstelle, beispielsweise, indem ich meine Augen dorthin richte. So wird meine vergangene, zumindest die unmittelbar vorangegangene Existenz stets für einen Augenblick erhalten, ohne den ich überhaupt nicht wüßte, wo ich mich befinde, wie einer, der nach einer Reise erwacht. Immer hat es für mich andere Dinge zuvor gegeben; immer ist der Raum an die Zeit gebunden, nicht nur im Abstrakten durch das Nahe oder Ferne, sondern auch in meiner erlebten Erfahrung. Standort, Weg, Bewegung und Zeit sind tatsächlich untrennbar. Das ist nicht schwer zu verstehen. Wissen, wo man ist, bedeutet zu wissen, woher man gekommen ist; es bedeutet, – unter anderen möglichen Wegen – seinen eigenen Weg zu erkennen. Man könnte soweit gehen zu behaupten, daß die Zukunft uns in gewisser Hinsicht immer gegenwärtig ist. Denn was bedeutet die Entfernung, die mich von der Stadt am Horizont trennt, anderes als eine mögliche Zukunft? Was die Dimensionen des Raumes ausmacht, ist die Verbindung mit der Zeit, einer zugleich wirklichen und möglichen Zeit, deren Möglichkeit, so möchte ich behaupten, zu einem aktuellen Zeitpunkt in Form eines Standorts gedacht wird. Darüber hinaus determinieren selbstverständlich auch die Worte »vor« und »nach« den Raum. Ich betone das nur so ausdrücklich, weil die Theoretiker zu oft die Zeit, die der Bereich unserer Gedanken sein sollte, vom Raum trennen, der der Bereich der Dinge sein sollte. Aber wie wir zur Genüge gezeigt haben, bilden das Denken und die Dinge eine Einheit. Oder, um es unverblümt auszudrücken: Das Äußerliche, das nur äußerlich wäre, wäre für niemanden mehr äußerlich. Es bedarf auch der inneren Beziehung, durch die Nähe und Ferne erst ein unteilbares Universum bilden. Überdies werden diese Dinge in der *Kritik der reinen Vernunft* ausführlich dargelegt, und zwar unmißverständlich, soweit ich das beurteilen kann. Doch muß man alles gründlich lesen, darauf möchte ich den angehenden Philosophen ausdrücklich hinweisen.

Kapitel XIII

Spuren im Körper

Ich denke an die Kathedrale von Amiens, die so weit von mir entfernt ist. Mir scheint, ich sähe sie vor mir; ich rufe sie mir in Erinnerung, wobei ich nur in meinem Inneren forsche. Selbstverständlich wäre diese Rekonstruktion einer Erinnerung unmöglich, trüge ich nicht irgendeine Spur der Dinge, die ich wahrgenommen habe, mit mir fort. Und so wie ich diesen lebendigen, immer wiedererkennbaren Körper mit mir führe, der im übrigen keine plötzlichen Veränderungen ertrüge, liegt die Vermutung nahe, daß irgendein Teil meines Körpers eine Art Abdruck meiner Wahrnehmungen behält, so wie ein Siegelring ihn im Wachs hinterläßt. Den Philosophen der Antike genügte diese Metapher; aber ein Platon ließ sich davon gewiß nicht täuschen, da er gelernt hatte, die Zustände des Körpers und seine Wahrnehmungen oder Gedankenbewegungen zu unterscheiden. Doch seitdem hat die Metapher, bedingt durch eine genauere Kenntnis des Körperbaus, die Gestalt der Wahrheit annehmen wollen. Und hier muß der Philosoph wachsam sein. Denn hat er das Vorangegangene verstanden, wird er zunächst nichts aufnehmen wollen, was an die belanglosen Bilder der epikuräischen Naiven gemahnt, die mit den Sinnen aufgenommen wurden und sich in die willenlosen, formbaren Teile des Gehirns eingruben. Man muß darüber jedoch nicht deshalb Überlegungen anstellen, weil man nur ungenau weiß, was sich entlang der Nerven und im Gehirn abspielt, sondern weil das Gehirn, die Nerven und ihr Verlauf ebenso wie der Körper und die Sache selbst eine Wahrnehmung unter anderen Wahrnehmungen sind, unteilbar wie alle, und gedacht wie alle, in Zusammenhängen, in Entfernungen, äußeren Teilen, die in einem bestimmten Verhältnis zueinander stehen. Und in diesen Vorstellungen ist das Gehirn immer nur ein Teil der Welt, der nicht das Ganze enthalten kann. Anders ausgedrückt, das Gehirn agiert nur in Teilen seiner selbst, und nur Formen und Bewegungen dieser Teile prägen sich dort ein. Zudem mißachtet der Denker diese Formen und Bewegungen in dem Augenblick, in dem er die Welt in seinen Eindrücken und Erinnerungen denkt. Einzig mein Gedanke ist für mich ein Gedanke; alles Übrige ist Ding. Und der Vollständigkeit halber bleibt anzumerken, daß selbst ein noch so leistungsfähiges Gehirn immer nur sich denken wird und keineswegs die anderen Dinge des Universums. Mit Hilfe derartiger Beobachtungen erkennen wir den Geist schließlich in seinem Werk. Er ist in sein Werk verschmolzen, als Organisator und Schöpfer dieser Welt, wie der Gott der Vorfahren.

Wahren Philosophen sind diese Prinzipien hinlänglich bekannt. Doch habe ich bemerkt, daß sie sie bei der Erörterung der Erinnerung allzu oft vergessen. Halten wir also fest, was im Körper bewahrt werden kann, ferner die Art der Spuren und ihre Wirkungen. Der lebende Körper hat zunächst einmal die Eigenschaft, sich gemäß seiner Form und der ihn umgebenden Widerstände zu bewegen. Zudem lernt der lebende Körper, sich zu bewegen. Wobei man ohne Zweifel zwei Dinge unterscheiden muß: das durch Übung angeregte Wachstum der Muskeln, das somit die Form der beteiligten Muskeln dahingehend verändert, daß die Bewegung, die man ihnen häufig abverlangt, leichter auszuführen ist. Das sind wahre Spuren, denen man nicht genug Beachtung schenkt. Obwohl sie weniger sichtbar sind, kann man auch einfachere Wege annehmen, die von den Nerven, den Nervenzentren und schließlich dem Gehirn gebahnt werden, dergestalt, daß infolge eines Eindrucks bestimmte Muskeln kräftiger als andere angespornt werden. Das ist alles, was der lebende Körper tun und bewahren kann. Das ist nicht wenig, wie man an der mechanischen Geschicklichkeit sieht, die bei Handwerkern, Turnern und Musikern zu beobachten ist; übrigens erscheint sie dem aufmerksamen Betrachter viel behender und modifizierter als man glaubt, wie wir überdies noch sehen werden. Und so haben wir es mit einer Erinnerung ohne Denken zu tun, gemeinhin Gewohnheit genannt. Es ist unnötig, dies hier länger auszuführen, denn wir befassen uns hier mit unserer Kenntnis von abwesenden oder entschwundenen Objekten, die man Gedächtnis nennt, oder Erinnerung, wenn sie präziser und wohlgeordneter ist. Halten wir also fest, daß die im Körper hinterlassenen Spuren nichts anderes sein können als Spuren von Tätigkeiten, die uns dazu animieren, sie zu wiederholen. Und wir weisen darauf hin, daß die Sprache eine solche Tätigkeit ist, die man auch aus Gewohnheit vollführt, und daß sie unseren Ohren die wirklichen Objekte liefert, die beständig die Erinnerungen bewahren. Doch müssen wir nun auf jene Schwierigkeit zu sprechen kommen, die darin besteht, die Wahrnehmung der Zeit und der Abfolge der Erinnerung angemessen zu beschreiben.

Kapitel XIV
Von der Abfolge der Erinnerung

Die Theorie bietet Fälle, aus denen sich die wahre Ordnung der Abfolge stets urteilend gewinnen läßt, selbst wenn man sie im Einzelfall ändert. Das einfachste Beispiel dieser überaus festgelegten Reihen liefern die ganzen Zahlen. Und es muß nicht betont werden, daß Kenntnisse dieser Art nicht dem Einordnen und Bewahren von Erinnerungen dienen; denn selbst ungebildete Menschen benutzen Zeitangaben, um die Reihenfolge ihrer Erinnerungen festzulegen.

Auch muß man die Abfolge und das Wissen, das wir davon haben, unterscheiden. Der allgemeinen Erfahrung zufolge zieht die eine das andere keineswegs nach sich. Daß unsere Erinnerungen, selbst wenn sie ziemlich genau sind, uns nicht umstandslos ihre Reihenfolge preisgeben, ist klar. Wenn ich nacheinander drei Depeschen erhalte, die von ihrem Inhalt her keine zeitliche Beziehung zueinander erkennen lassen, wüßte ich nie, in welcher Reihenfolge ich sie erhalten habe. Deswegen pflegt man in diesen Fällen eine Zahlenfolge oder Zeitangabe zu verwenden; woraus ersichtlich wird, daß der Gebrauch von Zahlenreihen zur Festlegung einer Ordnung der Abfolge allgemein üblich ist, ein Sachverhalt, dem man nicht genügend Beachtung schenkt. Ich neige dazu, die bestimmte Abfolge als das Urbild oder Muster jeder Abfolge anzusehen. Vielleicht tritt die Evidenz dieser Ansicht klarer zutage, sobald die Beziehung der Theorie zur Erfahrung untersucht sein wird. Jedenfalls würden die Menschen endlos untereinander und mit sich selbst über die Reihenfolge ihrer Erinnerungen diskutieren, hätten sie nicht die Zahlenreihen des Kalenders.

Auch muß man zwischen der Abfolge der Dinge und der Abfolge, wie sie sich für uns ergibt, unterscheiden. Das Krachen der Kanone folgt nicht dem Blitz des Schusses, doch für mein Empfinden ist dies durchaus so, wenn ich weit entfernt bin. Doch muß man sagen, daß für denjenigen, der die Erinnerung thematisiert, die Ordnung in der Abfolge der Dinge nicht das Wesentliche ist. Sie wird nur in die Betrachtung einbezogen, wenn wir kein anderes Mittel haben, die Geschichte unseres eigenen Lebens zu ordnen.

Wenn ich nun unsere Erfahrung befrage, aus der wir unveränderliche Ordnungen der Abfolgen gewinnen können, stelle ich zwei Arten von Abfolgen fest. Zunächst einmal zwingt die Ordnung der Dinge unseren Wahrnehmungen eine gewisse Ordnung auf. Wenn ich einen Weg weise, dem es zu folgen gilt, beschreibe ich zugleich eine Ordnung koexistenter Dinge und eine strikt festgelegte Wahrnehmungsfolge. »Zuerst werden Sie an eine Hütte kommen, dann zu einer Kreuzung, dann zu einem Markstein, dann zu einem Hohlweg.« In Wahrheit gibt es mehr als einen Weg, um von einem Ort zum anderen zu gelangen, und tausend Arten, das Universum zu durchstreifen. In der Gleichzeitigkeit gibt es kein Davor oder Danach, es sei denn in Zusammenhang mit einem festgelegten Plan. Doch sobald man sich eine Strecke und eine Bewegungsrichtung vornimmt, ist die Ordnung der Abfolge ebenso festgelegt wie die Ordnung der begleitenden Dinge. Und wenn ich meine Reiseerinnerungen ordnen will, kann es durchaus von Nutzen sein zu wissen, daß Lyon zwischen Paris und Marseille liegt. Indessen ist die Festlegung der Abfolge nur für vereinfachte Bewegungen präzise, entlang einer fortlaufenden Linie, auf der man deutliche Punkte markieren würde. Diese Ordnung ist analog zu jener der Zahlen, mit dem Unterschied, daß die Abfolge, wenn man von einem bestimmten Punkt ausgeht, in zwei Richtungen möglich ist. Doch betrachten Sie diese Art von Reise entlang einer Linie und Sie werden sehen, daß die Abfolge der Punkte nicht einfach umgekehrt werden kann. Immer wird man einen bestimmten Punkt erreichen müssen, bevor man einen anderen erreicht. Und meiner Meinung nach ist diese Art der abstrakten Reise das Urbild und Muster jeglicher Reise. Wenn man das Gedächtnis untersucht, findet man — von welcher Seite man es auch betrachten mag — immer die Reflexion am Werk, die ihre Formen und die ihr eigenen Bezeichnungen zu

Hilfe nimmt. Und ich wüßte nicht, warum einen das erstaunen sollte.

Die zweite Abfolge ist die der Ereignisse in der Welt. Hier verliert sich die Vergangenheit; man wird sie nie wiederfinden. Eduard VII wurde nur einmal gekrönt und er ist nur einmal gestorben. Nur einmal wurde ich zu einer bestimmten Prüfung zugelassen. Ein Kanonenschuß warf zu Boden, was von einem Kirchturm übrig blieb; die Ruine folgt auf den Kirchturm; nie mehr werde ich den Kirchturm in dem Zustand sehen, der dem Augenblick seines Einsturzes vorausgegangen war. Ohne Zweifel bedarf es einer langen Erfahrung und sowohl der Belehrungen durch andere als auch hilfreicher Gedanken, um die Ordnung der Ereignisse zu kennen und wiederherzustellen. Natürlich verrichtet jeder diese Arbeit, sobald er sich erinnert und insgeheim Schlußfolgerungen zieht, wobei er, zu Recht oder zu Unrecht, das Mögliche und das Unmögliche annimmt. Hier wird uns wiederum von den Forschungsexperimenten eine vereinfachte Spur gelegt, die man mehrmals von neuem aufnehmen kann, indem man die Dinge wieder in ihren Anfangszustand versetzt. Das heißt, daß die Idee von der Kausalität hier als Abfolge, als Wahrheit der Abfolge, gedacht wird. Jeder kommt einmal in die Lage zu sagen: »Das war vor dem Tod Präsident Carnots, denn ich sah ihn genau an diesem Tag«, oder: »Das war vor dem Abitur, denn ich ging zu jener Zeit in dieses Gymnasium.« Die Kunst, Daten zu prüfen, besteht nur in der Verknüpfung von wechselnden Ereignissen, mit festen und überaus festgelegten Abfolgen – vergleichbar den Ereignissen der Astronomie. Und ich glaube, daß wir ohne solche Hilfskonstruktionen, was die wichtigsten Ereignisse unseres Lebens betrifft, im Zweifel und hilflos wären. Greifen wir vor. Dank des theoretischen Gedankens von der Abfolge, das heißt dank der Beziehung der Ursache zur Wirkung, nehmen wir die Abfolge in der Erfahrung wahr. Oder man müßte behaupten, daß unsere Erinnerungen uns wie eine Kette, mit immer derselben Anordnung, erscheint, wie eine unwillentlich gespeicherte Sache; und das ist keineswegs so. Faktisch zeigen sich unsere Erinnerungen eigenwillig, und ihre wahrhafte Anordnung muß unaufhörlich hinter wahren oder falschen Gedanken aufgespürt werden, gemäß einer mehr oder weniger entwickelten Wissenschaft – aber eben Wissenschaft.

Der Automatismus, also die Erinnerungskraft, liefert uns Behelfe, die wir jeden Augenblick benutzen; doch sollten wir uns nur auf eine kleine Anzahl von ihnen verlassen – so auf die Zahlenfolge, die Wochentage, die Monate, die Buchstaben des Alphabets, die Farben des Prismas, die Noten der Tonleiter, die Tonfolge, die wichtigsten Fakten der Geschichte. Doch die Mühe, die es uns bereitet, diese Folgen festzulegen und fehlerlos wiederzugeben, zeigt sehr deutlich, daß uns eine natürliche und rein instinktive Erinnerung fehlt, die die vergangenen Ereignisse in der von uns wahrgenommenen Reihenfolge abzurollen vermag.

Kurz und gut, man kann behaupten, daß für uns die Abfolge durch die wahre Abfolge bestimmt ist und die wahre Abfolge durch die Idee der Ursache, die nichts anderes ist als die theoretische Idee der Abfolge. In diesem Kapitel können diese wichtigen Gedanken nicht erschöpfend behandelt werden; sie sollten hier nur vorgestellt werden.

Kapitel XV
Das Gefühl der Dauer

Die vorangegangenen Erörterungen zielen offensichtlich auf die Schlußfolgerung, daß die instinktive Erkenntnis der Zeit immer irgendeine Vorstellung von gleichmäßigen Abfolgen und auch irgenwelche Behelfe voraussetzt. Doch muß man sich fragen, ob wir nicht außerhalb dieser Erkenntnis, die jedermann täglich erfährt, eine innigere Erfahrung unserer eigenen Zeit haben oder, besser gesagt, unserer Dauer oder unseres Alterns. Die Untersuchung dieser Frage kann Aufschluß darüber geben, was reine Psychologie ist und was die Diskussion zwischen den Psychologen und denen, die sich Intellektualisten nennen, ausmacht.

Ich möchte also äußere Objekte beiseite lassen und nur erfahren, was ich in der Konzentration auf mich selber empfinde. Und ich möchte aus diesem träumerischen Gedanken auch noch die geordneten und datierten Erinnerungen auslöschen, das heißt alles, was eine Sache ausmacht. Ich betrachte, was ich empfinde, ohne wissen zu wollen, woher es kommt, noch was es bedeutet. Man kann hoffen, daß man dies in kurzen Augenblicken erreicht, wenn sich alles vermischt und die Farbe kein bedeutenderes Objekt ist als der Duft der Rose und all das nur ein Eindruck ist, in mir, für mich, von mir. Folglich werde ich mich einzig dem Gegenständlichen ausgesetzt finden oder rein subjektiv sein, wie man sagt. Ich nähere mich ihm zumindest. Und obwohl ich nicht mehr an die Bewegungen, an die Veränderung von Objekten denke, und noch weniger an die Gestirne und die Uhren, ist mir gleichwohl, als hätte ich das unmittelbare Gefühl von Zeit in mir. Wenn meine Eindrücke sich ändern, bekommt alsbald der erste Eindruck einen vergänglichen Charakter, wird gewissermaßen von dem sich Ereignenden in die Vergangenheit zurückgedrängt. Doch wenn ich, selbst ohne jede Veränderung, betrachte, was ich empfinde, bildet allein jene Reflexion, die alles Übrige ein wenig erhellt, mit allem Übrigen einen neuen und gegenwärtigen Augenblick, den anderen Zustand ohne Reflexion, der bald in die Vergangenheit hinübergleitet. Diese Kette von Augenblicken, die vor und zurückgleitet, fällt alsdann in eine Art Dunkel.

Erwähnen wir noch, daß man mir, machte ich nicht diese Erfahrung, vergebens von der Zeit erzählen würde, denn Bewegungen sind keine Zeit-Punkte. Der Zeiger meiner Uhr ändert seinen Winkel, beschreibt jedoch keine Zeit. Der eigentümliche Charakter der Zeit besteht in einer unwiderruflichen Veränderung. Der vergangene Augenblick kann nie mehr gegenwärtig sein. Wenn dieselben Eindrücke alle wiederkehrten, bin ich derjenige, der sie bereits empfunden hat. Jeder Frühling begrüßt ein Wesen, das schon andere gesehen hat. In dieser Hinsicht altert alles Bewußtsein unabänderlich, so wie wir alles Leben altern sehen. So beschaffen wäre also die wirkliche Zeit, deren Bewegungen uns nur Bilder lieferten. Und diese Zeit besteht nur in mir und für mich. Sobald ich mir einen Körper vorstelle, kann ich verstehen, daß all seine Teile wieder in ihren ursprünglichen Zustand zurückkehren, millionenmal. Folglich wäre nichts vergangen. Doch für mich, als Zeuge, tritt der zweite Eindruck, den ich gewinne, nicht an die Stelle des ersten, er ergänzt ihn. Ich altere, weil ich horte.

Diese Bemerkungen, die man auf die Spitze treiben kann, tragen zu einer vollständigen Beschreibung des Zeitgedankens bei; sie sind sein Stoff. Und tatsächlich ist es gut, den Leser zu davon zu unterrichten, daß die Augenblicke in uns nicht nebeneinander bewahrt sind wie ein Zeiger die Sekunden aufreiht. Doch muß man auch verstehen, daß dieses Leben des reinen Gefühls, das ich beschreiben wollte, nach dem Schlaf, das heißt nach dem Unbewußten trachtet. Wir können es nur in gewissen Formen erfassen und beschreiben und zwar mit Hilfe von Metaphern, die Raum und Bewegung versinnbildlichen, also gegenständlich sind. Es scheint, daß der Gegenstand sich uns nicht ohne Einheit des Bewußtseins in seinen Bestandteilen und deren Wandlungen zeigt. Denn etwas anderes ist nur das Bewußtsein selbst; aber ich, ich bin alles. Dagegen erscheint die Einheitlichkeit des Subjektes nie ohne irgendeine Wahrnehmung des Gegenstandes. Darauf haben sich die unablässigsten und die schwierigsten Überlegungen Kants gerichtet. Und mir scheint gleichfalls wahr zu sein, daß man sich, wie es treffend heißt, nur seiner selbst erinnert, ebenso aber, daß man sich nur an Dinge erinnert, wobei einzig die Wahrheit der Dinge unseren persönlichen Gefühlen der Dauer einen Sinn gibt, genauso wie allein das Bild einer Bewegung dem einen Sinn gibt, was ich beim Ausstrecken eines Armes spüre. Und letztlich: Ebensosehr wie ich Bewußtsein habe, bin ich immer Verstand. Das zielt nur darauf, etwas zu bequeme und kindische Einteilungen zu beseitigen, aufgrund derer wir zuweilen beispielsweise fühlen können, ohne zu denken, und zuweilen denken, ohne zu fühlen. Trennen und gleichzeitig verbinden, darin besteht die Hauptschwierigkeit philosophischer Untersuchungen.

Kapitel XVI

Von der Zeit

Man wird annehmen, philosophischen Geist zu bekunden, wenn man diese Überschrift zunächst kritisiert und sich in der Behauptung wiegt, es gäbe keine Zeit, sondern Zeiten, will sagen, eine persönliche Zeit für jedes Wesen, jedoch keine Zeit im Objekt als solchem. Diese Überlegungen sind für den Anfang nicht schlecht, sich zunächst einmal von dem groben Irrtum zu befreien, die Zeit bestehe aus einer bestimmten regelmäßigen Bewegung, wie die der Sonne oder einer Uhr oder der Sterne. Doch dabei können wir es nicht bewenden lassen; wir müssen erklären, was wir darunter verstehen – und wir verstehen darunter eine einzige Zeit, die für alles und jedes Ding gleichermaßen gilt. Die eindeutigsten Paradoxa moderner Physiker, die von einer örtlichen Zeit, abhängig von gewissen Bewegungen des Beobachters, schnelleren als das Licht z.B., ausgehen, lassen den Begriff einer einzigen Zeit noch dringlicher werden. Denn, anders formuliert, hieße dies, daß wir keine unanfechtbare Möglichkeit haben, sie bei zwei gleichzeitigen Handlungen festzustellen. Doch selbst das hätte keinen Sinn, wenn wir nicht wüßten, daß es gleichzeitig eine für alles gibt.

Zur selben Zeit, wo der Sekundenzeiger auf dem Zifferblatt meiner Uhr vorrückt, ereignet sich bei jedem Teilstrich überall irgend etwas, was weder ein Davor noch ein Danach ist. Ich kann niemals allein durch Erfahrung diese Beziehung zwischen zwei Veränderungen entdecken, die ich Simultanität nenne. Ich kann jedoch nur denken, daß zur gleichen Zeit, in der eine Veränderung in mir erfolgt, sich auch andernorts Veränderungen, andere Vorfälle ergeben. Genauso kann ich denken, daß es andere davor gab, und daß es andere danach geben wird, zeitgleich wie andere in mir. Ich lebe in derselben Zeit, in der sich eine nebulöse Ferne zusammenballt oder verflüchtigt. Es gibt für sie einen Augenblick, der für sie und für mich gleichermaßen gilt und, genauer, alle Augenblicke sind gleich für uns beide und für alle Dinge. Alle Dinge entstehen zur selben Zeit, zu einer einmaligen Zeit, eben in der Zeit. Es wäre absurd, denken zu wollen, die Zeit bliebe für das eine Ding stehen und liefe für das andere weiter. Kant drückte das in folgendem Grundsatz aus: Zwei verschiedene Zeiten folgen notwendigerweise aufeinander. Wie zwei oder drei Räume koexistente Teile des einen Raumes sind, so sind auch zwei oder drei Zeiten Teile der einen Zeit, wenn auch aufeinanderfolgende. Prüfen Sie diesen Gedanken sorgfältig und erkennen Sie hierbei die philosophische Methode, die in dem Wissen besteht, daß ich in Begriffen denke, wobei ich achtgebe, nicht andere an ihre Stelle zu setzen. So verfahren all jene, die behaupten wollen, daß eine Zeit schneller verginge als eine andere, daß sie vorrücke oder sich verlangsame im Gegensatz zu einer anderen. Sie sollten von Bewegung und nicht von Zeit sprechen. Denn die Bewegung hat eine Geschwindigkeit, oder besser, mehrere Bewegungen sind bezüglich der Geschwindigkeit vergleichbar, doch innerhalb derselben Zeit. Man sagt, zwei Körper hätten dieselbe Geschwindigkeit, wenn sie denselben Raum in derselben Zeit durchqueren. Aber eine Geschwindigkeit der Zeit anzunehmen, ist unzulässig, wenn man es genau bedenkt, denn es bedürfte einer anderen Zeit, um die Geschwindigkeiten zweier Zeiten zu vergleichen. Das heißt, daß diese beiden Zeiten Uhren sind, und daß die wahre Zeit diese eine Zeit ist, in der alle Bewegungen verglichen werden können.

Man könnte gewissermaßen sagen, daß das Nachdenken über die Zeit die wahre Prüfung des Philosophen ist. Denn es gibt weder ein Bild von der Zeit noch ein gefühlsmäßiges Erfassen der

Zeit. Man muß sie also vollständig verfehlen, was ein recht grober Irrtum ist, oder sie in ihren reinen Beziehungen erkennen, die da sind: gleichzeitig, vorher, nachher. Doch muß erwähnt werden, daß der Raum gleichermaßen Anlaß zu Mißverständnissen gibt, denn es existiert auch keine Vorstellung vom Raum. Die tatsächliche Gerade hat keine Teile und bezeichnet keine Linie. Der Raum hat weder Größe noch Form. Die Dinge sind es, die durch den Raum Größe und Form haben. Und das ist der Sinn des bekannten Paradoxons von Poincaré*: »Der Geometriker betreibt Geometrie mit dem Raum, so wie er ihn mit der Kreide schafft«; er meint den sinnlich wahrnehmbaren, aber gereinigten Raum, vergleichbar dem großen leeren Blau des Himmels. Und dieser nur in Gedanken existente Raum bedeutet ebensowenig Raum, wie eine Bewegung ohne Unterschiede die Zeit ausmacht. Diese Bewegung vollzieht sich in der Zeit, wie alle anderen. Sie eignet sich lediglich dazu, den gleichen Zeitpunkt zweier Veränderungen desto besser zu bestimmen.

Die Zeit fehlt niemals. Sie hat weder Anfang noch Ende. Jede Zeit ist eine Folge von Zeit. Die Zeit ist ein unteilbares Kontinuum. Das sind Lehrsätze, die im eigentlichen Sinne erst verständlich sind, wenn man sich von einfachen Vorstellungen befreit hat, die uns die Zeit als Bewegung schildern. Sich zum Beispiel fragen, ob die Zeit aus unteilbaren Augenblicken besteht, bedeutet, eine Bewegung an die Stelle der Zeit zu setzen; und ebenso eine Vorstellung von Bewegung, denn die Bewegung ist auch für den Verstand etwas anderes als eine Abfolge von Episoden. Zweifelsohne hat es der eitlen Rede beliebt, das Ewige zu erfinden, um die Zeit zu materialisieren. Wiederum muß man

* Anm. d. Übers.: Jules Henri Poincaré (1854-1912), französischer Mathematiker und Physiker.

hier die Idee von der Sache unterscheiden, aber nicht trennen. So denken wir. Und es ist nicht unwichtig, genau zu wissen, was wir bei unseren alltäglichen Urteilen denken. Wir fassen zusammen, daß die Zeit, ebenso wie der Raum, eine Form universeller Erfahrung ist. Diese Wahrheiten sind nicht neu; doch neu ist immer, sie gut zu verstehen.

Kapitel XVII

Das Subjektive und das Objektive

Hier verwende ich etwas ungeschlachte Wörter, doch gebietet es ihr Gebrauch. Und wie könnte man die beiden Elemente jeder Erkenntnis anders erklären, diese Eindrücke ohne Form und ohne Bindung, die allein meine sind, dies ganze geordnete, vorgestellte, tatsächliche und letztlich gegenständliche Universum? Das genügte, wenn sich die Überlegung nur vor einem im Grunde dialektischen Irrtum zu hüten hätte. Ich spreche von dem Irrtum, der sich der Sprache verdankt, der – wie der Leser verstanden hat – das Skelett unserer Phantasien und unserer Träume darstellt. Ich möchte von diesem inneren Leben sprechen, das viele Philosophen ohne Behutsamkeit behandeln, indem sie glauben machen, in jedem Menschen, dem Besitzer eigener Erinnerungen und geheimer Gedanken, laufe eine Zeit ab. Doch ist das, wie wir bereits gesehen haben, nur die Entfaltung einer bestimmten Redensart, geschmückt mit ein paar Bildern oder vielmehr mit einigen wirklichen Dingen, im Vorübergehen erhascht und schlecht wahrgenommen, das heißt schlecht mit den anderen verknüpft. Denken Sie an diese Träume, über die wir alles gesagt haben, was darüber zu sagen ist, indem wir zum Ausdruck brachten, daß es immer lückenhafte Wahrnehmungen seien. Denn es kommt vor, daß ein Sonnenstrahl auf meinen Lidern, vor meinem Erwachen in der wirklichen Welt, mich dazu bringt, mir phantastische Szenen, Feuersbrünste oder Blitze vorzustellen, die meine Sprache alsbald beschreibt und vervollständigt, die meine Berichte später vollenden werden. Offensichtlich gestaltet man seine Träume stets, wenn man sie erzählt. Immer entwickelt sich unser inneres Leben auf diese Weise, immer geschaffen aus Eindrücken, die in Objekte übersetzt werden, ohne jedoch zu einer vollständigen Wahrnehmung zu gelangen. Oder man erwacht dann; und erwachen bedeutet eben, die Wahrheit der Dinge zu suchen – durch Bewegungen der Augen und der Hände. Unsere Träume sind nur ein Übergang zwischen der Abwesenheit von Wahrnehmungen, also der Abwesenheit von Nachforschung, und der realen Gegenwart der Dinge mit Hilfe von Urteilskraft. Diese trägen Versuche, das sind unsere Träume; und es ist sehr wichtig, sie gut zu verstehen, wenn man eine genaue Kenntnis der Leidenschaften haben will.

Aber betrachten Sie aufmerksam, wie sich dieses innere Leben aufbaut. Solange die Spukgestalt für real genommen wird, denke ich sie als außerhalb meiner selbst; sie gelangt nur zu mir zurück durch dieselbe Urteilsfähigkeit, die die Ordnung der Dinge und die wirklichen Objekte sichtbar macht. Wie wüßte ich, daß ich geschlafen, daß ich geträumt habe, wenn nicht dank des Gedankens einer festgesetzten und allgemeinen Zeit, die eine Wahrheit der Objekte voraussetzt? Und meine Erinnerungen sind wirkliche und geordnete Objekte, die ich mir immer in dieser Welt denke, eher abwesend und fern als vergangen. Wenn ich mich einer Stadt, die ich gesehen habe, erinnere, bedenke ich wohl, daß sie auch für andere existiert; und wenn ich sie zerstört weiß, bedenke ich auch, daß ihre Ruinen existieren und daß ich dort jeden Stein wiederfinden werde oder zumindest den Staub eines jeden Steins. Diese Vorstellung, daß nichts verloren ist, die bekanntlich sehr wichtig für das präzise Denken ist, ist bereits ein Stützpfeiler für eine Erinnerung ohne Heuchelei. Nie wird man genug betonen können, daß das Zeitgedächtnis an das Ortsgedächtnis gebunden ist. Unsere Geschichte ist unsere Reise in diese wirkliche Welt; und unsere Veränderungen werden in äußerlichen Veränderungen gedacht, in den Veränderungen des Objekts, in denen alles aufbewahrt ist und nur den Ort wechselt. Ich bin ich dank einer einmaligen Folge wahrer Wahrnehmungen; darin besteht das Wesentliche der Erinnerung, alles Übrige ist daran gebunden. Und nicht ohne Grund suchen die Gewitztesten ihre alten Gefühle, indem sie zunächst die Dinge selbst befragen, oder ihre Überreste. Ich denke mich ausschließlich mit Hilfe der Welt. Das hat Kant in einem recht dunklen Lehrsatz ausgedrückt, der besagt, daß das Selbstbewußtsein genügt, um die Existenz äußerer Dinge zu beweisen. Er will erklären, daß nicht gewissermaßen von einem Leben subjektiver Erscheinungen zum wirklichen Objekt gesprungen werden kann, sondern daß im Gegenteil die Erscheinungen nur mittels des wirklichen Objektes aufscheinen. Zum Beispiel ist hinreichend klar, daß es von einem realen Würfel nur Perspektiven gibt; und meine Art und Weise, ihn zu sehen, setzt immer voraus, daß ich ihn denke, wie er ist, und nicht, wie ich ihn sehe. Ich begnüge mich damit, hier wie anderswo, auf den schwierigen Punkt hinzuweisen, an dem die philosophische Reflexion beginnen muß. Halten wir schon jetzt als Leitidee fest, daß ein Denken ohne Objekte ein regelloses, geschwätziges Denken ist, ebenso wie eine Erfahrung ohne Urteil die Sache nicht zu erfassen vermag – zwei Wahrheiten, die die Geschichte der Wissenschaften zur Genüge belegt, aber gemeinhin so, daß man erstaunt ist, ohne daraus zu lernen.

ZWEITES BUCH
DIE METHODISCHE ERFAHRUNG

Kapitel I

Die umherschweifende Erfahrung

Schon in der einfachen Wahrnehmung liegt eine gewisse, wenn auch implizite Methode, wie man gesehen hat, mit deren Hilfe jeder Vorzeichen deuten kann, so das Geräusch eines Schrittes oder Türschlosses, oder Rauch, Gerüche, ganz zu schweigen von den Umgrenzungen und Perspektiven, die Dinge und Entfernungen ankündigen. Zu diesen Erkenntnissen gelangt man durch gründliches Nachforschen, das darin besteht, Versuche stets aufs neue zu wiederholen, wobei man das Zufällige ausschließt, wenn auch fast immer ohne den ausdrücklichen Willen dazu und oftmals durch ausgeprägtere Eindrücke, die konstante Zusammenhänge hinterlassen. Erkenntnis ohne Worte, zu der man fast gänzlich vor der Sprache gelangt und die sich während des Lebens vervollkommnet.

Die Beschäftigungen, denen man im Alltag nachgeht, spielen dabei eine große Rolle. Der Seemann erkennt Schiffe selbst aus weiter Ferne, Strömungen und Untiefen nach der Farbe des Wassers. Er sieht den Windstoß aufgrund von Wellengekräusel herannahen, und es kommt sogar vor, daß er nach dem Himmel und der Jahreszeit Regen und Gewitter voraussieht. So auch der Landmann, auf andere Zeichen hin. Aber in unseren Tagen vermischen sich selbsterworbene Erkenntnisse und eine Verbreitung von Ideen, die der Seemann und der Landmann offen gesagt nicht verstehen. Und diese fremden Hilfsmittel versperren eher die Wege der Erkenntnis. Ich habe bemerkt, daß die Bauern die

Planeten und die Sterne heutzutage völlig außer acht lassen und sie nicht einmal bemerken, selbst wenn sie sie vor Augen haben: Sie haben sie im Kalender. Die Fischer der Insel Groix besitzen eine Wissenschaft für sich, derzufolge sie sich nach Lotungen richten, und sie vollbringen dabei Erstaunliches. Was den Kompaß betrifft, so haben sie nur angelernte Verfahrensweisen; und da sie beispielsweise wissen, welchen Winkel sie nehmen müssen, um nach La Rochelle zu kommen, haben sie keine Ahnung, daß ein anderer Winkel, der genau neben jenem liegt, sie geradewegs zu jener Fischbank führen würde, zu der sie unterwegs sind. Halten wir fest, daß man einen langen Umweg von einem Begriff zum anderen machen muß, um sich einer Karte zu bedienen. Dafür genügt weder die Erfahrung eines einzelnen Mannes noch die Unterweisung durch Zeigen der Dinge und durch Erklärungen; Schriften sind dazu nötig und eine eigens dafür geschaffene Sprache, die jene der Geometer ist.

Es scheint so, als würde uns die Erfahrung der Handwerker näher an die wahre Wissenschaft heranführen, vornehmlich in den Fällen, in denen zwei günstige Umstände aufeinandertreffen, und zwar der bearbeitete Gegenstand und das Werkzeug. Denn der bearbeitete Gegenstand, zum Beispiel ein Tisch, bietet Gelegenheit für kontinuierliche und natürlich geleitete Erfahrung, schon durch die Form des Gegenstandes und den Gebrauch, den man davon macht. Dieser Gegenstand stellt in gewisser Weise bereits eine Abstraktion dar. Doch das Werkzeug, ebenfalls bearbeitet, ist noch abstrakter, und seine Form drückt bereits hinlänglich geometrische und mechanische Beziehungen aus. Das Rad, die Rolle, die Kurbel, ebenso der Keil, die Axt und der Nagel bieten bereits das Umfeld, den Entwurf und den Antrieb für die Überlegungen irgendeines prähistorischen Archimedes. Noch immer verkörpert das Werkzeug unabänderliche Umstände, was für den Geist bei der schwierigen Untersuchung von Ursachen bereits Erleichterung und Leitung bedeutet. Diejenigen, die dieses umfangreiche Thema schnell hinter sich lassen möchten, sollten bedenken, wie, bedingt durch die Gesetze der Mechanik, jedes Werkzeug entstand und sich vervollkommnete, bis hin zur Krümmung der Sense, um Licht in eine Geschichte zu bringen, die an Dokumenten sehr arm ist.

Es ist wichtig zu erwähnen, daß nicht jede Tätigkeit in gleicher Weise unterweist. Ich sehe hier hauptsächlich drei, die es zu unterscheiden gilt. Zunächst einmal das Gewerbe des Handwerkers, der, weil seine Tätigkeit mittels Versuch und Änderung vor sich geht, indem sie Zufälligkeiten mehr und mehr ausschaltet, bald auf empirische Gesetze und deterministische Ideen stößt. Dann die Landwirtschaft, zaudernder und vorsichtiger, weil sie keinen Einfluß auf die hauptsächlichsten Umstände – Regen, Schnee, Hagel, Frost – haben kann. Somit ist die Hoffnung des Landmannes eine andere als die Hoffnung des Handwerkers; es spielt vielleicht mehr Erwartung und inständiges Bitten hinein. Daher der fatalistischere und auch poetischere Glaube, der seine Zeichen am Himmel sucht. Die dritte Gruppe ist diejenige der Tierbändiger, seien es nun Hund, Pferd, Ochse oder Elefant, zu der ich, ohne ironische Absicht, die Tätigkeiten des Vorgesetzten, des Rechtsanwalts, des Richters zählen möchte, denn Überredung und Dressur ähneln sich hinlänglich. Auch der Erziehende, vor allem von Kindern, wird seinen Platz in dieser Gruppe sehen. Hier ist das Vorgehen fast blindlings, die Verschiedenartigkeit der Naturen verwirrt den Geist. Ursache und Wirkung bleiben stets im Verborgenen. Aber eine Vorgehensweise erweist sich auch oftmals einzig kraft der Beharrlichkeit als richtig, beispielsweise ein bestimmtes Gebot. Hierin bestärken sich zweifellos, durch Unterschiede, Überraschungen, Launen und oftmals überraschende Erfolge, ein im ursprünglichen Sinne fetischistisches Denken und eine Magie, die von der Macht der Imitation, der Zeichen und der Worte lebt.

Man kann behaupten, daß der Geist immer in seinen eigenen Werken seine bedeutendsten Wahrheiten und seine wesentlichsten Irrtümer hat erkennen müssen: der Landmann, indem er den Lauf der Himmelskörper und die Wiederkehr der Jahreszeiten beobachtet, der Handwerker, indem er präzisere, vor allem geometrische und mechanische Beziehungen entdeckt, die jedoch den Geist vielleicht zu sehr einengen. Und schließlich wird der Tierbändiger dank seines Erfolges verwegen, bis er schließlich durch Urteil oder Willen, wie man will, die Gegensätze miteinander verbindet, wie jene eingeborenen Jäger, die dem Tier, das sie verfolgen, keinen Namen geben wollen, selbst mit noch so leiser Stimme nicht. Und ich halte daran fest, daß die Irrtümer der Magier, die man kühn behauptet, besser die wahrhafte Stärke des Geistes zeigen als die deutlichen und eindeutigen Methoden der Handwerker. Denn so denkt man, sage ich ganz eigennützig, wenn man alle Brücken hinter sich abbricht.

Kapitel II
Von der Beobachtung

Um eine zu oberflächliche Behandlung der Denkweise der Beobachtung zu vermeiden, halten wir fest, indem wir die so natürliche Idee von drei hauptsächlichen Tätigkeiten weiterverfolgen, daß es drei Methoden des Beobachtens gibt. Ich glaube, daß die älteste und die häufigste die des Magiers ist, die immer auf Menschen oder dem Menschen vertraute Tiere gerichtet ist mit dem Ziel, sie gewogen und gehorsam zu machen. Beachten Sie, daß jedermann, selbst das Kind, in seinem kleinen Umfeld Magier sein möchte. Dieser Wunsch wird immer von einer Begierde getragen. Selbst wenn er vom Willen reguliert ist, ist er immer leidenschaftlich; er ist Bitte und Gebot. Der Arzt, der Wundertäter, der Vorgesetzte haben natürlicherweise den Blick, der am Ende das Gesuchte zutage treten und größer werden läßt. In der menschlichen Ordnung und sogar im Bereich der Haustiere tritt das Wunder alle Augenblicke aufgrund inständiger Bitten und einer zuversichtlichen Hoffnung zutage. Und vergessen wir nicht, daß diese Physik die älteste und wichtigste für alle ist, es sei denn für Robinson, letztendlich die erste für jeden, denn das Kind hat kein anderes Mittel, sie zu erlangen, als die inständige Bitte. Dies ist der Ausgangspunkt für viele Systeme in der Welt, die naiv gemäß der menschlichen Ordnung von Freunden und Feinden aufgebaut sind. Diese kühne Überlegung, die alles auf sich selbst bezieht, trägt die ganze Untersuchung wie das Meer die Schiffe. Descartes suchte die Physik in Gott. Nehmen Sie sich die Zeit, das Porträt dieses Fürsten der Erkenntnis, wie ich ihn gerne nenne, zu betrachten. Sie werden darin Naivität gepaart mit Stärke finden; aber um Descartes zu erörtern, bedarf es einer besseren Vorbereitung. Sie sollen an dieser Stelle nur begreifen, wie das Denken aus der inständigen Bitte entsteht.

Diesem ehrgeizigen Denken stelle ich sogleich das schöpferisch tätige Denken gegenüber, das nur beobachtet, was es tut. Eine sichere Methode, die die Physik der Moderne beherrscht und sie in einer Hinsicht zugrunde richtet. Denn hier ist es nur noch die Sache, die in Frage gestellt wird. Aber was kann sie antworten? Sie kann nur verneinen, wie die Theoretiker wohl gesehen haben. Sie kann widerlegen. Die Maschinen, Hebel, Rolle,

Rad, die schiefe Ebene – sie waren alle bekannt, als die Prinzipien der Mechanik noch im Verborgenen lagen. Vielleicht will Platon deswegen alle Tätigkeiten von Hand als knechtisch bezeichnen. Hinreichend klar ist, daß aufgrund einer erfolgreichen Praxis die Ideen bald in den Rang von Werkzeugen erhoben werden, wie die Geschichte der drahtlosen Telegraphie deutlich zeigt. Man muß also der allzu leichtfertig anerkannten Idee entgegentreten, daß das Experiment die Königin der Methoden sei. Man muß dem Part, den Werke und Werkzeuge bei der experimentellen Untersuchung spielen, Rechnung tragen. Doch müssen auch Werkzeug und Hand innehalten, wenn der Geist die verschmitzte Natur befragen soll.

So werden wir zu der Vorstellung einer reinen und einfachen Beobachtung zurückgeführt, deren Betätigungsfeld zunächst nur die himmlischen Schauspiele waren, da der Mensch an ihnen nichts zu ändern vermag. Hier hat der Mensch durch Überlegung und wortlose Befragung gelernt, die abstrakte Vorstellung einer Sache selbst herauszubilden. Nicht ohne Anstrengung des Willens, nicht ohne Hartnäckigkeit, nicht ohne das begründete Gefühl, die Sache selbst könne hierzu nichts mehr beitragen und die Wahrheit der Sache müsse in ihrer Gesamtheit gefunden werden, und auch durch Ratschluß. Derjenige, der die himmlische Sphäre ersinnt, den Pol und den Meridian, wird nichts an der Welt ändern, doch hat er immerhin Ordnung und Gesetze aus ihr hervortreten lassen. Einerseits Diener, andererseits Bezwinger – so sieht die zweifache Bewegung des unbeweglichen Thales aus.

Kapitel III

Der beobachtende Verstand

Jeder weiß und sagt, daß ein Beobachtender, der ohne eine bestimmte Idee beobachtet, vergeblich beobachtet. Doch gemeinhin sucht man die leitende Idee zu weit von der Sache entfernt, oder besser ausgedrückt, neben der Sache, wie ein mechanisches Modell. Die Analyse der Wahrnehmung hat uns schon auf die Bestimmung der Sache durch die Idee vorbereitet, die Idee als Gerüst oder Skelett oder Form der Sache, wie die großen Denker meisterlich gezeigt haben. Das wird anhand von Beispielen verständlicher werden. Helmholtz* rät zu Beginn seiner großen *Lehre von den Tonempfindungen als physiologische Grundlage für die Theorie der Musik*, lange Zeit die Wellen des Meeres und das Kielwasser der Schiffe zu beobachten, vor allem an den Spitzen, wo sich die Wogen schneiden. Nun laufen aber für den naiven Beobachter die Wogen auf dem Wasser so, daß sie ihre Kreise vergrößern. Beachten Sie, daß dies bereits eine Vorstellung voraussetzt, die die äußeren Erscheinungen ordnet, wenn auch eine ungenaue. Denn wenn man aufmerksam beobachtet, gemäß dem, was jeder vom Wasser in Pumpen oder Vasen weiß und von der Wirkung, die ein fester Körper erzeugt, den man unversehens versenkt, so bemerkt man, daß das Wasser nicht zurückgeschoben, sondern ringsherum emporgehoben wird und auch, daß es nicht im Gebirge verweilen kann, sondern wieder hinabläuft, und von neuem dieselbe Wirkung eines fallenden Körpers erzeugt. Das heißt, es hebt die benachbarten Partien nach und nach hoch, so daß die Bewegung des Wassers in Richtung der Schwer-

* Anm. d. Übers.: Hermann Ludwig Ferdinand von Helmholtz (1821-1894), deutscher Physiker und Physiologe.

kraft verläuft, bald über, bald unter dem Gleichgewichtspegel. Zu dieser neuen Wahrnehmung, die die äußeren Erscheinungen besser ordnet, muß man mit dem Verstand vorstoßen. So nehmen wir auch die Schnittpunkte der Wogen und zwei sich zusammensetzende Bewegungen wahr, die zuweilen das Wasser an gewissen Stellen unbeweglich verharren lassen. Doch diese Ruhestellung muß – ich sage dies fürs Auge – an diesen beiden Systemen der Wogen teilhaben. Ist dem nicht so, nehmen Sie den eigentlichen Gegenstand überhaupt nicht wahr, sondern nur gestaltlose Erscheinungen, wie beim allerersten Erwachen oder bei einer schläfrigen Träumerei. Überdies muß diese Ordnung beibehalten werden; bei der geringsten Willfährigkeit kommt der Konstitution von Kindern und Wilden zufolge alles sogleich in Unordnung. Ich verfolgte das eines Tages auf dem See von Annecy, als ich auf dem steinernen Quai schöne bedächtige Wogen beobachtete. Aber die Sache wurde von mir in ihrer Wahrheit nur durch die wachsame Disziplin des Verstandes wahrgenommen. Sobald ich die Wogen laufen ließ, war die Betrachtung der Wogen nur mehr ein Wunder; das Gesetz verschwand zur selben Zeit wie der Gegenstand.

Ein anderes Beispiel wird noch besser begreiflich machen, was immanente Vorstellungen sind, die als einzige eine klare Vorstellung der Sache ermöglichen. Die Himmelserscheinungen selbst sind weit entfernt von jener Ordnung, die man in einer Abhandlung über Kosmographie findet. Doch täuschte man sich sehr, wenn man glaubte, daß die Vorstellungen sich nur in der Abhandlung befänden, wie eine beschreibende Sprache, deren der wahrgenommene Gegenstand nicht weiter bedürfe. Die tägliche Wanderung der Sterne, das Gleiten des Mondes nach Osten, das langsamere Gleiten der Sonne, die Erscheinungen der Venus bald vor der Sonne, bald dahinter, der Lauf der anderen Planeten mit ihrem Rückmarsch, all das oftmals von Wolken verborgen, immer teilweise unsichtbar wegen des Sonnenlichtes, hinterließe im Gedächtnis nichts Bestimmbares, wenn es nicht ein System unsichtbarer Formen gäbe, hinsichtlich derer sich alles ordnet und mißt. Ich will von dieser Himmelssphäre sprechen, die nur gedacht und angenommen ist, keineswegs existent, von dieser Erdachse, diesen Polen, diesem Meridian, diesem Äquator, die wie eine Kuppel sind, den Pfeilern und den Gewölbebogen dieses Gebäudes. Dem entspricht eine andere Geometrie, geformt von den Händen des Handwerkers, das Gnomon, die Sonnenuhr, die Meridianlünette und ihr geteilter Kreis, ganz zu schweigen von der Pendeluhr, den Uhren und anderen Mechanismen, die deutlich zeigen, wie alle Gewerbe und alle Wissenschaften mit der Geometrie im Wettstreit um die einfachste der Beobachtungen liegen. Man sieht somit, welch ungeheure Arbeit die Menschen haben fortführen müssen, um sich auch nur die Bewegungen des Mondes vorzustellen. Und weiterhin kennen wir durch immanente, für die Sache wesentliche Geometrie den Mond aus der Entfernung heraus sowie die Sonne, die Planeten und ihre Bewegungen. Beispielsweise mußte man die Formen ändern, um die Bewegung der Planeten wiederzufinden und schließlich Erscheinungen wahrzunehmen, die einen Zusammenhang ergeben, und nicht mehr eingebildete Erscheinungen. Das führt bis hin zur Schwerkraft, die, bei ruhiger Überlegung, keine den Himmelskörpern äußerliche Konstruktion ist, sondern eben das Gerüst dieser Dinge, oder besser die Form, die zur Folge hat, daß diese Dinge Dinge sind und nicht unnütze Träume, die erlaubt, sie in den Erscheinungen wiederzufinden und letztendlich sich darin wiederzufinden, wie der Volksmund es so treffend sagt.

Aber betrachten wir, ohne so weit zu gehen, das einfachste Beispiel: einen fallenden Stein. Er ist nur ein Schatten über meinen Augen oder ein Schaudern meines Körpers, wenn ich nichts sehen kann. Doch der Fall als Studienobjekt ist etwas völlig anderes. Denn dann muß ich mir die Bewegung, die Flugbahn, die Umstände aufzeichnen, was nicht ohne Formen geschehen kann, die ich hineindenke, Trägheit, Schnelligkeit, Beschleunigung. Dabei wird das Experiment mir helfen, sei es nun der gebremste Fall oder der freie Fall. Doch diese handwerkliche Methode schafft keine Formen; im Gegenteil, sie setzt sie voraus, sonst ist sie nichts als blindes Herumtasten. Der Fall der festen Körper war für die besten Geister bis hin zu Galilei wie ein schlechter Traum. Und man hat zur Genüge betont, daß die unvollkommenen Erfahrungen, vor allem wenn man sie vervielfacht, noch mehr täuschen als die Sache selbst. Es ist das Übel der Statistiken, daß sie den Verstand in falscher Währung bezahlen. Durch die Betrachtung der Dinge und die fortgesetzte Anstrengung, nur sie wahrzunehmen, nur sie sich vorzustellen, entstehen immerwährend die unsichtbaren, gedachten, angenommenen Beziehungen, die da Reglosigkeit, Schnelligkeit, Beschleunigung, Kraft heißen. Sie sind nicht voneinander zu trennen und ebenso wesentlich für die Wahrnehmung eines Falles, wie die gedachte Entfernung wesentlich ist für die Wahrnehmung dieses Horizonts, jenes Kirchturms oder dieser von Bäumen gesäumten Allee. Die Welt ist nicht vor den Gesetzen gegeben. Sie wird Welt und Gegenstand in dem Maße, wie ihre Gesetze entdeckt werden, wie die beiden Phantasiesterne des Morgens und des Abends sich zu einem einzigen, der Venus, vereinigt haben, nur auf der Keplerschen Umlaufbahn, nirgendwo anders. So existiert die Welt als Objekt durch die Vorstellung, und letztlich ist die Erscheinung eine Erscheinung wie der Schatten dieses Baumes der Schatten dieses Baumes ist aufgrund der Sonne und der Gesetze der Astronomie und der Optik. Wenn die Ignoranten nicht besser redeten, als sie denken, wären diese Beziehungen deutlicher zu sehen.

Kapitel IV

Von der Analogie und der Ähnlichkeit

Ein Bronzepferd ähnelt einem Pferd und ist einem Menschen aus Bronze analog. Man versteht anhand dieses Beispiels, daß das Wort Analogie seinen alten Sinn bewahrt hat. Es bezeichnet keine Übereinstimmung von Merkmalen, die den Körper auf dieselbe Weise bestimmen, sei es, was das Fühlen, sei es, was das Handeln betrifft, sondern wohl eine Gleichheit der Beziehungen, die einzig den Verstand anspricht. Deswegen sind die vollkommensten Analogien auch die verborgensten. Es gibt eine Analogie zwischen der Selbstinduktion und der Masse, ohne irgendeine Ähnlichkeit; eine Analogie zwischen einer abschüssigen Straße und einer Schraube, fast ohne Ähnlichkeit; zwischen der Schraube und der Windmühle, zwischen dem Räderwerk und dem Hebel, zwischen dem elektrischen Stromkreis und der Hydraulik – aber man hüte sich, hier irgendeine Ähnlichkeit zu erfinden, aus Angst, die Einbildung an die Stelle des Verstandes zu setzen. Ebenfalls besteht eine Analogie zwischen Fall und Schwerkraft, zwischen Oxydation, Verbrennung, Atmung. Analogie herrscht wiederum zwischen einer exothermischen Reaktion und dem Fall eines Gewichts, zwischen einem chemisch trägen Körper und einem Gewicht auf der Erde. Analogie zwischen einem Magnet und einem Solenoid, zwischen Hertzschen Wellen und dem Licht. Analogie zwischen den Kegelschnitten und der allgemeinen Gleichung zweiten Grades, zwischen einer Tangente und einer Ableitung, zwischen einer Parabel und der Verknüpfung von Quadraten. Diese ungeordnete Aufzählung von Beispielen soll den Umfang und die Schwierigkeit der Frage zeigen und zudem die Vorstellung von einem System der Analogien zunichte machen, das ohne ungeheure Fortschritte kaum vorstellbar ist.

Wenn man über diese Beispiele nachdenkt, wird zunächst verständlich, daß die Analogien zuweilen ohne irgendeine Ähnlichkeit sind, zumal sie kompliziert werden durch grobe Ähnlichkeiten, die geeignet sind, den Geist irrezuführen und ihn einen Vergleich für einen Beweis nehmen zu lassen. Hinzu kommt, daß manche Analogien in gewisser Weise durch entsprechend vorbereitete Experimente, für welche die Arbeiten Faradays ein gutes Beispiel sind, bestätigt werden. In anderen Fällen werden sie von einem einflußreichen Beobachter aufgegriffen und immer nach einigen einfachen Formen rekonstruiert, die dann neue Tatsachen bezeichnen, so etwa als Newton behaupten wollte, der Mond fiele auf die Erde. Dann wieder werden sie mittels passender Objekte, etwa Punkten und Linien auf dem Papier, schließlich in einen Zustand annähernder Klarheit versetzt. Man kann sich schon durch eine kurze Überlegung davon überzeugen, daß sich in der höchsten Mathematik die Quelle der Analogie und die Musterbeispiele der Analogie finden, wo die Ähnlichkeiten dann ausgeschaltet sind und nur mehr die Übereinstimmung der Beziehungen in der Verschiedenheit der Objekte fortbesteht. Hier muß ich darauf aufmerksam machen, daß man die Figuren des Geometrikers und die Zeichen des Algebraikers am zweckmäßigsten Objekte nennen sollte. Auch ist die Behauptung richtig, die Geometrie biete der Vorstellungskraft durch Ähnlichkeit falsche Beweise. Das Auge des Beobachters übt sich zweifelsohne nur in der höchsten Mathematik in angemessener Weise durch die Strenge der Zeichen. Zuerst Mathematiker, dann Physiker. Maxwell* erkannte diese Fallen, als er die elektrische Induktion anhand einer großen kugelförmigen Masse zwischen zwei kleinen

* Anm. d. Übers.: James Clerk Maxwell (1831-1879), englischer Physiker.

darstellte; dieses mechanische Modell war deutlich genug, um niemanden zu täuschen. Ohne Zweifel gibt es eine, wiewohl verborgene, Kunst, die Vorstellungskraft so abzulenken, daß sie gewissermaßen mit dem Verstand einhergeht, ohne daß sich die Wege kreuzen.

Kapitel V

Von der Hypothese und der Mutmaßung

Der Geist des Lesers ist nun sicherlich hinreichend vorbereitet, um Hypothesen, die Formen des an Gesetzen orientierten Verstandes sind, nicht mehr mit Mutmaßungen zu verwechseln, die mehr oder weniger geordnete Spiele der Imagination sind. Der Richter stellt nichts anderes als eine Mutmaßung an, wenn er vermutet, ein bestimmter Angeklagter sei schuldig oder durch das Fenster entwichen, oder daß bestimmte Abdrücke von ihm stammten. Aber wenn er, sich auf die Mechanik berufend, die Lage eines Messers mit dem Verhalten eines Mörders in Verbindung bringt, stellt er eine Art Hypothese auf, indem er eine Bewegung aufgrund von zwei Spuren rekonstruiert. Denn die Bewegung stammt immer vom menschlichen Geist, sie ist immer rekonstruiert; sie ist die Form der Veränderung, und die spürbare Veränderung ist die Materie der Bewegung. Aber in Untersuchungen dieser Art sind wirkliche Hypothesen selten. Wenn der Arzt vermutet, das Chloroform habe den Patienten eingeschläfert, stellt er eine Mutmaßung an. Doch wenn er sich irgendeine Vorstellung von der Wirkungsweise des Chloroforms auf die Nerven bildet, etwa den Austausch von Molekülen, handelt es sich dabei um eine wirkliche Hypothese. Demzufolge ist ersichtlich, daß die Mutmaßung eine Existenzweise und die Hypothese eine Beschaffenheit annimmt. Und ebenso sieht man, daß die Wissenschaften allzu sehr an Mutmaßungen zu tragen haben. Halten wir ein für allemal fest, daß eine Existenzweise niemals angenommen noch vermutet, sondern nur festgestellt werden darf. Wer darüber nachdenkt, wird die Verwirrung entdecken, die heute herrscht, selbst in den besten Büchern.

Fragen, ob eine Hypothese wahr oder falsch ist, bedeutet zu fragen, ob der Kreis existiert. Aber was existiert, ist ein bestimmtes Rad, in Form eines Kreises erfaßt, oder ein bestimmtes Gestirn, in Form einer Ellipse erfaßt und vor allem bestimmt von den Formen Sphäre, Äquator, Meridian. Während Sie diese Vorstellung noch von sich weisen wollen, fragen Sie sich, ob die Achsen und die Vektoren von Maxwell und seine Konturen und Röhren ihm nicht dieselbe Art von Hilfe bieten, genauso wie – auf viel einfachere Weise – die Entfernung die Perspektive und die Wirkungen der Parallaxe erklärt.

Die Kraft – so oft verkannt – bietet wiederum ein gutes Beispiel. Aber man muß sie mit dem System der Formen verbinden, außerhalb dessen sie keinen Sinn hat. Denn eine Gerade beginnt nicht in einem Stein, sondern in einem Punkt, und begrenzt kein Feld, sondern eine Fläche. Nur wenige Bewegungen sind nicht verlangsamt, beschleunigt oder abgelenkt; strenggenommen gibt es überhaupt keine solchen Bewegungen. Die gleichförmige Bewegung ist eine Fiktion, wenn man sie nur nach dem Beharrungsvermögen konstruiert. Es ist eine isolierte Bewegung, und infolgedessen gibt es sie nirgendwo; aber der Verstand nimmt sie als ein Element an; es ist die Gerade der Mechanik. Auf ihr basierend ist die Geschwindigkeit definiert, die noch nichts auf der Welt erfaßt. Doch Geduld! Die Geschwindigkeit ermöglicht es, die Geschwindigkeit der Geschwindigkeit oder die Beschleunigung zu definieren, mit Hilfe derer man für eine als konstant angenommene Masse wiederum gleiche, ungleiche, meßbare Kräfte definiert. Woraus sich eine ganze Reihe miteinander verknüpfter Bewegungen ergeben, wie die Beispiele des freien Falls und der Gravitation zeigen. Doch ohne diese Formen, oder andere aus immer derselben Quelle, wird man selbst die einfachsten realen Bewegungen nicht besser verstehen können, als ein Hirte die himmlischen Erscheinungen ohne Richtungsbestimmungen und Kreislinien zu deuten vermöchte.

Betrachten Sie nun die Kraft, die immer zwischen zwei in Bewegung befindlichen Körpern wirkt. Es ist eine nichtgegenständliche Beziehung, ohne irgendeine Anstrengung im Arm, ohne irgendeine Neigung oder innere Spannung in irgendeinem Ding. Denn diese Vorstellungen, die selbst in den Lehrbüchern häufig vorkommen, sind nur Fetischismus und verkünden okkulte Eigenschaften, als wollte man behaupten, das Gewicht des Steines berge in sich eine Neigung zu fallen, wie ein Gefühl oder ein Gedanke. Das aber ist das Denken von Wilden.

Das Atom ist ebenfalls eine vorteilhafte Hypothese, die genau zum Ausdruck bringt, daß es in einem strikt wissenschaftlichen System nichts im Inneren des Nichts gibt, sich dort keine Kraft zusammenballt, sondern daß alles externe Beziehung ist. Auch die Größe hat nichts mit dem Atom zu tun. Mit der Vorstellung eines Atoms wird ganz einfach ein Körper angenommen, in dessen Innerem es nichts zu entdecken gibt. Fragen Sie danach, ob Atome existieren, und gehen Sie zu irgendeinem Schausteller von Atomen, um sie anzuschauen. Zur gleichen Zeit werden Sie darum bitten, den Meridian und den Äquator sehen zu dürfen.

Kapitel VI
Eloge auf Descartes

Um Descartes zu verstehen, mangelt es uns an Intelligenz. Dem Anschein nach ist er oft unmißverständlich, so daß man ihm ohne weiteres folgt oder ihn widerlegt. Fast überall ist er unergründlich. Vielleicht hat kein Mensch besser für sich selbst gedacht; doch vielleicht zu einsiedlerisch, selbst noch einsiedlerisch, wenn er spricht. Seine Sprache unterweist nicht; sie entspricht dem Gewohnten. Descartes hat keine eigene Sprache geschaffen, noch seinen Glauben, noch seine Leidenschaften, noch seine Stimmungen neuformuliert. Seine so natürliche Sprache vermittelt uns all das zusammen, von innen heraus erleuchtet. Weit davon entfernt, den Sinn der Worte zu ändern, versteht er, ganz im Gegenteil, jedes Wort in allen Bedeutungen gleichzeitig, wie ein Mensch es muß. Der Gott der *Meditationen* ist der Gott der Frauen aus dem Volk. Er schreibt den *Traktat über die Leidenschaften*, während er die Dirnen aufsucht. Und die Erleuchtung seiner berühmten Nacht ist ein Wunder, wie sein Denken. Descartes ist hier und überall, ungeteilt und unteilbar. Keiner hat näher bei sich selbst philosophiert. Das Gefühl wird Gedanke, ohne irgendetwas zu verlieren. Der Mensch findet darin alles wieder, und der Leser verliert sich darin. Dieser finstere Blick gibt keine Versprechen mehr. Kaum ermutigt er, wiewohl er höflich ist. So muß man diesen konservativen und eher herablassenden Geist verstehen, der sich gegen eine Revolution verwahrt. Denn er hat nichts aus seinen jungen Jahren widerrufen, und er hat alles geändert, jedoch nicht in der Struktur, nur im Geist, ohne Revolution und ohne neue Wege.

Nachdem er folgerichtig zu dem Schluß gekommen ist, Denken und Ausdehnung zu unterscheiden, fürchtet er hernach keine Verwechslung mehr, noch irgendeine Schwierigkeit. Alles wurde an seinen Platz zurückverwiesen. Jede Seele in den Geist, ohne daß etwas von ihr in den Dingen zurückbleibt. Im Gegenzug werden alle Bewegungen der *res extensa* zugeordnet, alle Leidenschaften in den Körper zurückverbannt, fürchterliche Kräfte, die doch gefügig und begrenzt sind. All das mag gelten, ohne daß der Leser viele Gedanken daran verschwendet, wiewohl die Vorstellung vom Tier als Maschine keineswegs auf sein Einverständnis trifft. Aus denselben Gründen, die bewirken, daß der gesunde Menschenverstand sich leicht mit anderen Dingen zufrieden gibt, widersetzt er sich hier. Weil er immer bei unbedeutenden, anfechtbaren Gründen verweilt, sieht der Leser nicht, daß der Autor hier noch einmal dieselben Dinge, doch nachdrücklicher, wiederholt. Und zwar, daß in jedem Ding nur Teile und Bewegungen sind, alles offen vor Augen liegt, ohne irgendein Rätsel versammelt ist, ohne irgendeinen gedanklichen Keim, sei es Wunsch, Neigung oder Kraft. Daß jede Bewegung nur mechanisch und jede Materie nur geometrisch ist. Daß man also nicht bei den Bewegungen des Hundes, der seinen Herrn erkennt, haltmachen darf; daß die menschlichen Leidenschaften, Zorn, Neid, Haß, zudem deutlich dem Denken und der Urteilskraft ähneln, obwohl es töricht wäre, sich davon einnehmen zu lassen, denn es gibt hier weder Urteil, noch Erkenntnis, noch Beweis, sondern einzig Gebärden und Lärm. Daß man daher keineswegs behaupten darf, die Tiere denken, da der einzige Beweis, der dafür bestünde, daß ein Hund angesichts eines von ihm selbst gezeichneten Dreiecks grübelte, nirgends zu finden ist. Und für wieviele Menschen gilt dieser Vorbehalt nicht ebenfalls? Aber seit bald drei Jahrhunderten wartet das Bild Descartes' darauf, verstanden zu werden, ohne daß man sich viel erhoffen dürfte.

Kapitel VII
Tatsachen

Man behauptet wohl überall, unsere Erkenntnis sei durch Tatsachen bestimmt und durch sie begrenzt. Doch versteht man dies nicht zur Genüge. Die Erfahrung ist ausnahmslos die Form unserer Erkenntnis, jedoch weder das, wovon man – vor jeglicher Vorstellung – ausgeht, noch das, was zwischen einer Vorstellung und einer anderen den Ausschlag gibt. Die Tatsache, das ist das Objekt selbst, konstituiert von der Wissenschaft und determiniert von den Vorstellungen, in gewisser Hinsicht von allen Vorstellungen. Man muß freilich sehr bewandert sein, um eine Tatsache zu erfassen.

Es ist eine Tatsache, daß sich die Erde dreht. Und es ist klar, daß man, um diese Tatsache zu begreifen, kenntnisreiche Berichte studieren, viele andere Tatsachen, die ebenfalls Gegebenheiten derselben Art umfassen, sammeln und verbinden muß. Zunächst, daß die Sterne und ebenfalls alle Himmelskörper von Osten in Richtung Westen wandern, wie um eine unbewegliche Achse. Auch daß die Sterne erstaunlich weit entfernt und von großer Zahl sind. Auch daß manche Planeten sich, wie man sehen kann, um sich selbst drehen. Auch daß sich die Verzögerungen des Mondes, der Sonne und der Planeten erklären, wenn man annimmt, daß die Erde einer der Planeten und der Mond ihr Satellit ist. Auch daß die Schwerkraft zunimmt, wenn man vom Äquator zum Pol geht – und das setzt wiederum mechanische und physikalische Vorstellungen sowie die Messung durch das Pendel voraus.

Doch betrachten wir die einfachste Tatsache, nämlich die, daß die Sterne wandern. Das stellt man wiederum nur durch wiederholte Beobachtungen, Erinnerung, Vorstellung, Vorkehrung fest.

Was die andere Tatsache betrifft, daß die Sterne sehr weit entfernt und einige relativ nahe sind, so ist sie ebenfalls recht bemerkenswert, wenn man sie mittels der Hypothesen untersucht, die sie stützen. Denn die nahegelegenen Sterne bieten nur einem sich entlang der Erdumlaufbahn bewegenden Beobachter parallaktische Wirkungen; unsere irdischen Grundlagen sind zu klein. Und dennoch ist es eine Tatsache, daß manche Sterne weit weniger entfernt als andere sind. Eine Tatsache auch, daß der Mond uns wesentlich näher ist als die Sonne und daß er viel kleiner ist. Dies ganze Gebäude aus Tatsachen ist Geometrie.

Wiederum ist es eine Tatsache, daß die Beschleunigung der Schwerkraft in Paris 981 Gal beträgt; doch muß, wer sie feststellt, viel verstehen, zunächst die abstrakten Vorstellungen und dann die Instrumente anhand dieser Vorstellungen. Die schiefe Ebene, die Fallmaschine Atwoods* und selbst der Registrierzylinder, Chronometer und rotierende Geometrie zugleich, beweisen es hinreichend. Die Messung spezifischer Wärme schließt nicht weniger Erkenntnisse ein. Auch keine nebensächlichen Erkenntnisse, sondern Hypothesen oder Annahmen, ohne die es keine Erfahrung gäbe.

Jeder wird in der Wissenschaft, die er am besten kennt, solche Beispiele suchen und verfolgen können. Er wird erstaunt sein, in der einfachsten Erfahrung all jene ausgearbeiteten Vorstellungen zu entdecken, deren er sich als Instrumente zur Erfassung und Feststellung bedient. Bis hinein in die Geschichte, wo er sehen wird, daß eine einfache Tatsache – der Tod Ludwigs XIV. in einem bestimmten Jahr – das Wissen um die Fortsetzung der Geschichte, um die Kritik und auch die Astronomie mit einschließt. Doch warum darauf bestehen, wenn doch klar ist, daß die kubi-

* Anm. d. Übers.: George Atwood (1745-1807), englischer Physiker.

sche Form dieses Würfels ebenfalls eine Tatsache ist, jedoch bestimmt durch die Vorstellung des Kubus, die weder mit den Augen noch mit den Händen zu greifen ist? Ich verweise den Leser auf das, was ich darüber gesagt habe; es genügt.

Kapitel VIII
Ursachen

Ein überstrapaziertes Problem, und ein zweideutiger Begriff. Man versteht unter Ursache bald eine Person, wie in der Geschichte oder in Kriminalprozessen, bald eine Sache. Und wenn es um eine Person geht, versteht man unter der Aussage, sie sei die Ursache, daß sie etwas eröffnet, wofür sie in der Folge haften wird, so daß es sich hierbei um die *prima causa* handelt, von der man unter dem Begriff des freien Willens spricht. Wenn es sich um ein Ding handelt oder einen Stand der Dinge, der einen anderen determiniert, nimmt man freilich im Gegenteil an, daß dieses Ding, dieser Stand der Dinge, seinerseits durch einen vorhergehenden Stand der Dinge bestimmt ist. Jede Ursache ist auch Wirkung und jede Wirkung ist auch Ursache, wie beispielsweise in einem Lauffeuer jedes brennende Körnchen Grund für das Entflammen des folgenden ist. Aber das sind sekundäre Ursachen, wie man sagt. Man sieht, daß diese beiden Arten von Ursachen sich wie Subjekt und Objekt unterscheiden, oder, wenn man so will, wie Geist und Ding.

Nun bewegt sich der Fetischismus, der auf die Einbildungskraft immer stark gewirkt hat, in einem Zwischenbereich. Er will, aus einem mir unbekannten Grund, stets verstehen, welche

Seele oder welcher Geist in einer Sache wirkt und sich mittels einer Macht oder einer Eigenschaft äußert. Was am spürbarsten bei einem Beispiel sein wird, bei dem man es am wenigsten erwartet: Da ist ein ziemlich schwerer Stein, der fallen wird, wenn ich ihn loslasse. Die Ursache, die bewirkt, daß er fallen wird, und die auch bewirkt, daß er gegen meine Hand drückt und stößt, ist sein Gewicht, wie man sagt, und dieses Gewicht ist in ihm. Und auch wieder nicht, zumindest nicht mehr als der Wert im Gold, einem anderen Fetisch, liegt, oder der bittere Geschmack in der Aloe. Der Stein drückt, das heißt zwischen dem Stein und der Erde ist eine Kraft am Werk, die von der Entfernung und von beiden Massen abhängt. So lastet die Erde ebenso wie der Stein auf meiner Hand. Und diese Kraft der Gravitation ist nicht stärker in der Erde verborgen als in dem Stein, vielmehr wirkt sie zwischen beiden, ist beiden gemeinsam. Es ist eine gedachte Verbindung oder eine Form, wie wir sagen. Aber wer sieht nicht, daß die Einbildungskraft uns hier eine Kraft im Stein erfinden läßt, die gegen unsere Kraft kämpft und kaum weniger eigenwillig ist als die unsere? Dieser Götzendienst ist recht wirksam; die Einbildungskraft wird sich nie von ihm losreißen. Es kommt darauf an, sich nicht düpieren zu lassen und darüber nicht verkrampft zu urteilen.

Doch sieht man auch, daß wir mit derselben Leidenschaft dem Hund, der sein Fressen erwartet, einem Betrunkenen oder einem vor Zorn Besinnungslosen, der Beschimpfungen ausstößt, ein Denken zuschreiben wollen. Man muß also – soweit möglich – auf den scharfsinnigen Gedanken Descartes' zurückgreifen und aussprechen, daß dieser Geist, der sich die Dinge mittels Entfernungen, Kräften und anderen Beziehungen vorstellt, niemals in nur einem dieser Dinge verborgen sein kann, noch nicht einmal in unserem eigenen Körper, da er ihn mit anderen verbindet und ihn unter anderen erkennt. Indem wir das festhalten, möchten wir in den Dingen auch keine Seelen mehr vermuten, die in ihnen wohnen und in ihnen gefangen sind. Denn jede Seele erfaßt die Welt mehr oder weniger deutlich, mehr oder weniger regsam, aber immer unteilbar. Die Erkenntnis, daß ich Sterne haben darf, hat meiner Wahrnehmung als Kind nichts hinzugefügt, sie hat sie nur verdeutlicht; sie hat sie, wenn man so will, von innen her vergrößert, ohne ihr irgendetwas hinzuzufügen. Also muß man sagen, daß jedes Bewußtsein oder Denken ein Universum ist, in dem alle Dinge enthalten sind und das in keinem einzelnen Ding sein kann. So darf ich, weit davon entfernt, eine Willensabsicht in dem Stein zu vermuten, dessen Last drückt, diese auch nicht in jenem zum Sprung zusammengekauerten Tier vermuten; denn wenn es denkt, denkt es das ganze Universum und sich in ihm. Leibniz wußte dies mit seinen Monaden gut auszudrücken, doch ohne sich gänzlich von der Vorstellung freizumachen, daß die Monaden Teile oder Komponenten sind. Descartes, weniger besorgt um Lehrmeinungen, hatte weiter gesehen. Wenn wir also die Ursache im Objekt erörtern wollen oder, besser, die Ursache als Objekt, werfen wir das Objekt auf sich selbst zurück und sehen darin nur die Ausdehnung, will sagen, die rein äußere Beziehung, bis in den lebenden Körper hinein. Das ist der Schlüssel des wahren Wissens und der wahren Freiheit, wie wir sehen werden.

Nun bleibt uns nur, gestützt auf diese mächtige Idee, unvergleichliche Quelle aller effektiven Physik, die Ursache vom Gesetz zu unterscheiden, was man nur ungenügend tut. Denn die Wolke beispielsweise ist nicht selbst der Grund für den Regen, es bedarf dazu noch einer Abkühlung, so daß die Tropfen größer werden und auf den Boden gelangen, bevor sie neuerdings verdampfen. Und wenn all diese Gründe zusammentreffen, wie man es unzureichend ausdrückt, kommt es eben zum Regen. Ebenso kommt es, wenn alle Voraussetzungen für das Kochen von Wasser, ein bestimmter Druck, eine bestimmte Temperatur, eine bestimmte Oberflächenspannung kleiner Bläschen zusammentreffen, eben zum Kochen; und solange es nicht kocht, besteht die Ursache, will sagen die Gesamtheit der hinreichenden Ursachen, ebenfalls nicht. Somit entfällt in derartigen Beispielen der Zusammenhang der Reihenfolge. Und nur in der gewöhnlichen Sprache ist es gestattet, den letzten Umstand als Ursache zu bezeichnen, über den wir oft Macht besitzen, wie ein kleiner Kristall in einer übersättigten Lösung; denn selbstverständlich ist die Lösung ebensogut eine Ursache. Desgleichen darf man strenggenommen nicht sagen, die Beschleunigung eines Himmelskörpers in einem Moment sei die Ursache für seine Bewegung im nächsten Augenblick; denn die Ursachen wären hier die Stellungen der anderen Gestirne, deren Bewegung Funktion der Gravitation ist, in jedem Augenblick. Anhand dieses Beispiels sieht man ferner, daß die Beziehung von Ursache und Wirkung nur verstanden werden kann, wenn man einen Zustand des Universums zum darauffolgenden Zustand in Beziehung setzt, oder den Zustand eines geschlossenen Systems zum darauffolgenden Zustand, sofern es denn geschlossene Systeme gibt. Eine wirkliche Kette von Ursachen kann man sich folglich nur mittels eines Gesetzes des geplanten Werdens denken, also eines Gesetzes, welches einen Sinn hat, wie in der Zahlenfolge die ersten die nachfolgenden prägen oder verursachen, und nicht umgekehrt. Nun ist den Physikern aber ein solches Gesetz erst spät offenbar geworden, nämlich jenes, wonach ein geschlossenes System von Kräften, Sprengstoffen, mehr oder weniger aktiven chemischen Körpern, sich von selbst unter Erhöhung der Temperatur in einen mechanischen Gleichgewichtszustand verwandelt. So gesehen wären eine Mauer, die man errichtet hat, eine geladene Kanone, ein gespannter Bogen, ein Kohlevorrat, ein Ölbehälter, ein Pulvermagazin, ein lebender Körper im strengen Sinne Ursachen. Doch der Sinn dieses Wortes versteht sich immer ein wenig von selbst, bis hin zu den manipulierbaren Umständen, und sogar bis hin zu den mechanischen Voraussetzungen einer Tatsache, sobald sie deutlich erklärt sind. In diesem Sinne sagt man beispielsweise sogar, der Grund für die Bewegungen der Himmelskörper sei das Gesetz der Schwerkraft, und das ist kein Nachteil, da man dadurch nicht auf verborgene Ursachen zurückgeworfen wird, ganz im Gegenteil.

Kapitel IX
Zwecke

Man kennt Bacons Ausspruch, letzte Ursachen seien unfruchtbare, dem Herrgott geweihte Jungfrauen. Doch ist das ein gutes Beispiel, um aufzuzeigen, wie Ideen, abstrakt und nutzlos, sobald man sich auf die Sprache verläßt, sich wieder mit Sinn und Leben füllen, wenn sie in Verbindung mit dem Objekt treten, und uns schließlich behilflich sind, etwas zu begreifen, was die Probe für jede Idee ist. Gewiß, wenn man sagt, der Schöpfer habe am Samenkorn der Lindenblüte jenes Flügelchen angebracht, damit der Wind es weit weg in unbekanntes Terrain forttragen kann, wird dadurch nichts erklärt. Noch weniger, wenn man behauptet, er habe den Vögeln Flügel gegeben, damit sie fliegen können. Doch sobald man versuchen wird, diese Behauptungen auszuführen, wird ihnen absolut nichts Lächerliches mehr anhaften. Denn immerhin stimmt es, daß das Flügelchen des Samenkorns dabei behilflich ist, es irgendwo auszustreuen, wo es einen geeigneteren Platz als den Schatten eines großen Baumes haben wird; und ebenso wahr ist es, daß der Flügel des Vogels so gemacht ist, daß er fliegen kann. Und niemand entgeht der Notwendigkeit der Vermutung, der Flügel sei für den Flug gemacht, sofern er dessen Bau verstehen will; denn er wird somit nach dem Nutzen der in einer bestimmten Weise gebogenen Federn, der hohlen Knochen und der Muskeln suchen, in der Annahme, nichts sei in dieser natürlichen Anlage unnütz. So kommt man von der Frage: »Zu welchem Zweck?« ganz natürlich zum Wie, das heißt zur Untersuchung der Ursachen und Voraussetzungen. Die Vogelfeder ist zum Fliegen gemacht, denn die nebeneinanderliegenden Federn bilden zu einer Seite hin ein Ventil, nicht zur anderen und so weiter. Und Claude Bernard* hatte nicht Unrecht mit der Annahme, daß die Leber zu irgend etwas gut sein müsse, vorausgesetzt, man untersuche wozu und vor allem in welcher Weise. Wodurch zu ersehen ist, daß eine theologische Idee zumindest als Leitgedanke gut sein kann, ohne je von einer rekonstruierten Wahrnehmung, der Geometrie und den Formen entsprechend, zu entbinden. Wenn ein Mensch sich mit der Aussage begnügt, Gott habe den Flügel für den Flug geschaffen, hat er nichts als Worte im Sinn. Doch wenn er weiß, auf welche Weise der Flügel für den Flug nutzbringend ist, kennt er die Sache ihrer Ursachen wegen, wie man sagt. Und die Idee, der er einen Schöpfergott hinzufügt, ändert in keiner Weise die Idee, die er von der Sache hat. Selbst Darwin bewahrt von der Idee einer letzten Ursache, was nötig ist, wenn er versucht aufzuspüren,

* Anm. d. Übers.: Claude Bernard (1813-1875), französischer Physiologe.

wodurch eine gewisse Eigenschaft, wie die Blindheit einer Krabbe in einer dunklen Höhle, dem Betroffenen einen Vorteil vor den anderen geben kann. Denn es geht darum zu prüfen, in welcher Weise es ihm zum Schaden gereichen würde, nutzlose Augen zu haben. Und es ist genau die Idee der Nützlichkeit, die bei einem solchen Gegenstand den Zweck an die Ursache bindet; denn die angenommene Nützlichkeit ist der Zweck. Doch die deutlich gemachte Nützlichkeit ist die Ursache oder das Gesetz oder der erklärte Gegenstand selbst, wie man behaupten wollen wird.

Das ist beim Studium irgendeiner Mechanik, die man nicht gut kennt, leicht zu erkennen. Bei jeder Sache fragt man sich: Wozu dient das? Und um dies zu entdecken, läßt man dieses Stück langsam und, soweit möglich, nur es alleine spielen, um zu untersuchen, wovon es die Ursache ist oder, besser gesagt, womit es im System verbunden ist. So gelangt man problemlos vom Leitgedanken des Zweckes zur konstitutiven Idee der Ursache oder der Voraussetzung. Und man muß bedenken, daß die Idee des verfolgten Zweckes, die immer ersprießlich ist, wenn man sich nicht darauf beschränkt, sie nur zu postulieren, in ebensolchem Maße von den Werkzeugen und den Mechanismen stammt wie von der für den Widerspruch offenen Theologie.

Etwas unklarer ist es, wenn sich die letzten Ursachen auch noch als Leitgedanken bei der Rekonstruktion der Naturphänomene durchsetzen, beispielsweise wenn gesagt wird, daß das gebrochene Licht dem kürzesten Weg folgen muß und, ganz allgemein, daß die Natur mit den einfachsten Mitteln zu ihrem Ziel gelangen muß. Doch sind diese Fiktionen nur außerhalb der Arbeit des Nachforschens Fiktionen, vor allem für diejenigen, die leichthin darüber sprechen. Bei der Arbeit des Nachforschens selbst, ob man an die Zwecke der Natur denkt oder nicht, hat man immer Grund, die einfachste Hypothese zu erproben, die immer die beste ist, wenn sie ihren Zweck erfüllt. Wir folgen hierbei mit unseren Vermutungen unserem gesunden, schöpferischen Menschenverstand, wobei wir zweifelsohne das kopernikanische System irgendeiner Verwicklung vorziehen, die sich von Ptolemäus herleitet, oder eine einzige Venus zwei Sternen.

Im Grunde ist das Metier des Denkens ein Kampf gegen Verführungen und Erscheinungen. Letztlich definiert sich die ganze Philosophie hierdurch. Es geht darum, sich von einem Universum voller Wunder loszusagen, das übermannt wie ein Traum, und schließlich dieses Blendwerk zu besiegen. Und sicherlich darum, unablässig die falschen Götter zu vertreiben, was darauf hinausläuft, die gewaltige Natur durch genaue Aufzählung auf das Einfachste zurückzuführen. Dies war die Kunst des gestrengen, mißverstandenen Descartes, da man nicht genügend verstanden hat, daß die törichtsten Leidenschaften von Propheten und Sehern, die die Geschöpfe nach Herzenslust vermehren, schon durch die nüchterne Aufzählung der Kräfte besiegt sind. Flucht einerseits, ernsthafte Arbeit andererseits.

Kapitel X

Naturgesetze

Die Ordnung der Natur ist in zweierlei Hinsicht zu verstehen. Zunächst in der Hinsicht, daß es in der Welt eine gewisse Einfachheit und eine gewisse Wiederkehr derselben Dinge gibt; beispielsweise nur um die sechzig Grundstoffe und nicht eine Million oder zwei Millionen. Ebenso gibt es die festen

Stoffe, das heißt die festen Körper, die man am häufigsten in derselben Form und an derselben Stelle wiederfindet. Wenn es nur flüssige Stoffe gäbe, woran bände sich dann unsere Mechanik? Und wenn es ständig neue Elemente gäbe, würde sich der Chemiker darin verlieren. Wahrhaft ist das Glück, von dem man nicht sagen kann, es währe ewig. Man kann hier wohl mit Hilfe der Dialektik bis zu Gott zurückgehen und anhand müheloser, jedem zugänglicher Schlüsse verlautbaren, ein vortrefflicher Herrscher aller Dinge habe nicht gewollt, daß der menschliche Verstand ohne Objekt und auch nicht ohne Prüfung sei. Diese Art Philosophie, die ich transzendent nenne, ist für den Menschen ebenso natürlich wie das Gezwitscher für die Vögel. Doch die wahre Stärke dieser Darlegungen liegt nicht in den Beweisen, hundertfach widerlegt, hundertfach erneut erbracht, sondern vielmehr in jener Idee, daß es vor allem, natürlicherweise, eine Übereinstimmung gibt zwischen den äußeren Gegebenheiten und dem Leben selbst, und schließlich dem Gedanken, den wir hier so zwingend zusammengefügt finden. Doch bemerkt man, sofern man die Idee ganz wörtlich auffaßt, daß diese Behauptung gänzlich von uns stammt und, um es genau zu sagen, die erste und fortwährende Triebkraft des Denkens ist. Hoffnung oder Glaube, besser noch, der Wille zum Denken, soweit man kann. Denn wenn man bei den kleinen Dingen haltmachte, und bei den Spuren der Kindheit, welch endlose Abwechslung und welche Wunder! Das Delirium, selbst das der gänzlich dem Irrsinn Verfallenen, ist nichts als der natürliche Lauf der Gedanken, wenn man sie so nennen kann, jedoch ohne Kontrolle, ohne jene bewußte Geringschätzung all dessen, was Anspruch auf Gehör, Visionen, Vorahnungen und Irrlichter anmeldet. Das Universum wird wohl flüssig sein, wenn wir dem zustimmen. Doch das Urteil ist der König der Dinge und der Sohn Gottes, solange es standhalten kann. Ich liebe den Gedanken, daß ich die Welt trage und sie mit mir untergeht. Bleiben wir aus freier Wahl heraus standhaft, das ist die Seele der Philosophie!

So sieht, in Umrissen, das Königreich der Vernunft aus. Die Gesetzgebung des Verstandes unterscheidet sich hiervon beträchtlich. Der Geist spürt darin weniger seine Freiheit, sondern eher seine Macht. Denn so flüssig die Natur auch sein kann, und wenn auf immer ein Wirbelsturm an die Stelle der Jahreszeiten träte, so wäre es dennoch notwendig, dies zu denken, so gut es eben geht, in Entfernungen, Richtungen, Stärken, Geschwindigkeiten, Mengen, Spannungen, nach Druck und Anzahl, wobei Algebra und Geometrie immer regierten. Die Physik wäre nur schwieriger, doch keine andere. Diese Naturgesetze, diese Formen, sind unsere Werkzeuge und unsere Instrumente. Selbst wenn der Lauf eines Gestirns unendlich kompliziert wäre, was im übrigen der Fall ist, selbst wenn man zur äußersten Präzision überginge, würden wir von ihm nicht weniger wissen, mit Hilfe von Gerade, Umfang, Ellipse, dank Stärke, Masse und Beschleunigung. Denn diese Elemente sind die der Bewegung selbst, und die Bewegung besteht aus Form und ist nicht als abgeschlossene auf ersten Blick gegeben, den man darauf wirft. Genau genommen wäre eine Bewegung ohne Gesetz überhaupt keine Bewegung mehr. Eine Bewegung wahrnehmen bedeutet, wie wir zur Genüge erklärt haben, Veränderungen mit der Vorstellung von einem gleichbleibenden, beweglichen Körper und von veränderten Entfernungen ohne Diskontinuität in Einklang zu bringen. Letztlich ist die Bewegung, selbst in der einfachen Wahrnehmung, vorgestellt, festgelegt, unteilbar; sie ist durch sich selbst das Gesetz dieser Veränderung. In dem Maße, in dem das Gesetz vollständiger wird und die zurückgelegte Strecke erhellt, ist die Bewegung nach und nach immer mehr eine Bewegung und zudem eine wirkliche Bewegung, da ihre Verbindungen mit allem Übrigen stärker festgelegt sind. Nach dieser Methode ist der Verstand vom System des Ptolemäus zu den modernen Systemen vorangeschritten, wobei er die Erscheinungen mehr und mehr miteinander verbunden und Ordnung in die Welt der Astrologen gebracht hat, ohne etwas an ihr zu ändern, einzig, indem er sie von unseren Leidenschaften trennte.

Diejenigen, die bewundern, daß sich die Natur den Gewändern des Geometrikers so gut anpaßt, verkennen zwei Dinge. Zunächst verkennen sie die Geschmeidigkeit und die Vielzahl der Mittel des mathematischen Instrumentariums, das mit fortschreitender Verfeinerung die Umrisse immer besser skizzieren, die Beziehungen immer besser erkennen, die Kräfte besser leiten und messen wird, ohne deswegen die Gerade zu verzeichnen. Das haben diejenigen nicht recht begriffen, die ständig die fraglichen Prinzipien zurückweisen, wie die Trägheit oder die gleichförmige Bewegung und andere solide Hypothesen. Das ist genauso einfältig, als wollte man die drei Achsen einwärts biegen, um eine Krümmung zu berechnen, oder den Äquator fälschlicherweise als Meteor deuten. Doch, wie Platon so treffend sagte, die Gerade ist der Richter der Kurve, und das Endliche und Vollkommene ist Richter des Unbestimmten. Es sind die altgedienten ganzen Zahlen, auf denen die Differentialrechnung fußt. Man wird anhand dieser Bemerkungen verstehen, in welchem Sinne jedes Gesetz *a priori* existiert, wiewohl jede Erkenntnis aus Erfahrung besteht. Doch vergessen Sie auch hier nicht, die Idee und die Sache nachdrücklich miteinander zu verbinden. Die zweite Fehldeutung besteht darin, zu glauben, die Natur sei, außerhalb mathematischer Formen, in Wirklichkeit irgend etwas und könne ja oder nein sagen. Dieser Irrtum kommt daher, daß wir Natur nennen, was eine bereits halb ausgearbeitete Wissenschaft ist, zu der wir eine angemessene Distanz halten. Denn die Wahrnehmung der Bewegung der Sterne, vom Orient zum Okzident, ist bereits eine Annahme und zwar eine sehr vernünftige, doch harmoniert sie nicht mit dem Verzug von Sonne und Mond und den Launen der Planeten. Und selbst die falschen Vorstellungen von der Bewegung beruhen, wie man gesehen hat, auf einem festen Urteil und auf einer Annahme, die von der Natur nicht diktiert wurde. Unsere Irrtümer bestehen allein in unseren Gedanken. Die Natur täuscht uns nicht; sie sagt nichts, sie ist nichts. Unsere Träume, die nichts anderes als weniger bewußte Wahrnehmungen sind, fällen über sie wohl ein klareres Urteil – was uns ein wenig erahnen läßt, wie sich eine noch nicht beherrschte Natur ausdrücken würde. Alle Erscheinungen wären Dinge, all unsere Bewegungen, überall Veränderungen; unsere Erinnerungen, unsere Pläne, unsere Befürchtungen wären wie lebende Wesen. Ein Ozean von Leidenschaften und Tränen. Ohne Gesetz. Man muß also nicht fragen, ob wir sicher sind, daß unser vermutetes Gesetz tatsächlich das Gesetz der Dinge ist; denn das hieße wollen, daß die urzuständliche Natur eine Ordnung in sich trüge, daß andere Bewegungen hinter den Bewegungen und andere Objekte hinter den Objekten existierten. Nicht doch! Das ist eher das Chaos vor der Schöpfung. Ja, und bei jedem Erwachen treibt der Geist einen winzigen Augenblick lang auf den Wassern. Woraus man sieht, daß der Verstand die Erfahrung leitet, daß die Vernunft sie überflügelt und daß, nur unter diesen Voraussetzungen, die Erfahrung beide erhellt.

Kapitel XI
Prinzipien

Ein System von Prinzipien ist immer Gegenstand von Diskussionen; denn man kann dieselben Dinge mit anderen Worten sagen. Indem wir ein wenig vorgreifen, treten wir hier in das eigentlich diskursive Bewußtsein ein. Und die Prinzipien sind nichts als kurze Diskurse in Form eines Leitsatzes oder einer Maxime, die geeignet sind, den Geist in dem Augenblick an sich selbst zu erinnern, in dem die Erscheinungen sich verwischen, zum Beispiel angesichts einer Prophezeiung, die sich bestätigt hat, oder angesichts des Wunders eines Zauberkünstlers oder irgendeiner Entdeckung der Physik, die alles umzustürzen scheint, wie eine Zeitlang die des Radiums. Auch muß man die Prinzipien des Verstandes von den Geboten der Vernunft unterscheiden. Niemand hat es darin Kant gleichgetan, bei dem Sie auch eine systematische Darlegung sowohl des einen als auch des anderen finden werden, die ich hier weder deuten noch zusammenfassen will. Doch versuchen wir, das Wesentliche zu sagen. Die Mathematik bildet in sich selbst ein System von Prinzipien des Verstandes, das heißt ein Inventar der Formen, unter denen wir erkennen müssen, was für die Erfahrung keine Rolle spielt, bei Strafe, sonst überhaupt nichts zu wissen. Was sich durch allgemeine Prinzipien folgender Art ausdrückt: Es gibt weder Objekte noch Tatsachen in der Erfahrung, die nicht mit allen anderen durch Beziehungen des Raumes und der Zeit verbunden sind. Es gibt keine Veränderungen in geschlossenen Systemen, die, wenn man von Lecks einmal absieht, nicht irgend etwas Unveränderliches weiterbestehen lassen. Beachten Sie beim letzten Prinzip, daß es nichts anderes ist als die Definition der Veränderung selbst. Die Sprache, die so leicht auf Ideen verzichten kann, läßt uns glauben, wir könnten eine Veränderung ohne Bewahrung dessen denken, was sich ändert. Genau das geschieht bei den äußeren Erscheinungen, wo sich eigentlich nichts jemals erhält, nichts sich je wieder einfindet. Doch muß man genau auf diesen Punkt seine ganze Aufmerksamkeit richten; denn manche Erscheinungen sind als solche niemandem bekannt. Wenn ich sage, daß die Kugel des Taschenspielers verschwunden ist, drücke ich damit zwei Dinge gleichzeitig aus, das Wissen, daß sie nicht mehr als äußere Erscheinung gegenwärtig ist, in Wirklichkeit jedoch irgendwo steckt. Ohne diese letzte Gewißheit hätte die erste Beobachtung keinen Sinn. Es fehlt nicht an Erscheinungen, die sich für immer verflüchtigen, und die ich Irrtümer, Illusionen, Erinnerungen nenne, um die ich mir kaum Gedanken mache. Auch besteht der große Auftritt des Taschenspielers darin, mir die Vorstellung zu vermitteln und zu bewahren, daß die Kugel nicht eines dieser Hirngespinste ist. Wenn Sie dies beherzigen, werden Sie erkennen, welche Art des Beweises einem Prinzip des Verstandes entspricht. Wäre uns einerseits eine Natur gegeben, in der alles in Übereinstimmung mit der äußeren Erscheinung wirklich wäre und immer schon auf der Arbeit des Verstandes beruhte, andererseits ein Verstand ohne Objekt, der auf der Suche nach seinen Prinzipien wäre, so könnte das Einvernehmen zwischen beiden nur von einer theologischen Dialektik erwartet werden, die beispielsweise bewiese, daß es nicht die Absicht des Schöpfers war, uns zu täuschen. Ein recht schwacher Beweis, wenn er keine Grundlage besitzt. Aber was ist die Grundlage? Ein Universum, dessen Wirklichkeit sich durch die Arbeit des Verstandes mit Hilfe eben der Voraussetzung definiert, daß das Objekt trotz der beständigen Veränderung der Erscheinungsweisen Bestand hat. Dieser Würfel, der sich unter so vielen Aspekten zeigt, wird mit Recht als unveränderlich angesehen, und diese Erscheinungsweisen sind ihrerseits nur Erscheinungsweisen nach Richtung, Entfernung und Bewegung. Die äußere Erscheinung kann diesen Würfel genausowenig vernichten wie sie ihn angenommen hat. Das Objekt ist das, was Bestand hat. Und die Veränderung als Objekt ist die Veränderung, unter welcher das Objekt Bestand hat. Wir haben hier nicht zwischen Chaos und Ordnung zu wählen, sondern zwischen Wirklichkeit und Nichts. Das Nichts, weil die Ordnung aus Erinnerungen, seelischen Regungen und Plänen in uns sich nur durch die Ordnung der Dinge aufrechterhält, so wie gesagt wurde: »Sein oder Nichtsein, sich selbst oder alles, man muß wählen.« So sprach mein Lehrer Jules Lagneau, als dessen Schüler ich mich jedoch nicht zu erklären wage, wegen der verschlungenen Wege, die ich mühsam für mich selbst beschreiten mußte, bevor ich durch Zufall einige der Aussprüche verstand, die er in meinem Gedächtnis hinterlassen hat.

Um diesen Beweis verständlich zu machen, möchte ich ihn mit einem anderen verbinden, der hinreichend ausgearbeitet ist in der *Kritik der reinen Vernunft* und das berühmte Prinzip der Kausalität betrifft. Hier nun ist dieser Beweis. Wenn die Natur uns immer tatsächliche Abfolgen böte, könnte man sich fragen, ob diese Abfolgen immer irgendein Gesetz mit einschließen, wonach das Vorhergegangene festlegt, was folgt und nicht etwas anderes. Doch tatsächlich folgt in meiner Wahrnehmung alles aufeinander, so wie beispielsweise die Häuser einer Straße für mich aufeinanderfolgen, wenn ich spazierengehe. Da ich letztlich darin die wirklichen Abfolgen der gleichzeitigen, aber sukzessiv verstandenen Dinge unterscheide, benötigt man folglich eine Wahrheit wahrer Abfolgen, was eben die Beziehung der Kausalität ist. Und dadurch unterscheide ich jene Abfolge der äußeren Erscheinungen, wenn ich eine Stadt durchstreife, von der wahren Abfolge, Flammen, Rauch und Ruinen. Kurz und gut, es gibt immer eine Wahrheit der Abfolge, die sich von der sichtbaren Abfolge unterscheidet. Noch anders gesagt, es gibt keine wahre Abfolge ohne das Gesetz der Abfolge. So ist die Abfolge als Objekt die Kausalität selbst. Und dergestalt ist die Art des Beweises, der zu den Prinzipien des Verstandes paßt.

Über die Prinzipien der Vernunft muß man sagen, daß sie sich auf einem abstrakteren Niveau bewegen, daß die Natur sie weniger stützt und daß der Geist ihnen mit Vorliebe folgt, als seien es Regeln für seine Gesundheit. Zum Beispiel, daß ein Ereignis, das gegen die bis dato gekannte Ordnung verstößt und das sich nur einmal ereignet hat, eher dem Spiel der Einbildung und der Leidenschaften zugeordnet werden sollte als einer Unbeständigkeit der Dinge. Oder auch, daß man sich bemühen muß, sparsam mit Hypothesen umzugehen; daß die einfachste Annahme auch als erste erprobt werden muß, daß man das Unbekannte anhand des Bekannten beurteilen muß, und, um es mit einem Wort zu sagen, daß man sich besser vor Leidenschaften, das heißt aufwühlenden Anschauungen, in acht nehmen sollte, als hinter vermeintlichen Wundern herzulaufen, in der Furcht, auch nur ein einziges auszulassen. Diese Gebote entstammen eher dem Willen als der Erfahrung und werden zu wenig praktiziert, weil man sie nicht für das nimmt, was sie sind – im eigentlichen Sinne moralische Urteile. Man weiß ihren Wert nicht zu schätzen, solange man die Fallstricke der Leidenschaften und die Oberflächlichkeiten der Sprache nicht genügend kennt. Der Vollständigkeit halber muß man sagen, daß der Geist Widerstand leistet und sich verweigert. Es macht die Würde des Souveräns aus, die Narren nicht zu sehr zu Rate zu ziehen – und vor allem nicht die Pferdehändler.

Kapitel XII
Vom Mechanismus

Der Mechanismus ist jene Lehre vom Universum, wonach alle Veränderungen Bewegungen sind. Beispielsweise erklärt sich der Druck von Gasen durch eine heftige Bewegung ihrer Teilchen. Das Licht ist eine Schwingung. Die festen Körper sind Systeme gravitierender Atome. Innerhalb dieser Hypothese des universalen Mechanismus muß man auch die Atome, die Kräfte und die Trägheit verstehen, denn all das hängt zusammen. Es steht außer Zweifel, daß der Verstand hier all unseren Vorstellungen sein eigenes Gesetz aufzwingt. Man muß es so verstehen, oder man wird überhaupt nichts verstehen.

Doch das große Geheimnis des Philosophen besteht darin, daß kein Beweis aus sich selbst heraus trägt und daß Beweise immer Angriffen ausgesetzt sind, die sie ins Wanken bringen, wenn sie nach Art eines Stacheldrahtverhaus nur in der Defensive bleiben. Der Geist verbirgt sich nicht so sehr hinter seinen Beweisen, sondern in ihnen, treibt sie ständig voran. Und das Beispiel dieses universellen Mechanismus ist geeignet, ihn begreiflich zu machen. Denn was könnten Sie auf den Angriff irgendeines Skeptikers oder Mystikers antworten, der die Vermutung äußern würde, unsere Vorstellungen dienten nur dem materiellen Nutzen, doch enthüllten sie keineswegs das, was ist, und das, was ist, sei mit den Augen oder den Händen nicht wahrzunehmen, sondern müsse auf anderen Wegen erraten oder erahnt werden? An dieser Stelle ist zu zeigen, daß die Philosophie eine Ethik und nicht eitle Wißbegierde ist.

Lukrez, der mutig die Untersuchungen vieler anderer vorantrieb, die man Atomisten nannte, und unter denen Demokrit und Epikur die berühmtesten sind, hat den Wesenskern dieser profunden Gedankengebäude an das Licht des Tages gebracht. Dieser Kern war ein fester Wille, der sich gegen Leidenschaften, Wunder, Propheten und Götter wandte. Doch nahm sich der Gefangene auf der Flucht das Leben.* Eine erstaunliche Tatsache, doch erklärlich durch Trunkenheit oder Empörung, oder vielleicht dadurch (was nichts anderes ist als die verborgene Ursache der Lebenskraft der Leidenschaften), daß die Einbildungskraft an die Stelle des Verstandes trat, was bei Jüngern keine Seltenheit ist. Lukrez vergißt vollkommen den Urheber dieser Dinge, den Zerstörer von Götzen, nämlich den Geist, der, über Abgründe hinweg, seine Aufmerksamkeit zunächst auf einfache Bewegungen richtet, sie erprobt und verfeinert, wie ein Netz, das schließlich den ganzen Reichtum einfängt und an Land bringt, um eine genaue Bestandsaufnahme zu ermöglichen. Er vergaß dabei, daß der Mechanismus eigentlich der Beweis für die Freiheit ist, so wie er zugleich Mittel und Instrument ist. Denn die Natur läßt dieses erstaunliche System zu, doch sie schenkt ihm nichts.

Die Vorstellung der Veränderung durch die Bewegung ist allerdings eine vorgefaßte Meinung. Ja! Selbst in dem einfachsten Fall einer rollenden Kugel zwingt nichts an den äußeren Erscheinungen zu der Hypothese der Bewegung. Und auch die Kugel selbst drängt sie nicht auf, da sie nie gleichzeitig an einer Stelle ist, wie der subtile Zenon beobachtet hatte. Und nichts steht der Vermutung entgegen, die Kugel sei sogleich vernichtet worden und eine andere Kugel an ihrer Stelle erschienen, so wie es sich in der Filmkunst als richtig erweist, wo nicht dasselbe Pferd läuft, sondern verschiedene Bilder sich auf der Leinwand ersetzen. Be-

* Anm. d. Übers.: Über das Leben des Lukrez (um 97-55 v. Chr.) ist nicht viel bekannt. Einer antiken Legende zufolge beging er Selbstmord.

vorzugt und gewählt ist nur die Bewegung, und der Mechanismus ist ebenso bevorzugt und gewählt, wenn auch gewiß nicht als ein müheloser, denn am mühelosesten ist das Träumen, sondern als Befreier, Geisterbeschwörer, Waffe des Geistes gegen alle Hexereien. Gewährt von derselben Natur, die ihn bestätigt, gewiß, die ihn aber unter der Bedingung bestätigt, daß der Geist ihn annimmt, an ihm festhält, ihn konstruiert, ihn zur Genüge verfeinert. Der schwerfällige Physiker verliert seinen Beweis. Und ihn befallen erneut kindliche Ängste vor falschen Göttern, vor allgegenwärtigen Geistern, wobei er Gott und den Geist vergißt. Oder vielmehr verkehrt er, indem er den Geist in der Materie versteckt, die Notwendigkeit in einen unnachgiebigen Willen, der mit allen Mitteln seine Ziele erreichen will und dessen wahrer Name Schicksalsergebenheit ist. Hierin haben wir unseren Feind. Im Gegensatz dazu nimmt der wahre Physiker den Naturkräften jeden Anschein von Freiheit und befreit, im Angesicht des Mechanismus, mit demselben Hieb seinen Geist.

Mit Sicherheit ist es schwierig und sogar mühsam, da die Leidenschaften hier hereinspielen, und es ist ein Kampf mit ihnen, den Blättern eines Baumes, deren jedes seine besondere Form hat, keinen eigenen Geist zuzubilligen. Es ist noch schwieriger zu wollen, geschweige denn zu wissen, daß diese Unterschiede trotzdem ursprünglich nur Form und Disposition der Elemente sind, die in der Luft und im Licht den Kohlenstoffverbindungen hier die Form eines Efeus, dort die Form einer Platane geben, so wie auch baumartige Kristalle in einer konzentrierten Lösung entstehen. Im Gegensatz dazu ist es einfach, sich niederzulegen, zu schlafen und sich einen im Ursprung verborgenen, unsichtbaren Architekten vorzustellen, der nach und nach den Plan seiner Wahl verwirklicht. Dies sind dieselben Träumer, die sich dem Wunder von Medien und Spiritisten hingeben, indem sie sagen, daß wir nicht alles wissen, und ungebändigte Kräfte und in Tischen verborgene Geister erfinden. Doch muß der Geist über die Geister triumphieren. Lukrez hat seine Seele an sie verloren, Descartes jedoch nicht. Das sollte man beachten.

DRITTES BUCH

VON DER DISKURSIVEN ERKENNTNIS

Kapitel I

Von der Sprache

Bevor man untersucht, wie die Erkenntnis sich einzig mittels des Diskurses ausdehnen und sich ihrer selbst vergewissern kann, muß man die Sprache behandeln. In allem, was uns zu beschreiben bleibt, abstrakte Erfindungen, Phantasien, Leidenschaften, Institutionen, ist die Sprache König. Es geht in einer komprimierten Darstellung darum, dieses großartige Gebiet, das sich von der Tiefe der Musik bis zu den Höhen der Algebra erstreckt, in seiner ganzen Ausdehnung zu entfalten. Doch bewundern Sie zunächst, wie die Spiele der Sprache den Geist in ihren Bann schlagen. Berufene Zungen sagen, man muß sich verständigen, um eine Sprache zu schaffen, und somit sprechen können, ehe man sprechen lernt. Dieses kindische Argument ist ein ausgezeichnetes Beispiel für rhetorische Kunstgriffe, die von denen für Philosophie gehalten werden, die nicht gelernt haben zu denken, bevor sie sprechen.

Das menschliche Handeln, damit meine ich die Bewegung des Schlagens, Gebens, Nehmens, Flüchtens, ist das, was uns am meisten auf der Welt interessiert und das Einzige, was das Kind interessiert, denn daher kommt alles Gute und Schlechte in den ersten Lebensjahren. Diese Handlungen sind die ersten Zeichen, und sie zu verstehen, bedeutet zunächst nichts anderes, als ihre Wirkungen zu verspüren. Denn der Mensch lernt die Dinge, die sich ihm nähern, nach Zeichen zu erahnen. Es gibt keinen Grund, erstaunt zu sein, daß er ebensoschnell errät, was ein

Mensch, kleinsten Bewegungen zufolge, tun wird. Es geht um nichts anderes als darum, den unermeßlichen Bereich menschlicher Zeichen zu beschreiben. Dafür kann man zunächst den ersten Ansatz der Handlung oder ihren Beginn ausmachen, die hinreichend die Folge voraussehen lassen. Solcherart ist der Ursprung fast aller Gebärden, als da sind, die Faust ballen, die Hand hinhalten, die Arme kreuzen, die Schultern zucken. So gelangt man ganz selbstverständlich zur Vorbereitung der Handlungen, zur Haltung. Man errät, daß ein mit dem Gesicht zur Erde kniender Mensch nicht kämpfen wird, daß ein Mensch, der einem den Rücken zuwendet, keine Furcht hat, daß ein zum Sprung bereiter Mensch springen wird und so fort. Schließlich muß man auch noch die Nebeneffekte dieser Vorbereitung der Handlungen erwähnen, die ihren Grund in der Bauart des menschlichen Körpers haben, so wie sie jedem anhand der oberflächlichsten physiologischen Kenntnisse präsent sind. So das Erröten und das Erbleichen, die Tränen, das Zittern, Bewegungen der Nase und der Wangen, schließlich und endlich der Schrei, der das natürliche Ergebnis jeder Muskelanspannung ist. Auf dieses letzte Zeichen, das dazu bestimmt ist, die anderen zu verdrängen und auf einem hier zu beschreibenden Umweg sogar Algebra hervorzubringen, muß man besonders achten. Doch zuvor muß man anmerken, daß das Denken, welches für das menschliche Wesen nichts als die zurückgehaltene Handlung ist, auch sehr deutliche Zeichen aussendet, als da sind: die Zurückhaltung selbst, die vom Spiel der Augen und kalkulierten Bewegungen geprägte Aufmerksamkeit, und schließlich die Bewegungen der Hände, mit Hilfe derer wir uns vorantasten oder das Gesehene abschätzen, es sei denn wir geben ganz einfach Blick und Gehör den Vorzug. All diese Dinge sind hinreichend bekannt. Es genügt, sie in Erinnerung zu rufen und zu sagen, daß wir die Zeichen der

Tiere, vor allem der Haustiere, ebensogut zu deuten wissen wie die der Menschen. Der Reiter errät an Gang und Ohren, was das Pferd tun wird. Nun muß man bedenken, daß die Sprache das Kind der Gesellschaft ist. Überdies ist die Vorstellung, der Mensch sei zunächst ein Einzelwesen und verbinde sich dann mit anderen Menschen, nur eine lächerliche Fiktion. Ich will es mir hier nicht nehmen lassen, an dieser Stelle einen klugen Satz von Louis Agassiz* zu zitieren: »Wie die Heide immer Ödland war, so war der Mensch immer Gesellschaft«. Der Mensch lebt bereits vor seiner Geburt in Gesellschaft. So wird die Sprache zur selben Zeit wie der Mensch geboren, und die Macht von Menschen in der Gesellschaft erfahren wir wiederum mit Hilfe von Sprache. Der Mensch flieht, wenn die Menschen fliehen, was bedeutet, darüber zu sprechen und zu verstehen, im eigentlichen Sinne zwanglos zu sprechen. Verstehen wir also, wie die Nachahmung, die nichts als Erziehung ist, die Zeichen, die somit zum Ausdruck der Gesellschaft selbst werden, auf natürlichem Wege vereinfacht und vereinheitlicht. Die Zeremonien bestehen somit immer aus rituellen Zeichen, aus denen Darstellungskunst und Tanz hervorgegangen sind, die immer an einen Kult gebunden waren. Daher eine bereits konventionelle Sprache von Gebärden und Schreien.

Es bleibt zu verstehen, warum die Stimme die Oberhand behalten hat, denn darin steckt das ganze Geheimnis der Verwandlung der Sprache. Der Mensch hat seine Gebärde gesprochen. Warum? Darwin nennt einen stichhaltigen Grund dafür, nämlich den, daß der Schrei auch in der Nacht verstanden wird. Es gibt noch andere Gründe: Der Schrei zieht Aufmerksamkeit auf sich,

* Anm. d. Übers.: Jean Louis Agassiz (1807-1873), amerikanischer Anatom, Zoologe und Paläontologe schweizerischer Herkunft.

während die Gebärde sie bereits voraussetzt; der Schrei begleitet letztlich die Handlung, die Gebärde unterbricht sie. Denken wir an ein Leben voller Handlungen und Überraschungen, so werden wir modulierte Schreie entstehen sehen, die zuerst die selbstverständlich deutlichere Gebärde begleiten, um sie dann zu ersetzen. So entsteht eine konventionelle Lautsprache. Aber wie die Schrift, die nichts anderes als eine fixierte Gebärde ist, auch nützlich ist, so lernt der Mensch sein Wort zu schreiben, das heißt zu repräsentieren, und zwar durch sehr einfache Skizzen der geschriebenen Gebärde, durch Töne und Lautbildungen. Diese Schrift mußte zuerst gesungen werden wie die Musik; und dann konnten die Augen lesen und hielten sich an der Gestalt der Buchstaben oder der Rechtschreibung fest, selbst dann, als die Töne, die immer weiter vereinfacht wurden und ineinander übergingen, wie man weiß, ihnen nicht mehr genau entsprachen. So sind die Worte dank der Schrift fixe Objekte, die die Augen aufzählen können, die die Hände zu gruppieren und umzustellen wissen. Obwohl diese Schriftzeichen somit der Bewegung der Leidenschaften entgleiten, hat sich schon immer eine gewissermaßen natürliche Anstrengung bemerkbar gemacht, in den Zeichen die magische Kraft jener Gebärden und Schreie wiederzufinden, deren Ersatz sie sind. Doch beharren wir jetzt nicht auf dieser Magie der Sprache. Im folgenden geht es um eine definierte Sprache – zumindest hat sie diesen Anspruch – und um ein Spiel, das darin besteht, nur mit Worten zu denken. Insofern es ihre Berechtigung hat, kann man diese Erkenntnis diskursiv nennen; und ihr Mißbrauch kann dialektisch sein.

Kapitel II
Vom Gespräch

Jeder weiß, daß bei Treffen in der Freizeit der Gedankenaustausch, wenn man so sagen will, mittels im voraus bekannter Formeln vor sich geht. Der Geist treibt dabei höchstens in den Wörtern sein Spiel, wie bei Variationen, ohne ein anderes Vergnügen als die Überraschung. Ich sehe darin einen Überrest alter Zeremonien, wo man allein die Bekräftigung von Zeichen als Glück empfand. Solcherart sind die wahren Vergnügen der Gesellschaft. Ein revoltierender Geist würde nur einen fruchtlosen Krieg verursachen. Der Disput überrumpelt und erweist sich wegen der Notwendigkeit, den Gegner auf seinem Terrain zu verfolgen, als sinnlos. Doch muß man schon ein Kind sein, um zu glauben, daß Siege im Diskurs jemals eine Wahrheit etablieren. Die Einbildungskraft besitzt genügend Macht über unzureichend definierte Formen; und es gibt sogar Spitzfindigkeiten der Geometrie, die einen Moment lang erstaunen. Ganz besonders, wenn man ohne bildlichen Ausdruck und nur mit Worten argumentiert, gibt es nichts Absurdes, was man nicht formulieren, nichts Vernünftiges, was man nicht bestreiten könnte. Denn die Worte haben keine Verbindung zur Wahrheit, dagegen haben sie, was mit ihrem Ursprung zu erklären ist, die Macht, Emotionen aufzuwühlen, eine Macht, die immer über ihren Sinn hinausgeht und einem Dummkopf als Beweis dient, ohne daß er auch nur wüßte wofür.

Nun ist es allerdings nicht so, daß man immer den Schwätzern, den Hitzköpfen und den Scharlatanen die Arena überlassen könnte. Doch gelingt es der Diskussion gerade so eben noch, diesen Zauber der Worte mittels knapper und präziser Fragen zu stören, die zudem voller Fallstricke für die anderen und für einen selbst sind. Ohne freilich zu bedenken, daß die Ermüdung alles mit scheinbaren Einverständnissen und einem Frieden beendet, der voller Vorwürfe an die eigene Adresse ist. Man kann hier die tiefe Weisheit des Katholizismus bewundern, der nicht wollte, daß schwerwiegende Probleme derartigen Improvisationen überlassen bleiben. Doch die Weisen des antiken Griechenland und Platon selbst waren noch auf der Suche nach einer Kunst der Überredung und Überzeugung, und man kann in den unsterblichen Dialogen Platons den letztlich vielleicht gewollten Gegensatz sehen zwischen den Diskussionen um jedes Wort, die den Geist in Verwirrung stürzen, und den großartigen Anrufungen, die wieder und wieder nützlich zu lesen sind und ein so mächtiges Funkeln bewirken. Doch muß man wohl über dem Reden stehen, um Platon zu lesen. Jedenfalls erhoffen sich zahlreiche Menschen – und keineswegs die mittelmäßigen – immer noch viel von einer harten Diskussion, in der man Schläge wie diese austeilt: »Von zwei Dingen das eine« oder: »Ich bringe Sie hiermit in Widerspruch zu sich selbst«. Niemand hält sich mehr mit dem Bocardo und Baralipton der Scholastik* auf; doch wieviele nutzlose Diskussionen während der langen Kindheit der Weisheit, wegen der verführerischen Idee, daß das Gegenteil des Falschen notwendigerweise das Wahre ist, was heißt, daß man durch Widerlegen beweist! Doch dem Universum ist das gleichgültig.

---

* Anm. d. Übers.: Zur Bezeichnung der gültigen Schlußformen (Modi) des Syllogismus, d.h. des kategorischen Schlusses, entwickelte man in der mittelalterlichen Scholastik Ausdrücke, die als Merk- oder Gedächtnishilfe dienten. Es waren Wörter mit den Vokalen a, e, i, o, die für die Prämissen und die Konklusion standen. So bezeichnet etwa *barbara* die erste der vier syllogistischen Figuren. Sie entsteht durch die Ersetzung der drei Punkte der Figur durch den Vokal a. *Bocardo* bezeichnet z.B. die dritte syllogistische Figur: Oben beginnend werden die drei Punkte durch die Vokale o, a, o ersetzt.

Jedoch sind ihm weder unsere Winkel gleichgültig, noch unsere gleichen oder ähnlichen Dreiecke, noch der Kreis, noch die Ellipse, noch die Parabel. Diese Dinge werden mittels der Dialektik herausgearbeitet, wobei die Dinge, über die man spricht, zuerst mit Worten definiert werden und nicht anders sein können, und der Denker dann alle möglichen Einwände gegen sich selbst erhebt, bis zur unerschütterlichen Schlußfolgerung. Diese Macht der Mathematikerdialektik hat die Denker immer schon ein wenig berauscht, vielleicht noch mehr, wenn die abstraktere Sprache der Algebra sich stärker den Geheimnissen der Natur zu nähern schien, zumindest denen der Astronomie, Mechanik und Physik. Und dieses Buch hier hat zum Ziel, diese Schwierigkeiten unverblümt darzulegen, nämlich zu erklären, was die reine Logik vermag, die man Rhetorik nennen müßte, und warum die Mathematik noch viel mehr vermag. »Die Taube«, sagt Kant, »könnte glauben, sie fliege noch besser im leeren Raum.« Ganz genauso könnte der Mathematiker, der nicht mehr hinreichend an das denkt, was vor seinen Augen und unter seinen Händen noch Objekt bleibt, gut annehmen, er denke allein mit den Worten noch weiter. Das ist der Grund für jene dialektischen, abwechselnd über- oder unterschätzten Spiele, die man Theologie, Psychologie, Magie nennt, bedeutend in ihrem Wahrheitsgehalt, aber im Gewand von Leidenschaften, dergestalt, daß ihre ganze Überzeugungskraft allzu oft einem wohlkonstruierten Syllogismus oder einer Widerlegung ohne Widerrede zugeschrieben wird.

Es war Aristoteles, derjenige unter den Philosophen, der vielleicht am wenigsten argumentiert hat, Aristoteles, der Schüler Platons, der die Idee hatte, die Kunst der Diskussion, die in seiner Jugend gewiß große Bedeutung hatte, in eine Lehre zu verwandeln. Und Jahrhunderte des Scharfsinns haben seinem erstaunlichen System aller möglichen, in eine Form gebrachten

Argumente nicht viel hinzugefügt. Und wenn man es ohne Vorurteil betrachtete, sähe man darin nicht mehr diese Logik oder Wissenschaft der Worte, die gleichzeitig eine Wissenschaft der Gründe ist, sondern eher die wahre Rhetorik, die erörtert, was die Sprache von allein dem Verstand schuldet. Doch nenne man es, wie man will. Es handelt sich um so etwas wie eine allgemeine Grammatik, die es nun anhand einiger Beispiele zu überprüfen gilt, wobei wir den Leser, was die Details und das System angeht, an eine beliebige Abhandlung über Logik verweisen. Kennt man erst deren Geheimnis, sind sie alle brauchbar.

Kapitel III

Von der Logik und der Rhetorik

Es gibt eine angewandte Rhetorik, die untersucht, ob eine sprachliche Behauptung einem Objekt angemessen ist oder nicht. Diese Rhetorik begleitet alle Wissenschaft. Beispielsweise geht es bei der Prüfung der Behauptung »Jeder Gerechte ist glücklich« darum, Worte und Objekte zu untersuchen. Die reine Rhetorik, die man gemeinhin Logik nennt, befaßt sich nur mit der Gleichwertigkeit von Behauptungen oder, wenn man so will, mit der Identität des Sinns in der Vielfalt der Worte. Man kann noch erwähnen, daß sie untersucht, wie man aus einer oder mehreren Behauptungen eine neue Lesart gewinnen kann, unter Absehung von den Objekten, nur aufgrund der Worte. So kann man aus der Behauptung »Jeder Gerechte ist glücklich« folgern, daß manch Glücklicher gerecht ist und nicht, daß jeder Glückliche gerecht ist. Doch aus der Verneinung »Kein Ungerechter ist glücklich« kann man folgern, daß kein Glücklicher ungerecht ist.

Damit man nicht in Versuchung kommt, hier Sachverhalte zu betrachten oder irgendeine Diskussion über Glück und Gerechtigkeit mit sich selbst zu beginnen, ist es vorteilhaft, Begriffe durch Buchstaben darzustellen, so wie schon Aristoteles es tat. So wird man aus irgendeinem »A ist B« folgern, daß B A ist, und aus irgendeinem »A ist nicht B« wird man überhaupt nichts folgern. Hier sieht man, daß man diese Folgerungen anhand einer Art Algebra erläutern könnte, wie dies die mathematischen Logiker unserer Tage versucht haben. Die hier durch einige einfache Beispiele ins Gedächtnis gerufenen Prinzipien könnten dazu dienen, jene gewaltigen Anstrengungen zu würdigen, die stets zu sehr nach der Mühe beurteilt werden, die man sich macht, um ihnen zu folgen.

Der Gegensatz von Behauptungen, die von denselben Begriffen Gebrauch machen, gibt wiederum Anlaß für einfache, jedoch sehr nützliche Beobachtungen, in der Weise, daß sie uns den Sinn der Wörter alle, einige, kein erfassen lassen. Das kommt in gewisser Weise einer allgemeinen Grammatik gleich. Wenn angenommen wird, daß »Alle A sind B« eine wahre Behauptung ist, dann ist die gegensätzliche »Kein A ist ein B« falsch. Wenn jedoch die erste falsch ist, kann die zweite wahr oder falsch sein. Das gilt nicht in derselben Weise für das Gegensatzpaar »Alle A sind B« und »Einige A sind nicht B«. Denn daraus, daß die eine Behauptung wahr oder falsch ist, muß man folgern, daß auch die andere falsch oder wahr ist.

Das Gespräch macht noch immer von jener Art zu sprechen Gebrauch, wonach es nützlicher sei, die Behauptung selbst zu prüfen als die rein formale Argumentationsweise, mit Hilfe derer man aus einer Behauptung eine andere hervorgehen läßt. Die aus der Erfahrung gefolgerten Lehrsätze stellen sich eher in einer Form dar, die man hypothetisch nennt, wenn A ist, ist auch B, das im Übrigen gleichwertig mit dem ersten ist, als ob man sagte, daß ein Mensch, wenn er gerecht ist, glücklich ist. Diese andere Ausdrucksweise wird zu einer etwas abweichenden Analyse führen. Zum Beispiel wird man folgende Überlegungen anstellen. Wenn A ist, ist B; da A ist, ist folglich B; da B nicht ist, ist folglich A nicht, denn wenn A ist, ist B. Man sieht, daß die Behauptungen »A ist nicht« oder »B ist« zu nichts führen; man müßte der ersten hinzugefügt haben, daß wenn A nicht ist, B nicht ist. Die Objekte ändern nichts daran. Man berücksichtigt nur, was gesagt wurde, und was gesagt wurde, schließt solch eine andere Aussage mit ein oder nicht.

Um diese Skizze in wenigen Worten zu vervollständigen, kann man von dieser letzten Form zu den klassischen Syllogismen übergehen. Anstatt zu sagen: »Wenn A ist, ist B«, sagen wir »Alles, was A ist, ist B«. Wenn wir die Behauptung »X ist A« hinzufügen, bringt uns das zu der Schlußfolgerung »X ist B«; auch daraus, daß A B ausschließt – eine andere Form des: Wenn A ist, ist B nicht – und daraus, daß X A ist, schließen wir, daß X nicht B ist. X ist jeder oder einige, oder einer, vorausgesetzt es ist dasselbe X. So gelangen wir zum Syllogismus der ersten Figur: Jeder Neider ist traurig, jeder Ehrgeizige ist neidisch, jeder Ehrgeizige ist traurig. Und wenn, ausgehend von derselben Annahme, alles, was A ist, B ist, nimmt man an, daß X nicht B ist, oder wenn A B ausschließt, daß X B ist, und wird zu der Schlußfolgerung gelangen, daß X nicht A ist, was der Syllogismus der zweiten Figur ist. Die Methode, mit diesen beiden Figuren zu beginnen, scheint mir die natürlichste zu sein, zumal sie jene gut vom Syllogismus der dritten Figur unterscheidet, den ich den Syllogismus durch das Beispiel nenne. Jener besteht darin, zu folgern, daß, wenn X – einige, alle oder eines – gleichzeitig A und B ist, A und B zuweilen zusammen sind, oder daß, wie man sagt, einige A B sind. Was die Modi betrifft, die nach »alle« oder »einige«, »ist« oder »ist nicht« unterscheiden, geht man am Zweckmäßigsten daran, möglichst alle aufzuspüren, was viel Mühe erfordert.

Das Prinzip dieser Umbildungen ist nicht schwer zu ergründen. Es ist notwendig, damit der Verstand denselben Gedanken in zwei Formen wiedererkennt oder, mit anderen Worten, damit es ihm verwehrt ist, aus einem niedergeschriebenen Gedanken einen anderen niedergeschriebenen Gedanken zu folgern, ohne die Objekte zu berücksichtigen. Das berühmte Prinzip der Übereinstimmung bietet sich somit in den Untersuchungen der Logik von selbst als eine Warnung an den Dialektiker an, der hofft, seine Kenntnisse einzig durch das Operieren mit definierten Wörtern zu erweitern. Das ist der Lohn für eine etwas trokkene Übung, die, wenn man sie in aller Strenge durchführt, zur Genüge zeigt, daß jede Beweisführung ohne Wahrnehmung in ihrem Verlauf sicherlich Fehler in sich birgt. All diese so natürlichen Fehler kommen daher, daß man nach und nach den Sinn der Worte in der Anschauung der Objekte erweitert, ohne dies jedoch auszusprechen oder auch nur zu wissen.

Kapitel IV

Kommentare

Zunächst sollten wir uns ins Unterholz schlagen. Ein Begriff wie Pflanze ist auf zweierlei Art zu verstehen: Entweder bezeichnet er eine Anzahl von Lebewesen, auf die er zutrifft, das heißt einen Sammelbegriff; er wird dann in einem weiten Sinne verwendet. Oder er ist an eine Definition gebunden, beispielsweise an die, daß die Pflanze ein Lebewesen ist, das sich mit Hilfe von Keimen reproduziert und über das Chlorophyll den atmosphärischen Kohlenstoff bindet. In diesem Fall wird der Begriff in einem engen Sinne verwendet. Es ist merkwürdig, daß man einen Syllogismus entsprechend diesem oder jenem System lesen kann. In einem engen Sinne gilt: Wenn keiner der Neider, die man beobachten konnte, unter den Glücklichen ist, und wenn alle Selbstgefälligen zeigen, daß sie zu den Neidern zählen, muß man folgern, daß kein Selbstgefälliger unter den Glücklichen ist. Das tritt sehr klar bei Kreisen zutage, die sich überschneiden oder sich ausschließen, da der Sammelbegriff der Neider gänzlich jenen der Selbstgefälligen einschließt und sie aus dem Kreis der Glücklichen ausschließt. Beim engen Begriff ist das gänzlich anders. Wenn aus der Definition des gleichschenkligen Dreiecks zwangsläufig folgt, daß es zwei gleiche Winkel hat, und wenn jedes Dreieck im Zentrum eines Kreises zwangsläufig gleichschenklig ist, folgt daraus, daß jedes so geartete Dreieck zwangsläufig zwei gleiche Winkel hat. Oder auch, wenn »glücklich« immer und zwangsläufig eine Eigenschaft des Weisen ist, und wenn »weise« eine Eigenschaft des Menschen sein kann, folgt daraus, daß dies auch auf »glücklich« zutrifft. Man kann Kreise ziehen, um diese Beziehungen zu veranschaulichen, wenn auch ganz anders geordnete, wie ohne weiteres verständlich ist, denn es geht wiederum um eine Definition, die ein Merkmal einschließt oder ausschließt. An die Stelle von »Einige« und »Alle« treten dann das Mögliche und das Notwendige. Ob man sie nun auf die eine oder andere Weise liest, die Syllogismen haben denselben Lauf. Da es sich um zwei so verschiedene Denkweisen handelt wie das Gewöhnliche und das Methodische, wobei die eine ihren Beweis aus einer Reihe von Beispielen bezieht, die andere mit Hilfe einer

Idee, ist dies ein Hinweis mehr darauf, daß Logik oder Rhetorik weder die Dinge noch ihre Erforschung betreffen, sondern nur die Art der Argumentation.

Die drei Figuren des Syllogismus führen, vergleicht man sie miteinander, auf dieselben Wege. Denn die ersten beiden Figuren eignen sich zur Formulierung theoretischer Beweise, da sie zwei zusammengehörige Hypothesen entwickeln. Die dritte Figur ist vollkommen anders, denn sie beweist immer anhand eines Beispiels. Ebenso kann man beobachten, daß ihre Schlußfolgerung nie allgemein ist. Doch da man die einen wie die anderen in einem engen oder weiten Sinn verstehen kann, zeigt sich, daß die Logik nicht die Methoden einschließt, sondern höchstens einen Abglanz davon bietet. So ist bei der dritten das Subjekt oder das Ding der Mittelbegriff, der in der Schlußfolgerung verschwindet, was zeigt, daß das gewöhnliche Denken, insbesondere unter dem Eindruck zahlreicher Beispiele, zu Formeln gelangt, statt das Einzelwesen zu erfassen, während bei den ersten beiden das Subjekt, das heißt das Ding, tatsächlich Subjekt der Schlußfolgerung ist. Es ist dieses Dreieck hier, das zwei gleiche Winkel hat; auch diese beiden sind gleich, jedoch zwangsläufig kraft anderer Merkmale, die man schließlich wiedererkennt. Wenn es sich um ein Feld handelt, wird man noch immer vorsichtig sagen: Ebenso wie dieses Feld ein gleichschenkliges Dreieck ist, ebenso hat es zwei gleiche Winkel, und damit sind die Irrtümer verbunden. So begreift die wahre Wissenschaft die Dinge der Natur durch Annäherung, das heißt durch die quantitative Begrenzung der Irrtümer, während das gewöhnliche Denken durch Erfahrungen zu einer Art Wahrscheinlichkeit gelangt. Häufig nennt man diesen Beweis durch Anhäufung Induktion. Man berücksichtigt nicht genügend, daß bei methodisch geleiteten Untersuchungen ein einziges Experiment den Beweis erbringt, sobald es sich nahtlos genug in die Theorie einfügt. Und wenn man dann das Experiment wiederholt, so geschieht dies eher, um es genauer wahrzunehmen, als um den Beweis zu erhärten. Um einen Weg in einem fast unentwirrbaren Dickicht zu bereiten, in das ich mich nicht weiter vorwagen werde, weise ich nur darauf hin, daß es sowohl eine blinde Wahrscheinlichkeit gibt, die die Erfolge zählt, ohne die Gründe dafür auch nur zu ahnen, als auch eine scharfsichtige Wahrscheinlichkeit, deren Ergebnisse sich aus einem geschlossenen mechanischen System ergeben, wie bei einem Kartenspiel oder zwei Würfeln und einem Würfelbecher oder einem Roulette. Ich spreche meine Entschuldigung dafür aus, daß ich hier ein wenig über alles gesprochen habe; das ist der Fehler bei Kommentaren.

Kapitel V

Von der Geometrie

Die Geometrie ist ein Inventar an Formen mit dem Zweck, Beziehungen von Entfernung und Größe zwischen den Gegenständen der Erfahrung zu bestimmen. Ihr Gesetz besteht darin, die Formen in zunehmendem Maße zu verfeinern, wobei sie immer von den einfachsten ausgeht. Ihr Erfolg ist von solcher Art, daß kein geometrisches Problem besteht, das nicht mittels gleicher oder ähnlicher Dreiecke gelöst werden könnte, da das Dreieck die einfachste der in sich geschlossenen Figuren ist, so wie die Gerade die einfachste Linie ist und es keine Kurve gibt, die sich nicht gänzlich auf drei geradlinigen Achsen eintrüge. Da sind zunächst der Punkt und die Gerade, Entfernung und Richtung in einem; und dann die Unterscheidung zweier Bewegungen, die Bewegung längs einer Geraden und die Drehung der Geraden um einen festen Punkt, woraus der Winkel und der Kreis entstehen, die eine Einheit bilden. Von dort aus entwickeln sich zwei Blickrichtungen. Die eine ist die der Flächenfiguren, der Verbindungen von Linien auf Oberflächen, letztlich die der Volumina; die zweite ist die der Winkel und ihrer Beziehung zu passend gewählten Geraden wie Sinus und Tangens. Die letzte Errungenschaft sind die Kurven, unter denen die konischen die wichtigsten sind.

Es ist ein ziemlich altes Vorurteil, daß die Erkenntnis ihren Zweck in sich selbst hat, und die Lehre gibt, kraft eines vielleicht unvermeidbaren Effekts, der Geometrie die Gestalt einer Wissenschaft, die außerhalb ihrer Figuren nichts erstrebt. Folglich muß man wiederholen, daß die Erkenntnis kein anderes Objekt als die Dinge selbst hat, in der Absicht, die Bewegungen vorauszusehen, die wir ausführen müssen, um uns gewisse Eindrücke zu verschaffen und andere zu verwerfen. So hat die Geometrie räumliche Orientierung, Vermessung und Inhaltsberechnung zum Ziel, praktische Anwendungen, die den gesamten Bereich der Wissenschaften betreffen. Und der wichtige Kunstgriff, den wir dabei einsetzen, besteht darin, worauf Comte aufmerksam gemacht hat, so wenig Linien wie möglich und so viele Winkel wie möglich zu messen, also das, was zu bedeutsamen Berechnungen führt. Jedenfalls es geht darum, die Dinge in einem Netz von Geraden und Kurven einzufangen und sich dabei der wirklichen Form zu nähern, die im übrigen nur durch eben dieses Netz Form ist, wie der Leser bereits verstanden hat.

Dank dieser Beobachtungen können wir ohne künstliche Hindernisse das mittlerweise klassische Problem der Postulate in Angriff nehmen. Der Logik zufolge weiß man, daß geometrische

Schlußfolgerungen nicht weit führen würden, wenn man ihnen nicht in Form einer eindeutigen Aufgabe immer wieder neue Bezugspunkte geben würde. Es ist immer irgendeine neue Figur, zu der wir durch die Kombination von alten Figuren gelangt sind und die zugleich sprachlich definiert ist, die hinreichend sichtbar macht, daß die Geometrie auf Objekte nicht verzichten kann. Doch die Theoretiker sprechen noch immer von Postulaten oder Fragen, ohne die wir nicht weiterkommen würden. Eine Untersuchung der Wahrnehmung kann zeigen, daß diese Postulate wiederum Definitionen sind. Man muß nur die imaginären, auf Papier gezeichneten Objekte gut von Formen des Geistes unterscheiden, die als wahr gelten und deren Erörterung Aufgabe des wahren Geometrikers ist. So wird die Gerade am besten durch die Bewegung eines Punktes definiert, der sich kontinuierlich auf einen anderen zubewegt; die Gerade ist somit die Richtung selbst. Doch die Theoretiker wollen, daß die kürzeste Entfernung, die für die Gerade wesentlich ist, gefordert oder postuliert wird. Betrachten wir indessen, was die Richtung tatsächlich ist. Sie ist zuallererst eine unmittelbare Verbindung zwischen uns und einem unerreichbaren Ding; sie ist eine Antizipation. Daß zwischen zwei Punkten nur eine existiert, ergibt sich aus der Definition selbst, wenn man sich weder von der Einbildungskraft noch von einer unvollkommenen Figur täuschen läßt. Denn um zwei Punkte zu unterscheiden, müßte man mindestens zwei weitere Punkte in Betracht ziehen, die gegen die Definition sprechen, da nun einmal die Verbindung nur zwischen zwei Punkten besteht. Zwei Geraden, die durch zwei gleiche Punkte gehen, ergeben dabei, was die Idee einer Gerade betrifft, nur eine. Folglich geht es nur darum, die Idee nicht mit der konkreten Linienführung zu verwechseln. Fügt man hinzu, daß die Gerade der kürzeste Weg von einem Punkt zum anderen ist, drückt man sich eventuell ungenau aus. Denn es gibt so viele Wege auf der Welt, wie man will; doch gibt es von einem Punkt zu einem anderen Punkt – ohne einen weiteren in Betracht zu ziehen – nur eine Entfernung, so wie es nur eine Gerade gibt. Die Gerade zwischen zwei Punkten ist eben die Entfernung zwischen zwei Punkten, und diese Entfernung kann nur durch Bewegung des Punktes, immer in derselben Richtung, kürzer werden. Eine kürzere Entfernung würde wiederum einen nähergelegenen Punkt auf derselben Linie festlegen. Diese verschiedenen Entfernungen werden niemals nur auf ein und derselben Geraden verglichen. Würde eine andere Entfernung für kürzer befunden, hieße das – es könnte keine andere Bedeutung haben –, daß sie den einen Punkt nicht mit dem anderen verbände.

Doch beachten wir auch, daß diese Eigenschaft der Geraden, wie die Gerade selbst, nicht jenseits von Erfahrung gedacht werden kann. Wenn es kein Objekt, das heißt merkliche Verschiedenheit gibt, ist die Gerade nichts mehr. Ebenso widmet sich der Geometriker der hinreichenden, am wenigsten täuschenden Verschiedenheit, indem er die Punkte nur mit Hilfe anerkannter Zeichen unterscheidet. Und der Punkt selbst ist ein Ding, das von einem anderen nur aufgrund der Entfernung differiert; wofür sich ein großer Fleck ebensogut eignet wie ein kleiner, vorausgesetzt, man beachtet weder ihren Umfang noch ihre Form. Wenn man darauf achtete, ergäben sich aus jedem von ihnen mehrere Objekte, nicht nur eines. Auf diese Weise hält der Geometriker willentlich die unzweideutige Bedeutung seiner Begriffe aufrecht und kämpft gegen den äußeren Anschein.

Wie die einzelne Gerade die Entfernung definiert, so definiert die einzelne Parallele die Drehung. Wären die Geraden Dinge, die auf der Welt zu erforschen wären, könnte man sich wohl fragen, ob es nur eine Parallele zu einer Geraden durch einen gegebenen Punkt gibt. Doch geht man von der Geraden aus. Lassen Sie eine Gerade um einen Punkt drehen; sie ergibt zusammen mit einer anderen alle möglichen Winkel, einschließlich des Nullwinkels. Warum will man, daß ein Nullwinkel die Position einer Geraden weniger genau bestimmt, als dies beispielsweise ein spitzer Winkel tut? Dazu wird man sagen, daß ein spitzer Winkel zwei Geraden festlegt. Ja, zwei für die gewöhnliche Vorstellungskraft, nicht jedoch zwei, wenn man die Winkel in einem anerkannten Sinn mißt, wie man es tun muß, sobald man die Größe der Drehung ohne irgendwelche Ungenauigkeiten beschreiben will. Und warum will man dann, daß es mehrere Geraden mit Nullwinkel gibt? Ich verstehe, Sie wissen nicht mehr, was sich rechts und links ereignet, wenn der Winkel null wird; und das führt viel weiter als alle Ihre Reisen. Doch es geht nicht um Reisen; es geschieht nichts außerhalb des von Ihnen Gesagten. Verwechseln Sie nicht Linienführung und Idee. Überdies hindert Sie nichts daran zu sagen, daß es mehrere Parallelen gibt, und man hat es erprobt, ohne danach in der Geometrie den geringsten Einwand gegen Euklid zu finden. Das glaube ich wohl; es sind nur die Einwände in der Diskussion, die man zuvor zugelassen hat. Die Dinge sagen nichts und stellen nichts in Abrede. Und überdies: Insofern die Geometrie Gegenstände der Erkenntnis finden wird, ist sie von Nutzen. Sonst ist dies nur ein Spiel.

Kapitel VI

Von der Mechanik

Man muß etwas über die Mechanik sagen, die man gemeinhin als die erste Anwendung der Geometrie auf die Erfahrung ansieht. Dabei vergißt man, daß die Geometrie und sogar die Algebra, wie auch die Arithmetik und alle Wissenschaften, Naturwissenschaften sind. Für die Mechanik ist dies noch offensichtlicher. Deswegen muß man hier wiederum dieselbe Methode der Rekonstruktion anwenden, indem man von den einfachsten Beispielen ausgeht. Ich werde bekannte, jedoch recht treffende Beispiele betrachten. Ich werfe einen Stein senkrecht in die Luft; er fällt auf derselben Linie wieder herunter. Es geht nur darum, korrekt zu beschreiben, was geschehen ist. Und der reinen Mechanik zufolge spielt es sich genau so ab. Ich lasse nur den Luftwiderstand außer acht, damit mein Beispiel nicht überladen ist. Erstens habe ich auf den Stein eine Bewegung nach oben und in einer gewissen Geschwindigkeit übertragen, sagen wir zwanzig Meter in der Sekunde. Aufgrund der Trägheit, die ganz einfach die Negation von Kraft ist, wird dieser Stein endlos geradeaus gehen, immer in dieser Geschwindigkeit. Gut. Doch alle Körper fallen. Die Bewegung des Steines verhindert nicht, daß er fällt, so wie jeder beliebige Körper in Erdnähe. Er fällt, das besagt, er legt mit einer Beschleunigung von ungefähr fünf Metern in der ersten Sekunde eine Strecke zurück. So ist er zur selben Zeit zwanzig Meter hinaufgeflogen und fünf heruntergefallen, ist also fünfzehn Meter hoch in der Luft. Nach der zweiten Sekunde wäre er, immer noch auf dem Weg, bei fünfunddreißig Metern angelangt, denn er hat noch immer seine Geschwindigkeit von zwanzig Metern. Schon richtig, aber gleichzeitig ist er während dieser zweiten Sekunde ungefähr fünfzehn Meter gefallen. Im ganzen befindet er sich jetzt nur auf einer Höhe von zwanzig Metern in der Luft. Verfolgen Sie diesen Gedanken zu Ende, werden Sie den Stein wieder herunterkommen und schließlich den Boden berühren sehen, was der Bewegung ein Ende setzt. Ich habe diesen einfachen Fall so streng und auf widersinnige Weise analysiert, wie es auch bei anderen Beispielen unbedingt erforderlich wäre, um das Prinzip der Zusammensetzung der Bewegungen deutlich werden zu lassen, bei dem klar zutage tritt, daß es nicht von der Erfahrung nahegelegt wird, sondern im Gegenteil, daß es die Erscheinungen in den Zustand der Erfahrung oder des Objekts versetzt. Und man sieht ebenfalls gut, daß es, wenn der Luftwiderstand außer acht gelassen wäre, leicht fiele, dieses Prinzip als eine beschleunigende Kraft einzuführen, wenn ich mir diesen Pleonasmus erlauben darf, die jedoch in einem inversen Sinne auf die Bewegung gerichtet ist. Die Bewegung eines Geschosses erklärt sich auf die gleiche Weise; ebenso die Bewegung eines Planeten.

Ich möchte hier noch an ein schönes Beispiel für diese Zusammensetzung der Bewegungen erinnern, das Descartes zu verdanken ist und seither den Fachleuten zur Beurteilung überlassen wurde, welches zeigt, daß Wissenschaft und Reflexion zweierlei sind. So analysiert Descartes die Bewegung einer Kugel, von der er annimmt, sie sei elastisch, die auf eine harte Fläche trifft. Ich übergehe hier seine Definitionen. Er untersucht zuerst den einfachsten Fall, in dem der Ball senkrecht auf die Fläche fällt; er prallt auf demselben Weg zurück, denn den Definitionen zufolge ist alles identisch, was die Senkrechte betrifft. Doch hier die kühne Analyse: Ich werfe den Ball schräg. Es beliebt mir, diese Bewegung als das Ergebnis von zwei anderen Bewegungen anzusehen, die die Kugel gleichzeitig machte, die eine senkrecht zur Fläche und die andere parallel zur Fläche. Die erste wird senkrecht zurückgegeben, die zweite setzt sich ungehindert fort, was dank einer einfachen Konstruktion die Gleichheit von Ausfallswinkel und Einfallswinkel ergibt. Nichts liegt so sehr auf der Hand wie die Angst der Schwachköpfe vor dieser unerschrockenen Analyse. Sie haben nicht verstanden, was Fläche heißt und daß ein schräges Auftreffen nichts bedeutet, da die Fläche nur die senkrechte Richtung im Verhältnis zu sich selbst definiert. So hält diese Analyse die Idee aufrecht und verwirft die Beweise der Einbildungskraft, die das Billardspiel gibt. Von solcher Art ist die Strenge des Urteils, ohne die es keinen Weg zur wahrhaften Analyse gibt, in welcher der Geist sich selbst alle seine Objekte bereitstellt.

Der Begriff der Arbeit ist wiederum eine dieser einfachen Ideen, die die moderne Mechanik befruchtet haben, ohne daß man so recht wüßte, wer der beobachtende Thales wäre, dem sie sich in ihrer Reinheit zeigt. Ein Eimer Wasser wird einen Meter hoch gehoben, das ist Arbeit. Zwei Eimer Wasser werden einen Meter hoch gehoben, das ist doppelte Arbeit, die ein doppeltes Gewicht bewältigen muß. Wenn ich einen Eimer Wasser zwei Meter hoch hebe, ist das wiederum doppelte Arbeit. Daher die Idee, daß man entsprechend der Maßeinheit für Arbeit, einen Eimer Wasser einen Meter zu heben, die Arbeit für sechs fünfzehn Meter hochgehobene Eimer durch Multiplizieren des Gewichts oder der Kraft mit der Wegstrecke erhält. Und wenn all diese Eimer ungehindert wieder herunterfallen, wird sich ihr Aufprall auf dem Boden anhand ebendieser Arbeit bemessen, die sich dann lebendige Kraft nennt. Aber es gibt noch viel erstaunlichere Verrichtungen. Wenn man einen festen Körper in Bewegung versetzt, bewegen sich im allgemeinen alle seine Teile in dieselbe Richtung; es ist nichts als Verschiebung. Doch sobald einer der Punkte des Körpers fixiert ist, kann man eine Drehung erhalten, bei der offensichtlich nicht alle Teile denselben Weg zur gleichen Zeit zurücklegen. Das gilt für Hebel und Räder. Die im Flaschenzug hochgezogenen Rollen erzeugen gleichfalls eine schnellere Bewegung gewisser Teile, und ebenso die hydraulische Presse. Da man bestimmt hat, daß diese Anordnungen, die man Maschinen nennt, keine andere Arbeit verrichten können als diejenige, welche man aufwendet, um sie zu bewegen, schreibt man in allen Fällen KW = K'W', woraus folgt, daß die Kräfte sich invers zu den zurückgelegten Wegen verhalten. So begreife ich mit einem Schlag die Stärke eines Krangetriebes oder eines hydraulischen Kranes, ohne nur darauf zu achten, wie die Bewegung sich überträgt. Doch gestehe ich, daß in jedem Einzelfall eine Analyse der Rollen, der Getriebe, die Hebel sind, oder des Drucks dem Geist einen besseren Einblick verschafft als dieser fast mechanische Vorgang. Und dieses Beispiel führt uns zur Algebra, diesem erstaunlichen Mechanismus zum vernünftigen Denken.

Kapitel VII

Von der Arithmetik und der Algebra

Für die Zwecke, die wir hier verfolgen, ist es weder notwendig, diese beiden Wissenschaften zu trennen, noch ihre Reichweite und ihren Tiefsinn zu beschreiben. Es ist lediglich erforderlich, sie wiederum als Wissenschaften von den Dingen anzusehen und bei einem Objekt der Wahrnehmung nach der Quelle jener wandlungsfähigen Kombinationen zu forschen, deren Antworten für den Rechnenden selbst häufig ebenso erstaunlich sind wie die Wunder der Natur. In Wirklichkeit handelt es sich hier nur um Erfahrungen über Zahlen, die für die landläufige Wahrnehmung allerdings phantastische Erfahrungen sind.

Große Mengen erdrücken den Geist, wenn sie nicht geordnet werden; und jede Ordnung ist geometrisch. Ein Kommißbrot an jeden Mann eines Bataillons zu verteilen, heißt bereits zählen, wenn auch mechanisch. Kontrollieren, indem man die Männer in eine Reihe stellt, die Kommißbrote vor sich, bedeutet bereits, eine Beziehung von Gleichheit zu denken. Doch schon das einfachste Gewerbe verlangt Einteilungen, die geeignetere Objekte für den Beobachter sind. Die Anlage eines Gartens etwa beruht auf Abständen nach einem bestimmten Prinzip und auf Abmessungen, an denen der Verstand die Gesetze der Produkte zweier Faktoren ablesen kann. Die Schachteln, in die man andere Schachteln packt, und die Stapel von Eierbriketts führen noch weiter. Man darf den Rechenschieber und die Spielereien mit Würfeln nicht geringschätzen. Hier findet der Verstand die Beziehung der Zahl zum Zustand der Reinheit, soweit er eine Sache richtig wahrnimmt. Zu begreifen, daß die Verdoppelung der Kantenlänge eines Würfels die Verachtfachung des ersten kleinen Würfels zur Folge hat, bedeutet beispielsweise die numerische Gleichwertigkeit einer Folge aneinandergereihter Würfel und eines Stapels zu erkennen, der selbst einen Würfel bildet. Diejenigen, die fürchten, eine so umfangreiche Wissenschaft aus so geringen Anfängen herzuleiten, haben das Werk des Verstandes bei der Wahrnehmung der Objekte nicht wirklich verstanden. Es gibt nicht mehr Verwirrung in jenem Himmel, der von einem kleinen Hirten wahrgenommen wird, als bei einem Würfel aus Würfeln, der von einem Kind wahrgenommen wird, das noch nicht drei und eins mit zwei mal zwei gleichgesetzt hat.

Natürlich führt dies zu einer heftigen Reaktion der Algebraspezialisten gegen diese sehr einfachen Sichtweisen und zu der

Anstrengung, diese ersten Behauptungen ohne irgendeine gegenständliche Anschauung zu beweisen. Das ist nur deshalb von Erfolg gekrönt, weil man vergißt, daß Ziffern, Buchstaben und Zeichen auch allgemein verbreitete Objekte sind, die von der Schreibfeder in eine Ordnung gebracht und transponiert werden. Und die ganze Macht der Algebra kommt genau daher, daß sie die gegenständliche Anschauung durch die Handhabung von Symbolen ersetzt, deren in die Alltagssprache übersetzte Anordnung letztlich eine Lösung bietet, die schwieriger als einfachere Methoden, mit diesen aber oft nicht zu erreichen ist. Eine Algebra-Aufgabe aus der Schule wird in ausreichendem Maße eine Vorstellung von diesem Rechenmechanismus vermitteln, der die Arbeit des Verstandes darauf reduziert, die Anordnung der Symbole auf dem Papier wiederzuerkennen und sie nicht leichtfertig zu ändern, indem man beispielsweise ein Zeichen verändert, das einen Term von einem Glied zum anderen weitergibt.

Hier lade ich den Leser dazu ein, bei der Entfaltung jener wohlbekannten Formel, die Newton Binom nannte, diese so einfachen, aber unter allen Kombinationen doch gewichtigen Beziehungen wiederzuentdecken. Er wird dabei insbesondere sehen, wie man die Kombinationen immer mittels einfacher Anordnungen berechnet, die zeigen, daß es, was die nebeneinanderliegenden Symbole a b betrifft, drei Stellungen für das Symbol c gibt, nicht mehr. Doch vor allem wird er, wenn er eine gewisse Anzahl von Termen aus der Summe von $a + b$ gebildet und diese mehrmals mit sich selbst multipliziert haben wird, die Gesetze der Reihenfolge der Exponenten und eine Symmetrie der Koeffizienten erkennen, die ihn die Funktion des Objektes als solches in der künstlichen Erfahrung des Mathematikers erahnen lassen werden. Die Determinanten würden vielleicht ein noch treffenderes Beispiel der Wiederkehr einfacher Figuren bieten, die geeignet sind, Berechnungen zu verifizieren. Doch diese Beziehungen finden sich überall in der Algebra, sogar recht auffällig, sobald man darauf aufmerksam gemacht worden ist. Wie die geometrischen Kurven physikalische Beziehungen darstellen können und oft Möglichkeiten nahelegen, die bislang nicht erprobt wurden, so kann die Algebra die Geometrie und alle Dinge darstellen, wenn auch in Beziehungen von gleicher Natur, wiewohl einfacher und lesbarer. Es sind Beziehungen zwischen artifiziellen Objekten, welche die Feder des Theoretikers gruppiert und ordnet. Auch in ihnen kommen Überraschungen und Wirrnisse zum Vorschein.

Kapitel VIII

Von der eitlen Dialektik

Immer hat die Mathematik im menschlichen Geist große Hoffnungen geweckt. Da es evident war, daß man durch Schlußfolgerungen die Erfahrung überflügeln und sogar sehr spezielle Zahlenverbindungen entdecken konnte, wie zwischen den inkommensurabel genannten Größen, und daß die Erfahrung über das hinausgeht, was man jemals verifizieren könnte, war ebenso evident, daß sich die Macht des Denkens über das hinaus erstreckt, was die Sinne wahrnehmen. Hinzu kam, daß es der wahren Philosophie immer gelang, und das keinesfalls ohne stichhaltige Gründe, uns vor den Sinnen zu warnen und angesichts der Urteile der Sinne nach einem Richter zu rufen. Des weiteren war die Materie, die, wie man gesehen hat, immer auf einen abstrakten Mechanismus reduziert ist, unfähig, sich selbst zu beurteilen und sich selbst zu verstehen. Schließlich scheinen die Untersuchungen moralischer Natur über Gerechtigkeit, Freimut und Freundschaft, die keiner je in der Erfahrung angetroffen hat, doch etwas Respektableres und Solideres zu enthalten als die Weisheit der Sprichwörter, die immer auf die Konsequenzen bedacht ist. Es gibt mehr als nur einen Grund, abstrakte Betrachtungen nicht von vorneherein geringzuschätzen. Doch gibt es noch etwas in der Erscheinungsweise der Logik, was bewirkt, daß man sie sehr schätzt.

Ohne jetzt schon in eine Untersuchung der Leidenschaften einzutreten, ist verständlich, daß die naive Erfahrung weit davon entfernt ist, der geläuterten Erfahrung zu ähneln. Die Träume, die so eindrucksvolle Erinnerungen hinterlassen und in unseren Erzählungen ausgeschmückt werden, die vor unserem geistigen Auge Reisen erscheinen lassen, an denen der Körper keinen Anteil hat, Auferstehungen, Erscheinungen, ganz zu schweigen von den Prophezeihungen, welche die Leidenschaften so oft bestätigen, diese Träume mußten und haben tatsächlich den Menschen die Vorstellung von einer ungeordneten Welt vermittelt, in der die Begierden und die Sehnsüchte mehr Macht besitzen als die Werkzeuge und einfachen Maschinen. Und, da die Überredung und selbst die einfache Affirmation großen Einfluß auf die Stimmungen und die Phantasie haben, wie im übrigen auch die Prophezeiungen auf das Schicksal, haben es die Übereinstimmungen und die Gegensätze der Worte immer vermocht, an die Emotionen zu rühren. Die Harmonie, die einen so starken Eindruck hinterläßt, scheint wiederum unserer Erwartung zu entsprechen und den Zweifel zu beenden. Erwähnen wir auch, daß Rhythmus und Gesang, insbesondere der gemeinsame, uns viel tiefer erregen, als der gewöhnliche Sinn der Worte es vermocht hätte. So kommt es, daß Poesie und Beredsamkeit den Beweisen so gute

Dienste leisten. Doch das Spiel mit Worten, die unvorhergesehene, aber dennoch erwartete Antwort, das, was man letztlich Geist und glänzenden Gedanken nennt, zählt noch immer viel, selbst in den strengsten Diskussionen, sogar viel mehr, als man einzugestehen wagt. Was soll man also über dieses Aufblitzen der Logik, diese erahnten Formen, diese Muster und Symmetrien sagen, welche die vornehmste Zierde aller Religionen, der erste Entwurf jeglicher Theologie sind? Hier verbindet sich alles, das Urteil und die Leidenschaften, um begierig einen Sinn in dieser subtileren Musik zu suchen, von der uns die Sophisten mit Platon eine recht gute Vorstellung geben. Selbst der strengste Stil bewahrt etwas von ihr, was wegen der Überraschung noch ergreifender ist. Ja, je reiner die Form ist, desto eindrucksvoller sind die Verbindungen der Worte.

Das Porträt eines Menschen ähnelt ihm. Wenn Sie auf das Porträt einschlagen, verletzen Sie wegen dieser Ähnlichkeit den Menschen. Das Schwert des Königs ist die Königin der Schwerter. Nicht zufällig läßt Goethe Mephistopheles sagen:

»Trauben trägt der Weinstock!
Hörner der Ziegenbock;
Der Wein ist saftig, Holz die Reben,
Der hölzerne Tisch kann Wein auch geben.«

Das ist das Thema aller Zaubersprüche. Die Überzeugungen aus Gewohnheit sind eher animalisch; menschlich ist der gesprochene Beweis. Der ganze merkwürdige, so ausgiebig studierte Aberglaube der Primitiven ähnelt eher der abstrakten und deduktiven Theologie als übers Knie gebrochenen Schlußfolgerungen. Alle Magie ist Dialektik. Man darf also nicht erstaunt sein, wenn alle Dialektik wiederum Magie ist. Gestern las ich das alte Argument für die ewige Verdammnis, daß, da Gott unendlich sei, es auch die Sünde sei und daß folglich die Verdammnis unendlich sein müsse. Dieser glänzende Gedanke hat mehr als eine Diskussion beendet; er ist dennoch nur ein Spiel mit Worten. Wenn man diese Idee weiterverfolgt, wenn man so sagen darf, findet man heraus, daß es der Strafe eines Gottes bedurfte, unsere Sünden zu sühnen. Das sind naive Gleichungen. Wo eine beherzte Idee ist, findet sich ein gefälliger Beweis. Doch diese Beweise sind beliebig. Für die Vergeltung gab es mehr als einen Grund, doch gefiel dieser zunächst wegen der Entsprechung von Frevel und Verdammnis – und auch wegen der Lautwiederholung. Schlüsse ziehen ist oft wie reimen.

Man ermesse nach allem Gesagten die Macht ausgeklügelterer Schlußfolgerungen, die unter den Namen Metaphysik und Theologie die großartigsten, bewegendsten und vieldeutigsten aller Worte herbeizitieren. Gegen diese ist eine genaue Studie der reinen Logik und eine Reflexion, die den Beweisen des Mathematikers Gehör schenkt, die beste Vorsichtsmaßnahme. Denn will man die Schwachstelle eines subtilen Arguments finden, darf man vor allem nicht in Eile sein. Wir sollten also ein vernünftiges Vorurteil gegen alle Argumente haben. Doch ist es nichtsdestotrotz von Nutzen, einige zu prüfen, um die Prinzipien auf ihren Wahrheitsgehalt zu untersuchen.

Kapitel IX
Untersuchungen einiger metaphysischer Überlegungen

Ich habe bei Hume eine schöne Reflexion über die Ursachen gefunden, die er wiederum von irgendeinem Theologen übernommen hat. Es geht darum zu beweisen, daß alles eine Ursache hat. So also folgert der Theologe: Nehmen wir an, daß es ein Lebewesen gibt, das keine Ursache hat. Es käme somit aus dem Nichts; und das Nichts, das nichts ist, kann nichts erzeugen. Aber, sagt Hume, anzunehmen, daß ein Ding, das keine Ursache hätte, folglich aus dem Nichts kommt, heißt anzunehmen, daß alles, was existiert, sich von etwas anderem herleitet. Genau das ist die Frage. Ich füge hinzu, daß die Aufmerksamkeit des unbedarften Zuhörers durch das Argument des Nichts, das nichts erzeugen kann, von diesem Passus abgelenkt ist. Und dieser Passus erscheint mir nicht besser als der andere, denn ich habe vom Nichts nicht die geringste Vorstellung, und ich denke nichts darüber. Wie könnte ich darüber etwas sagen? Aber die Worte erlauben alles. Man kann Hume lesen, um sich zu vergewissern, daß ein bedeutender Kritikaster der nützlichste aller Menschen ist, wenn man eine Theorie aufstellen will. Ich habe die Beobachtung für wichtig befunden, daß die Imagination alle Vorstellungen auf irgendeine Weise miteinander verbinden kann. Sie spricht gegen die abwegigen Systeme englischer Machart, in denen eine Maschine Ketten von Gedanken nach dem Vorbild des Universums erzeugt. Vielleicht werden Sie, was die Ursachen betrifft, die so schwer einzuhaltende, vermittelnde Position des Philosophen gut verstehen, welche die Lektüre Kants anfänglich so mühsam macht. Denn jener Mechanismus der Physiker muß schließlich in irgendeiner Weise begründet sein. Nämlich derart, daß unser

Theologe zwar richtig schlußfolgert, aber falsch urteilt. Jeder Zustand der Dinge innerhalb der Erfahrung ist, den Naturgesetzen zufolge, die Veränderung eines früheren Zustands. Doch dieser Zusammenhang, ohne den es die Erfahrung der Abfolge nicht gäbe, ist außerhalb jeder Erfahrung wiederum nichts. Die reine oder rhetorische Logik vermag ihn nicht herzustellen.

Es ist keineswegs unnütz, diese Betrachtungen anzustellen, wenn man das berühmte Argument einer ersten Ursache aller Dinge überwinden will, das so gewichtig ist, daß man eine feste Position in der strengen Logik haben muß, wenn man es gänzlich widerlegen will. Hier also das Argument: Ein bestimmter Zustand der Dinge hätte nicht bestehen können, wenn nicht ein anderer Zustand der Dinge ihm vorausgegangen wäre, und wenn ein anderer Zustand nicht wiederum diesem vorausgegangen wäre. Und so weiter, ohne Ende. So weit, so gut. Doch sobald ein bestimmter Zustand der Dinge besteht, sind alle Bedingungen seiner Existenz, wohlgemerkt alle, gegeben bzw. gegeben worden; die Rechnung ist gemacht, abgeschlossen, beendet durch die Existenz der Sache selbst. Das bedeutet, gleichzeitig ja und nein zu sagen, wie auch zu sagen, daß diese Bedingungen ein Unendliches sind, will sagen, ein Unvollendetes. Die Idee, daß vor einer Ursache eine andere ist und so weiter ohne Ende, genügt also nicht. Das ist es, was man zum Ausdruck bringt, wenn man sagt, daß das augenblickliche oder realisierte Unendliche den Widerspruch impliziert. Es bedarf demnach einer Ursache, die ihrerseits keine Ursache hat, das heißt einer ersten Ursache, die die Folge der Bedingungen beschließt. Denn schließlich besteht der gegenwärtige Zustand, er wartet nicht. Er trägt seine zureichenden Ursachen in sich. Davon ausgehend verknüpfen sich die Schlußfolgerungen, sei es, daß man die Ursache ohne Ursache als einzig und göttlich gelten läßt, sei es, daß man den Platz für eine

Ursache ohne Ursache einfach frei läßt, was dann Freiheit wäre und wahrscheinlich so vielschichtig, wie die Moral es will. Aber lassen wir die Konsequenzen, betrachten wir das Argument.

Erstens: Man gelangt also durch eben das Prinzip, daß alles einen Grund hat, zur Negation dieses Prinzips, da man durch es zu einer Ursache ohne Ursache gelangt. Dies beweist, daß wir es hier mit einer Falle aus Wörtern zu tun haben. Zweitens: Wenn man die Beziehung von Ursachen in der Vorstellung von Veränderung betrachtet, bemerkt man, daß der Zustand der Dinge, der folgt, aus einem unmittelbar vorhergehenden Zustand resultiert, der wiederum einem anderen benachbart ist, wenn man so will oder, anders ausgedrückt, man bemerkt, daß es Kontinuität in der Veränderung gibt, wie sie im Planetensystem auftritt, in dem offensichtlich jeder Gravitationszustand der Körper von einem anderen, direkt benachbarten abhängt, und dieser wiederum von einem anderen. Sie sehen, wie die Sprache uns täuscht. Ich sage, ein Zustand und ein anderer Zustand, doch zwischen den beiden werde ich so viele verschiedene Zustände finden, wie ich will. Wenn ich über Ursachen spreche, verstehe ich folglich darunter nicht wiederum eine Anzahl von Ursachen. Sobald es jedoch keine Anzahl von Ursachen mehr gibt, verschwindet die logische Unmöglichkeit des gegenwärtigen Unendlichen. Das kleinste Intervall wird so viele Ursachen einschließen, wie ich will. Doch diese Anzahl, wenn ich die Ursachen zähle, ist nicht außerhalb meiner selbst, der ich zähle; und ich locke mich auch selbst mit meiner eigenen Berechnung in die Falle, anstatt die Natur zu begreifen. Drittens: Es gibt eine fast erschreckende Vieldeutigkeit des Begriffs »unendlich«, sobald man nicht mehr berücksichtigt, wie Zahlen gebildet werden. Denn der Begriff bezeichnet ebensogut das Vollendete und das Vollkommene wie das Unvollendete und Unvollkommene. Ich könnte also sagen, daß dieses

»unendlich werden« genügt, um eine Sache zu erklären, weil das Unendliche allem genügt. Doch ein Wort genügt für nichts.

Leibniz hat uns ein noch viel frappierenderes metaphysisches Argument hinterlassen, wonach das Unendliche sich nicht mehr in der Vergangenheit bildet, sondern auch zum gegenwärtigen Zeitpunkt die Dinge trägt. Ein Kompositum, sagt er, existiert nur, wenn seine Komponenten existieren. Wenn diese Komponenten ihrerseits wiederum aus Komponenten bestehen, sind wir auf andere Komponenten verwiesen und so fort. Doch wenn das Kompositum existiert, existieren von jetzt an auch seine Komponenten. Also sind sie einfach, absolut einfach; es sind Seelen. Das Spiel der Logik hat nichts Brillanteres hervorgebracht. Gleichwohl, wenn ich nicht frage, wie einfache Komponenten zusammen die Ausdehnung ergeben können, ist dies nur ein weiteres Spiel. Ich beobachte lediglich, daß die Dinge, will man logisch sein, in Wirklichkeit wohl weder Komposita noch einfach sein können. Denn dieses Dilemma erzeugen wir selbst, und es ist weder erwiesen noch wahrscheinlich, daß die Sprache ebenso vielschichtig ist wie die Natur. Doch genug jetzt davon, den Leser gegenüber Schlußfolgerungen jenseits der Erfahrung mißtrauisch zu machen. Diese Vorsichtsmaßnahme richtet sich gegen die Leidenschaften, die stets beweisen, was sie wollen.

Kapitel X
Von der Psychologie

Hier soll die Rede sein von dieser unklar definierten Wissenschaft, denn sie ist in allen ihren Teilbereichen dialektisch. Der eine, der von der Seele handelt und von einem Leben nach dem Tod, ist ganz deutlich metaphysisch. Doch der andere, der von unseren Gedanken und unseren seelischen Regungen handelt, indem er sich auf die Erfahrung stützt, ist viel stärker von den Worten beherrscht, als man glaubt.

Das Wort Ich ist, sichtbar oder versteckt, Gegenstand all unserer Gedanken. Was auch immer ich über die Gegenwart, die Vergangenheit oder die Zukunft darzustellen oder zum Ausdruck zu bringen versuche, es ist immer ein Gedanke von mir, den ich bilde oder habe, und zur selben Zeit eine seelische Regung, die ich empfinde. Dieses kleine Wort ist unwandelbar in allen meinen Gedanken. Ich ändere mich, ich altere, ich verzichte, ich lasse mich bekehren; das Subjekt dieser Sätze ist immer dasselbe Wort. Daher entzieht sich auch der Satz »Ich bin nicht mehr ich, ich bin ein anderer« selbst die Grundlage. Ebenso der illusionäre Satz »Ich bin zwei«, denn das invariable Ich ist all das. Nach dieser natürlichen Logik ist der Satz »Ich existiere nicht« unmöglich. Und ich bin unsterblich durch die Macht der Worte. So ist der Hintergrund der Argumente beschaffen, anhand derer man beweist, daß die Seele unsterblich ist; so lautet der Text angeblicher Erfahrungen, die uns im Laufe unseres Lebens dasselbe Ich immer wesensgleich wiederfinden lassen. So ist dieses kleine Wort, das meinen Körper und meine Handlungen so gut bezeichnet und diese so klar von anderen Menschen und allem Übrigen absondert, die Quelle einer Dialektik, sobald man es sich selbst gegenüberstellen, es von sich selbst trennen, es zu seinem eigenen Begräbnis führen will.

Diese Idee der Ewigkeit der Person wie auch der Identität über alle Veränderungen und alles Unglück hinweg, ist, offen gestanden, ein moralisches Urteil, vielleicht sogar das großartigste. Ich füge hinzu, daß diese reine Form der Identität das ist, was Gedanken zu unseren Gedanken macht, denn man kann nichts erkennen, ohne nicht auch sich selbst zu erkennen, noch irgend etwas weiterführen, und sei es nur eine Bewegung, die man wahrgenommen hat, ohne nicht auch sich selbst weiterzuführen. Diese Beoachtung zeigt, daß dieses Ich, das Gegenstand allen Denkens ist, nur ein anderer Name für den Verstand ist, der immer eins ist, immer alle Erscheinungen zu einer einzigen Erfahrung verbindet. Hier stoßen die Nachforschungen an eine Grenze. Denn zu vermuten, daß ich zwei getrennte Welten wahrnehme, heißt auch zu vermuten, daß ich zwei bin, so daß aufgrund dieser Absurdität alles ein Ende findet. Nur diejenigen, die den Worten keine Beachtung schenken, sind davon überzeugt, einer Sache wirklich habhaft zu sein, die man nicht mit Händen greifen kann, die eins ist, dauerhaft, unveränderlich, letztlich aus einer Substanz, wie man sagt. Daher rühren Aussprüche wie dieser: »Ich erinnere mich nur an mich selbst«, die einfache Identitäten zum Ausdruck bringen; denn zu sagen, daß ich mich erinnere, hieße dasselbe zu sagen. Hier sind uns die Worte allzu sehr von Nutzen; durch Reflexion sind wir uns des Erfolges allzu sicher. Aber kaum fehlt das Objekt, hat das Denken keine Stütze mehr. Eine der Bedingungen der Reflexion ist, daß man das Denken bei seiner Arbeit überraschen muß, wie es das Objekt stützt. Doch diese Bedingung liegt im Verborgenen. Der erste Reflex besteht darin, sich auf sich selbst zurückzuziehen, wo man jedoch nichts als Worte findet. Deswegen habe ich kein Kapitel über die Selbsterkenntnis. Das ganze Buch dient zwar diesem Zweck, jedoch auf indirektem Wege, mit Hilfe von Annäherungen oder Schlaglichtern, wie man sich in bewegtem Wasser sieht. Die Frage, die uns am meisten interessiert, ist nicht die einfachste; ich kann das nur bedauern. Trotz dieses Ichs, das sich nicht verändert, ist es keine geringe Anstrengung, man selbst zu bleiben.

Vor allem muß angemerkt werden, daß die sogenannte experimentelle Psychologie und sogar die physiologische Psychologie alles an diesem zerbrechlichen Gerüst festgemacht haben. Es gibt vielleicht kein lehrreicheres Mißverständnis als dieses. »Das Ich ist nur eine Ansammlung von Bewußtseinszuständen.« Dieser Ausspruch von Hume zeigt die Grenzen dieses Geistes, der so kraftvoll in der Kritik ist, wie er einfältig ist, sobald er eine Theorie entwirft. Denn würde man nicht sagen, daß die Bewußtseinszustände umherschweifen wie die Dinge? Dieser vorgebliche Empirismus ist dialektisch bis ins Detail. Er sagt Empfindung, Vorstellung, Erinnerung, wie man Stein, Messer, Frucht sagt; und er stoppelt Ihnen aus all dem eine ziemlich buntscheckige Seele zusammen. Doch gibt es keine Seele, die man schlecht oder recht zusammenstoppeln könnte. Lagneau, einem ebenso tiefgründigen wie unbekannten Mann, lag daran zu beweisen, daß Gott nicht existiert, denn, so pflegte er zu sagen, existieren heißt, mit anderen Dingen im Gewebe der Erfahrung gefangen zu sein. Was sagen über das, was in mir und in allem ringsumher denkt, so weit die Welt sich erstreckt? Was mit Gedanken ergreift, aber nicht ergriffen wird. Jedenfalls kann eine ausgeklügelte Mechanik zwar rührig sein wie eine Ameise, jedoch nicht denken. Noch weniger kann man behaupten, Bestandteile dieser Maschine seien Wahrnehmung, Gedächtnis, Gefühl. Jede Wahrnehmung hat dieselben Dimensionen wie die Welt, und sie ist überall Gefühl, überall Erinnerung, überall Antizipation. Das Denken ist nicht in höherem Maße in mir als außerhalb von mir, denn das außerhalb von mir wird ebenfalls gedacht, und beide werden immer gemeinsam gedacht.

Sie werden demnach diese Spiele der Worte, welche die Ich-Substanz wie ein langes Band um uns herum immer wieder neu zusammensetzen, unnachsichtig beurteilen. Und noch viel strenger werden Sie die Physiologie der Seele beurteilen, die auf der Suche ist nach einem Ablegefach für die Erinnerung, nach einem anderen für die Imagination, wieder einem anderen für das geistige Schauen etcetera – und demgemäß vieldeutige Erfahrungen interpretiert. Durch das Beispiel der weniger komplizierten Wissenschaften steht hinreichend fest, daß die ganze Schwierigkeit darin besteht, die Fakten zu konstituieren. Der denkende Geist zum Beispiel ist nach der denkenden Seele und ihrem Bild gestaltet. Und diese bedeutende Tat würde unsere Gedanken auf die Seelenwanderung lenken, wenn die Spiritisten geschickter wären. Doch lassen wir diesen Materialismus ohne Geometrie.

VIERTES BUCH
VOM HANDELN

Kapitel I
Vom Urteil

Daß der Verstand die Wahrheit aufnimmt wie das Wachs den Abdruck, ist eine so leicht aufzustellende Ansicht, daß der Leser sie womöglich mit Verachtung betrachtet. Nichtsdestotrotz herrscht sie über fast alle Bücher und über alle Geister, die im Erwerb von Kenntnissen nicht erfindungsreich genug sind. Dabei besteht der Fehler schon in den ersten Schulstunden, die nie genügend Rücksicht auf die verwegenen Irrtümer nehmen, die der kindliche Verstand in seiner natürlichen Entwicklung formt. Das sicherste Urteil findet sich in fehlerfreien Beweisen gefangen, sobald es sich erprobt, bis es, wegen der Unmöglichkeit, sich besser auszudrücken, nicht einmal mehr die Form ändern kann. Der Verstand bleibt davon überwältigt, statt sich auf jenen starken Eindruck zu verlassen, den man bei denen sieht, die alleine Erfahrungen sammeln. Doch diese geraten oft wegen der Kompliziertheit der Dinge und der Macht der Leidenschaften in Verwirrung. Die Glücklichsten sind diejenigen, die nicht der törichte Ehrgeiz quält, alles zu wissen, aber gleichwohl jegliche Muße haben, sich angemessen zu unterrichten. Von Natur aus halten sie – und es gibt keine richtigere Bewegung des Geistes – den Beweis anderer für unüberlegt. Sie kennen ihn zur Genüge, sie erraten ihn an den Präliminarien. Auch wenn man sie drängt und sie den Zusammenhang verstanden haben, können sie die Teilelemente nicht verbinden und mit jener Sorgfalt zusammenfügen, die der Händler der Beweise in ihren Augen erspäht. Alle

Elemente jener Welt, die im Entstehen begriffen war, fallen mangels eines Schöpfers ins Chaos zurück. Vergleichbar jenen Kämpfern, die immer verständig ergreifen, was sich ihnen bietet. In einem Gefängnis von Beweisen denkt es sich schlecht. Andere fürchten die falschen Beweise, jene die Wahrheit. Ein fürstliches Spiel.

Man urteilt nicht, wie man will, doch man urteilt nur, wenn man will. Die Einfältigen fragen sich, wie man sich Beweisen verweigern kann; doch nichts ist einfacher. Einem Beweis oder einem Einwand reicht meine Zustimmung nicht aus; ich muß ihnen zu Leben und Waffen verhelfen. Die mühelosen Zustimmungen täuschen uns darüber hinweg. Ich beobachte häufig an mir, daß ein bekannter Beweis, den ich zur Gänze aufgenommen und für mich reformuliert habe, ich nenne ihn einen Beweis der exakten Wissenschaften, wie ein toter Körper vor mir liegt. Ich schätze ihn, doch er beweist mir nichts. In mühsamer Arbeit erwecke ich ihn zu neuem Leben; je mehr ich mich treiben lasse, desto weniger ergreift er mich. Doch ist er jedes Mal, das er wiederersteht, neu. Jedes Mal wieder unbefangen. Wenn es bei Ihnen nicht so ist, nehmen Sie Platon zum Vorbild.

Beweise sind Menschenwerk; zumindest das Universum ist, was es ist. Gut. Aber es zeigt sich nicht, wie es ist. Öffnen Sie die Augen, eine Welt der Irrtümer wird sichtbar. Hier will alles wieder berichtigt werden. Die Erfahrung berichtigt nur die größten Irrtümer, und das eher schlecht. Solange die Dinge weder schaden noch nützen können, ist es leichter, sie zu ignorieren. Ein Literat war erstaunt zu hören, daß sich die Sterne von Osten nach Westen drehen. »Wenn sie sich drehten, wüßte man es«, sagte er. Aber es heißt nicht viel, die Sterne sich drehen zu sehen. Die Bewegung der Planeten ist viel verborgener. Unsere Leidenschaften, unsere Erinnerungen, unsere Träume trüben dieses Bild sehr viel stärker. Die Mannigfaltigkeit der Irrtümer und der Ansichten genügt, um uns daran zu erinnern, daß unser natürlicher Zustand der Irrtum ist, der Irrtum oder vielmehr die Verwirrung, die Zusammenhanglosigkeit, die Beweglichkeit der Gedanken. Dem entgeht man nur durch einen Beschluß, der in erster Linie Verweigerung, Zweifel, Warten ist. »Man vermutet eine Ordnung zwischen den Dingen, wobei nicht die einen selbstverständlich den Vorrang vor den anderen haben.« Also sprach Descartes.

Die Prediger aller Glaubensrichtungen haben diese Dinge gut verstanden, aber anhand anderer Beispiele. Wenn es um Tugend oder Vollkommenheit geht, haben diejenigen, die darüber ein wenig nachdenken, bald verstanden, daß jene Dinge, die im Augenblick nicht existieren, keineswegs gedacht werden, wenn sie nicht gewollt werden, und dazu noch gegen die Lehren der Erfahrung. Auch sagen sie zutreffend, daß der gute Wille den Beweisen zu Hilfe kommen muß und daß Gott sich nur denen zeigt, die zu ihm beten. Doch sie entdecken ihn mittels äußerer Wirkungen, weil sie immer einen Gott wollen, der in der Welt ist, wenn auch verborgen. Dennoch ist hinreichend deutlich, daß es keine Gerechtigkeit unter den Menschen gibt und daß man sie schaffen muß. Und ein recht gewöhnlicher Zufall will es, daß die doppelte Bedeutung des Wortes Urteil uns hinlänglich belehren würde, wenn wir zu lesen verstünden. Doch aus welchen menschlichen Tiefen stammt diese dritte Bedeutung, die die beiden anderen so gut verbindet, und derzufolge das Urteil jene schnelle Entscheidung ist, die nicht darauf wartet, daß die Beweise sie erzwingen, die durch einen kühnen Entschluß einen Umriß vollendet, zum Abschluß bringt und dabei auch das berücksichtigt, was man erahnt, was unbekannt ist, was ein Mensch dem anderen schuldet, jedoch frei von Angst und für sich das Risiko nicht scheuend? Dies sind die Götter eines Augenblicks.

Kapitel II
Vom Instinkt

Der Instinkt der Tiere wirft nur ein physisches Problem auf, in Wahrheit sehr kompliziert im Detail, jedoch recht einfach, was die Prinzipien anbelangt. Man muß nur das treibende Element, den Muskel, betrachten, in welchem, sofern er genährt ist, sich gleichsam eine diffuse Explosion abspielt mit der Umwandlung in Wärme für einen kleinen Teil, in Bewegung für den Hauptteil. Diese Bewegung ist eine Veränderung der schlanken in die gerundete Form, eine Veränderung, die man Kontraktion nennt. Ohne den inneren Mechanismus dieser explosiven Dekomposition zu kennen, kann man bereits festhalten, daß die in Wärme und Bewegung befindliche Energie niemals die aufgewendete Arbeit übertrifft, die aus der Sicht des Chemikers die Nahrung und jene Muskelstoffe aufbieten, die davon genährt werden. Die Ursache dieser Entladung besteht teils in einer direkten äußerlichen Erregung, teils in dem Vorgang des Gehens oder einer Folge chemischer Reaktionen, die sich, wie man sagen könnte, entlang eines Nervs vollzieht. Ein Tier, als Motor seiner selbst betrachtet, besteht bei den vollkommensten Lebewesen aus einem inneren und einem äußeren Knochengerüst mit Gelenken, auf dem die Spann- und Beugemuskeln liegen. Die Nerven ermöglichen die Verbindung aller motorischen Teile durch Subzentren und schließlich ein Steuerungszentrum, das man Gehirn nennt. Das Detail ist hochkompliziert. Fügen wir zwecks Vervollkommnung der Skizze die Sinnesorgane hinzu, die für die kleinsten Vorgänge der äußeren Umgebung empfänglicher sind als andere Teile.

Wenn man sich nun durch methodische Vorsicht von der Vorstellung eines im Steuerungszentrum sitzenden Führers, der Botschaften empfängt und den Muskeln Befehle erteilt, freimacht, bleibt ein hochkomplizierter und zu einer großen Bandbreite von Bewegungen fähiger Explosionsmotor. Diese Bewegungen sind durch das Gelenkgerüst, durch das Walten der Schwerkraft, durch die Kraft gegenläufiger Muskeln begrenzt. Diese Kraft selbst hängt von der unmittelbar vorhergehenden Arbeit ab, vom Ausscheiden der Abfallprodukte und der gewohnten Ernährung, die ebenso wie die Ausscheidung durch die Bewegung jedes Teils angeregt wird. Auch muß man erwähnen, daß ein Reiz an einer bestimmten Stelle nicht sofort überallhin geleitet wird, noch seine Stärke behält; das hängt von den Nervenbahnen ab und wahrscheinlich von der bereits unmittelbar zuvor von den Transmissionselementen verrichteten Arbeit. Dies einmal vorausgesetzt, ist es nur natürlich zu vermuten, daß jeder Reiz auf tausend Wegen in alle Richtungen ausstrahlt, so daß das Tier immer handelt, indem es sich gänzlich kontrahiert, wie hinreichend deutlich wird, wenn man beobachtet, daß beim ersten Erwachen zunächst Ohren und Schwanz, die lockersten und die freiesten Teile, sich in Bewegung setzen, wie Darwin gezeigt hat. Und diese ersten Bewegungen sind die Vorzeichen der Bewegungen, die folgen werden. Es ist klar, daß ein erregtes Tier deshalb nicht eine beliebige Bewegung machen würde, z.B. daß ein Pferd nicht anfinge auszuschlagen, wenn es nicht den Kopf senken kann. Nehmen wir einmal an, daß die Explosion sich entsprechend des Weges des geringsten Widerstands vollziehen wird, der im übrigen schwer zu bestimmen ist. Beachten Sie, daß bereits mit der Annahme, daß die Handlungen eines Tieres von seiner Gestalt, seiner Haltung und den es beständig umgebenden Objekten abhängen, das Problem umrissen ist. Die Auster macht schwerlich mehr als eine Bewegung; das Eichhörnchen, das wie eine Auster zusammengesetzt ist, macht deren wesentlich mehr. Der Ameisenlöwe, der zwischen beiden steht, macht auf dem Grunde seines Lochs kaum mehr als eine abrupte Kopfbewegung, die ihm das Aussehen eines listigen Jägers verleiht; die Schwerkraft arbeitet für ihn.

Die Struktur des menschlichen Körpers unterscheidet sich nicht wesentlich von der des Affen oder des Eichhörnchens; die Reaktionen des Instinkts entstehen in ihm entsprechend seiner Gestalt, seiner Kraft, seiner Haltung und auch der Hindernisse. Doch der Mensch denkt. Ich verstehe darunter, daß er seinen Körper und selbst die geringsten Bewegungen seines Körpers mehr oder weniger deutlich wahrnimmt, ohne die Freuden und die Leiden zu zählen, die sich aus eben diesen Bewegungen oder dem Walten der Objekte ergeben. Dergestalt ist unser erster wie unser beständiger Gedanke; dieses Zusammenzucken, dieses Erschauern, diese Bewegung des Lebens begleiten all unsere Vorhaben und lenken uns in jedem Augenblick von ihnen ab, das ganze Universum sammelt sich gewissermaßen in uns, um sich letztlich von unseren Bewegungen, unserem Zusammenzucken und durchdringenden Erzittern nicht mehr zu unterscheiden. So tobt der Sturm, der – zuerst ein Spektakel draußen, dann auch vor unserer Tür – schließlich zum Sturm in uns wird, doch als Sturm der Muskeln, als Zittern, Schrecken, Flucht, Bestürzung, Fall, Anstrengung der Hände, Husten, Ekel, Schreie. Für den leidenschaftslosen Beobachter ist der Mensch nur eine animalische Maschine, die sich bewegt, wie wir es beschrieben haben.

In dieser Hinsicht gibt es ein instinktives Denken oder, besser ausgedrückt, ein Denken, das zum Instinkt hinabsteigt, sich vor ihm in Sicherheit bringt, dorthin zurückfällt, dort verweilt oder sich hineinstürzt. Wir rühren hier an die Leidenschaften; sie werden gemäß dieser Sichtweise später ausführlich beschrieben werden. Hier genügt es, in groben Zügen diese Folge mechanischer

Vorgänge zu skizzieren, die jederzeit die Ernährung, die Atmung, die Ausscheidung, das unmittelbare Wohlergehen sicherstellen. Wodurch wir darauf kommen, uns die Welt und eben diesen körperlichen Mechanismus so vorzustellen, wie man ihn gesehen hat, aber nicht ohne immer ins dämmerige Chaos zurückzufallen bis hin zu jener Verworrenheit aller Dinge, von der keine Erinnerung bleibt, die Wahn ist oder Schlaf. Nichts hindert uns daran, demnach aus Spaß eine Art Mythologie des animalischen Denkens zu erfinden. Doch ist dies nur ein Spaß; denn man müßte sie, was die Gefühle und Leidenschaften betrifft, sorgfältig begrenzen. Einzig die Ordnung läßt die Unordnung zutage treten – durch Urteil und Geometrie. Denn was ist schließlich ein Gedanke ohne Denker?

Kapitel III

Vom Fatalismus

Der Fatalismus ist eine Neigung zu glauben, daß alles, was in der Welt geschehen wird, vorherbestimmt oder vorausgesagt ist, dergestalt, daß, wenn wir es wüßten, unsere Bemühungen diese Voraussage nicht verfehlten, sondern sie im Gegenteil auf einem unvorhergesehenen Umweg realisierten. Oft wird von Theologen die Ansicht vorgetragen, daß die Zukunft einem weitblickenden Gott nicht verborgen sein könne. Es ist wahr, daß diese schöne Schlußfolgerung sogleich Gott mit einbringt; ihre Macht erhebt Einspruch gegen ihre Voraussicht. Wir haben unsere Meinung über diese Wortspiele bereits dargelegt. Weit davon entfernt, jemals Grundstein einer Überzeugung zu sein, erfahren sie nur Unterstützung, weil sie Argumenten jenen Anschein geben, der bereits ein sicherer Glaube und durch mehr als Worte gestützt ist. Der Fatalismus leitet sich nicht von der Theologie her; ich würde vielmehr sagen, daß er ihr zugrundeliegt. Glaubt man dem naiven Polytheismus, steht das Schicksal über den Göttern.

Die so oft mißverstandene Auffassung der Prädestination kommt den Ursachen dieses so natürlichen, so verbreiteten und so verhängnisvollen Glaubens näher. Denn man versteht unter Prädestination nicht, daß Gott dem Verdammten, der sich bemüht, gerecht zu sein, Fallen stellen wird, sondern im Gegenteil, daß, welcher Art die äußeren Umstände, die Gnade und selbst die Wunder auch immer sein mögen, sich das Eigentliche des Charakters niemals ändert und die Ausübung tugendhaften Verhaltens durch sein bevorzugtes Laster vereitelt. Beispielsweise wird einer, der im Grunde ein Betrüger ist und sich als Betrüger bestens für das Wohl des Staates einsetzen wird, oder vielleicht ein Dichter, den die Menschen verehren, vor Gericht immer derselbe sein. Diese strenge Auffassung findet genügend Belege in der Beobachtung der Sünden, der Reue und sogar der Sühne. Indessen ist diese vermutete Eigenart immer noch ein abstraktes Idol, das ausgezeichnet zur dialektischen Psychologie paßt. Wie die gewöhnlichen Religionen erkannt haben, werden die Menschen glücklicherweise weniger von ihrem Wesenskern als von ihren Handlungen bestimmt. Aber wer sieht nicht die Gefahr dieser Verdammungen? Es sind schon fast Verwünschungen. Das Kind und selbst der erwachsene Mensch neigen sehr dazu, aus ihren Mängeln etwas Schicksalhaftes herauszulesen. Wenn die Autorität des Richters noch hinzukommt, so verzweifeln sie an sich selbst und zeigen sich voll Eifer so, wie man glaubt, daß sie seien und wie sie selbst zu sein glauben. Hier rühren wir an das Geheimste der Leidenschaften.

Die Voraussage eines Wahrsagers oder einer Hexe, sofern sie von äußeren und unbelebten Dingen abhängt, kann sich durch Zufall bewahrheiten, sei es durch die Wirkung eines erheblichen Wissens über Vorzeichen, sei es durch eine Feinfühligkeit der Sinne, die ermöglicht, sie besser wahrzunehmen. Dazu ist zu sagen, daß man fast alle Voraussagen vergißt; oft ist es nur ihr Erfolg, der uns an sie erinnert. Doch das Ansehen, das man den Propheten zollt, hat mit wichtigeren und geheimeren Gründen zu tun. Oft hängt die Erfüllung von uns selbst oder von den uns Umgebenden ab; und es ist klar, daß in vielen Fällen die Furcht oder die Hoffnung etwas schließlich herbeiführen. Die Furcht vor einem verhängnisvollen Unfall ist nicht dazu angetan, ihn zu vermeiden, vor allem wenn man zu dem Glauben neigt, man entginge ihm nicht. Aber wenn es um den Haß eines Menschen geht, den ich fürchte, oder auch nur um den Angriff eines Hundes, so genügt allemal die Vorstellung, die ich davon habe, um eintreten zu lassen, was ich erwarte. Wenn die vorausgesagte Zukunft von mir allein abhängt, werde ich deren Anzeichen bald in mir selbst finden. Ein gutes Mittel, dem Verbrechen zu entgehen, dem Wahnsinn, der Schüchternheit, der Fleischeslust oder ganz einfach der Dummheit, besteht gewiß nicht darin, ständig daran zu denken. Dagegen ist der Glaube, frei von Lüge, Neid oder Roheit zu sein, kein geringer Beistand. Aus diesen Gründen dauert die Autorität der Propheten an.

Aber diese Überzeugungen gedeihen auf einem fruchtbaren Boden. Jeder ist sein eigener Prophet. Denn unsere Instinkthandlungen beginnen bei sich selbst – mittels des Mechanismus, der oben beschrieben wurde – und werden zur selben Zeit wahrgenommen. Die entschlossene Bewegung kündigt sich durch Freude an, die nichts anderes ist als das Gefühl des Erwachens wohlgenährter und ausgeruhter Muskeln. Der Zorn kündigt sich durch Zuckungen, Durcheinander, Hitze des Blutes, schweres Atmen, Schreie, Worte an. Noch deutlicher ist die Angst. Alle Existenzweisen des Ehrgeizes, der Liebe, der Eitelkeit können wir anhand der Bewegungen des Anderen vorhersehen, mit dem Unterschied, daß wir sie in die Hand nehmen und sie lenken und sie zur Vollendung bringen in dem Maß, in dem wir sie beim Namen nennen, woraus folgt, daß diese selbstbezügliche Prophezeiung immer bestätigt wird. Denn das aufgeklärte Urteil, das die Seele dieser Dinge in Abrede stellt und sie auf einen zufälligen Mechanismus zurückführt, flüchtet sich in dogmatische Winkelzüge, die die Erfahrung des Alters keineswegs ersetzen. Wie der Instinkt das erste Objekt des Geistes ist, so ist der Fatalismus auch sein erster Grundsatz. Der Held Homers sagt naiv: »Ich spüre in meinen Füßen und meinen Händen, daß ein Gott mich vorwärtstreibt.« Das denkende Tier muß diese Auffassung hinter sich lassen.

Kapitel IV
Von der Gewohnheit

Gemeinhin wird die Gewohnheit zu gering geschätzt. Ich sehe in ihr eine erstaunliche Beweglichkeit, die weit über einen hartnäckigen Mechanismus hinausgeht, der immer dieselben Wege suchen würde. Durch die Macht der Gewohnheit sieht man den Tänzer oder Fechter sich aus plötzlichen Verlegenheiten ziehen, bevor das Urteil sie eingeschätzt hat. Doch gibt es auch bei denen, die diese Übungen betrieben haben, eine Leichtigkeit und eine Freiheit in den Bewegungen, die bewirken, daß auf das

Urteil alsbald die Korrektur folgt. Dem stehen häufig die Gewohnheiten entgegen. Ich muß jedoch darauf achten, daß, wenn ich den Walzer nicht in Linksdrehung tanzen kann, dem nicht die Gewohnheit entgegensteht, in der anderen Richtung Walzer zu tanzen, und daß die Tatsache, ein guter Reiter zu sein, mich nicht daran hindert, ein guter Schütze, ein guter Violinist, ein guter Ruderer zu sein. Selbstverständlich wird ein Akrobat, Meister in gewissen Kunststücken der Beweglichkeit, es auch in anderen Sparten leicht haben. Genauso befreit Übung im Formulieren und Komponieren schließlich von jenen Phrasen, die man gewöhnlich gebraucht, die aber nur deshalb so oft vorkommen, weil man andere nicht gewohnt ist. Diese Beobachtungen dienen freilich dazu, den Improvisationskünstler von diesem gefährlichen Unterfangen abzuhalten. Denn man ist versucht, eine menschliche Maschine zu beschreiben, die ohne Vermittlung einer höheren Befehlsgewalt handeln würde. Doch scheren sich der Musiker, der Turner, der Fechter nicht um unser System. Ich appelliere hier an all jene, die gelernt haben, ein schwieriges Vorhaben auszuführen. Als mein Fechtmeister in elsässischer Mundart einmal begabte Fechter und bemühte Fechter unterschied, lehrte er mich auch die Philosophie.

Es ist ein Irrtum zu sagen, daß eine Handlung, die man auszuführen gelernt hat, danach ohne Sorgfalt vonstatten geht. Der Unaufmerksame ist, wie mir scheint, ein Mensch, der seine Handlungen laufen läßt; doch ist er wegen seines bruchstückhaften Vorgehens auch ziemlich lächerlich. Das Tier ist nicht gedankenlos; es ist nur unbesonnen. Das muß betont werden. Es ist nicht wahr, daß ein guter Reiter gut aufsitzt ohne zu denken. Es ist nicht wahr, daß ein guter Arbeiter etwas gut ausführt ohne zu denken. Ich würde vielmehr sagen, daß ein Entschluß hier, durch die Tugend der Gewohnheit, sofort befolgt wird, ohne unnütze

Bewegungen. Und ich habe gehört, daß noch das geringste Nachdenken über den Querbalken den Turner stürzen läßt. Beweis dafür, daß sein Körper ohne einen beständigen Befehl nicht mehr weiß, wohin er sich bewegen soll; wenn er sich festhält, so aus Instinkt. Und ich glaube nicht einmal, daß diese Kunst des Fallens ohne sich zu verletzen, die sie so hervorragend beherrschen, je ohne Denken auskommt.

Das Tier zeigt eine Beweglichkeit derselben Art, doch es fehlt der Entschluß. Wir befinden uns gemeinhin zwischen beiden. Der Instinkt wird in unserem natürlichen Denken Leidenschaft, Krampf, Mißgriff. Der Preis für das Denken besteht darin, daß gut gedacht werden muß. Da wir nicht zu handeln vermögen, ohne zu denken, können wir nicht angemessen handeln, ohne angemessen zu denken. Die Angst, etwas falsch zu machen, ist bekanntlich das Haupthindernis; und diese Art der Angst ist bei aller Angst vorherrschend. Doch diese Angst ist nur das Gefühl angesichts einer Vielzahl von Handlungen, die ihren Anfang nehmen und sich widersprechen. Um sie zu besiegen und das zu tun, was man will, muß man nur das tun, was man will, beispielsweise den Arm ausstrecken, ohne daß der Fuß sich vorbewegt, oder ein widerspenstiges Schloß öffnen, ohne mit den Zähnen zu knirschen, oder auch den Bogen halten, ohne ihn zu pressen, aufs Pferd steigen, ohne den Atem anzuhalten. Die einfachste Übung ist ein Kampf gegen die Leidenschaften, insbesondere gegen die Angst, die Eitelkeit, die Ungeduld.

Kommen wir überein, daß es zwei Arten des Lernens gibt und daß die Gewohnheit weder der Instinkt noch die Fortsetzung des Instinkts ist. Das Tier, und der Mensch insofern er Tier ist, lernt durch den Zwang der Objekte oder durch mechanische Nachahmung – immer durch Wiederholung. Wovon zuerst die Ernährung der Muskeln zeugt, die die Bewegung anregt und stärkt, ebenso, wenn man will, die Spuren, die in den Nerven oder in den Nervenzentren hinterlassen wurden und die bewirken, daß sich die wiederholten Reaktionen durch die Wege des geringsten Widerstands einschreiben. Es ist auch noch zu beachten, daß die besten Zeichen, durch die man ein Pferd zum Gehorchen veranlassen kann, immer Druck oder Einschränkungen sind, die bestimmte Bewegungen hemmen und andere begünstigen. Diese mechanische Tätigkeit hat keinerlei Ähnlichkeit mit der Intelligenz, und ich war stets der Auffassung, daß die Dressur, weit davon entfernt zu beweisen, daß die Tiere Verstand besitzen, im Gegenteil von einer völligen Dummheit ausgeht. Der Mensch lernt ganz anders, nicht durch mechanische Wiederholung, sondern durch Neubeginn, immer unter der Bedingung einer gespannten Aufmerksamkeit, anders gesagt, unter der Bedingung, daß die ausgeführten Bewegungen gewollt und freiwillig sind, ohne daß der Körper andere machte. Tatsächlich aktiviert jede Muskelkontraktion sofort benachbarte Muskeln und oft sogar jenen entgegenwirkenden Muskeln dergestalt, daß unsere Gleider steif, müde werden und sich nicht vorwärtsbewegen. Aber ich glaube, daß den Hauptgrund für diese Unordnung des Körpers die Verwirrung der Vorstellungen ausmacht, verstärkt auch von der Angst, sich zu irren, die so verderblich bei allen Handlungen ist. Beachten Sie, daß das Gelingen bei allen Übungen plötzlicher Natur ist. Sobald das Urteil eine deutliche Wahrnehmung schafft und der Körper folgt, ist alles selbstverständlich. Der Zauber der Gewohnheiten und ihre natürliche Macht rühren von dem Glück her, daß man empfindet, wenn man das tut, was man gut macht – und sei es Karten mischen.

Doch kommt zu diesem Grund, der bereits hinreichend den Zeitvertreib der Müßiggänger erklärt, die irrige Auffassung der fatalistischen Vorstellung, daß unsere Gewohnheiten uns beherrschen und wir absolut nicht widerstehen können, sobald sie uns durch kleine Bewegungen an sich ziehen und uns fordern. Ein älterer Mann, aus Gesundheitsgründen gezwungen, einen neuen Arbeitsplatz weitab von seinem Beruf, seinen Freunden, seinen Vergnügungen anzunehmen, sagte: »Man vermag auf vieles zu verzichten.« Und alle, die den Krieg mitgemacht haben, können sagen, daß man die Existenz ebenso schnell wechseln kann wie einen Anzug. Doch glaubt man das vorher nicht. Die Heilung von verderblichen Gewohnheiten besteht darin, die Erfahrung zu machen, daß die Gewohnheit ihre ganze Kraft aus diesem falschen Urteil bezieht. Doch die Heilung dauert nur solange an, wie die Behandlung andauert; eine einzige gegenteilige Erfahrung läßt den Verstand in seinen Irrtum zurückfallen. Jene, die unter Leidenschaften gelitten haben, werden sich hierin wiedererkennen. Sie sollten durch Nachdenken versuchen zu verstehen, warum die Heilung so mühelos gelang und der Rückfall so prompt erfolgte. Doch verstehen Sie, und dies ist von äußerster Wichtigkeit, daß es genügt, sich für einen Sklaven zu halten, um tatsächlich einer zu sein. Nichts erklärt den freien Willen besser.

Kapitel V

Vom Determinismus

Man kann voraussagen, was in einem geschlossenen oder annähernd geschlossenen System geschehen wird, beispielsweise in einem Wärmemesser, in einem Stromkreis, in einem Sonnensystem, wenn man nur die Stellung der Gestirne betrachtet. Nicht nur zeitigt eine Anzahl von Ursachen oder Bedingungen unerbittlich eine Anzahl von Wirkungen, sondern auch die Arbeit, sprich: die Energie, einschließlich der angenommenen molekularen Arbeit, findet sich in der Wirkung in gleichem Maße wieder, gleich wie die Umwandlungen aussehen. Zum Beispiel wird der Fall einer bestimmten Masse aus einer bestimmten Höhe immer dieselbe Aufprallgeschwindigkeit zur Folge haben, und der Schock, sofern er diese akkumulierte Arbeit in Wärme verwandelt, wird immer die gleiche Menge Eis bei null Grad schmelzen. Die Lebewesen entgehen diesem Gesetz nicht. Wenn man ein Tier als Einzelobjekt isolieren könnte, gliche die Energie, die es für Bewegung und Wärme verausgabt, der chemischen Energie, die in seiner Nahrung enthalten ist, verringert um die, die in den Ausscheidungen zurückbleibt. Das nimmt der Verstand an, wobei er mathematische Operationen zum Vorbild nimmt, die vollständig geschlossene Systeme darstellen. Für nicht vollständig geschlossene Systeme ergibt sich die Überprüfbarkeit immer aus dem, was man erwarten kann, nachdem die angewandte Sorgfalt Fremdursachen auszuschließen vermag. Es gibt keinerlei Grund anzunehmen, daß bislang unabwägbare Ursachen dieser Regel entgehen und, wie schon erklärt wurde, kann eine solche Vermutung nur in Worten geäußert werden, und nur, solange man nicht genau weiß, worüber man spricht. Folglich ist es unvermeidlich, daß ein an den Wissenschaften geschulter Verstand die deterministische Idee sogar noch ausweitet auf alle wirklichen Systeme, große oder kleine.

Die heutigen Zeiten mechanischer Zerstörung haben tragische Beispiele für diesen Determinismus durch Ursachen geboten, über die Millionen Menschen unvermeidlich nachdenken mußten. Etwas weniger Schießpulver in der Ladung, das Geschoß flöge weniger weit, ich wäre tot. Der gewöhnlichste Unfall gibt Anlaß zu Beobachtungen gleicher Art; wenn dieser Passant gestolpert wäre, hätte jene Schieferplatte ihn nicht getötet. So entsteht die populäre deterministische Idee, weniger streng als die wissenschaftliche, aber genauso vernünftig. Nur mischt sich die fatalistische Idee mit hinein, und man sieht auch, warum: der Handlungen und Leidenschaften wegen, die den Ereignissen, die man wahrnimmt, immer beigemischt sind. Man schlußfolgert, daß dieser Mensch dort sterben sollte und daß es sein Schicksal war, und bringt damit wieder jene Ansicht des Wilden zur Sprache, derzufolge alle Vorsichtsmaßnahmen gegen die Götter und ein unglückliches Schicksal nichts auszurichten vermögen. Diese Verwirrung ist Ursache dafür, daß die wenig gebildeten Menschen die deterministische Idee bereitwillig akzeptieren; sie entspricht dem Fatalismus, einem starken und sehr natürlichen Aberglauben, wie man gesehen hat.

Dennoch sind es gegensätzliche Anschauungen. Genau besehen würde die eine die andere verjagen. Der fatalistischen Idee zufolge geschieht, was beschrieben oder vorausgesagt wurde, ganz gleich aus welchen Gründen; die Fabeln des Aischylos, der durch den Einsturz eines Hauses getötet wurde, und des Königssohns, den das Abbild eines Löwen tötet, zeigen uns diesen Aberglauben im naiven Zustand. Und ebenso sagt das Sprichwort, daß der Mensch, der zum Ertrinken geboren wurde, niemals aufgehängt werden wird. So daß, dem Determinismus zufolge, die kleinste Veränderung große Unglücksfälle vermeiden hilft, woraus folgte, daß ein klar vorausgesagtes Unglück nicht einträte. Aber man weiß, daß der Fatalist wegen einer solchen Kleinigkeit nicht aufgibt. Wenn das Unglück vermieden wurde, mußte das zwangsläufig so sein. Es stand geschrieben, daß du genesen würdest, doch ebenso, daß du das Heilmittel nehmen würdest, daß du nach dem Arzt verlangen würdest und so fort. Der Fatalismus verwandelt sich somit in einen theologischen Determinismus; und das Orakel verwandelt sich in einen ausgezeichnet unterrichteten Gott, der Folgen vorab kennt, weil er auch die Ursachen kennt. Es bleibt, sich darüber zu streiten, ob es die Güte Gottes oder seine Weisheit ist, die den Sieg davontragen wird. Diese Wortspiele sind endlos, doch die strenge Erfahrung scheint zu bekräftigen, daß der Schöpfer nie den Lauf der Dinge ändert und den von ihm geschaffenen Gesetzen treu bleibt. Auf diesem Umweg kommt man wieder zu der Aussage, daß der Mensch, der aus bestimmten Ursachen heraus ertränkt werden wird, mit Sicherheit nicht aufgehängt werden wird. Statt von einem ihm eigenen Schicksal angezogen zu werden, ist er in einer riesigen Maschinerie gefangen, in der er nur ein Rädchen ist. Sein Wille folgt seinen Taten; dieselben Gründe, die ihn handeln lassen, lassen ihn auch wollen. Jeder weiß, daß bestimmte Irre tun, was man ihnen eingibt, und daß sie auch wollen, was sie tun, woraus sich ergibt, daß sie glauben, das zu tun, was sie wollen. Beweisen Sie, daß wir nicht alle so sind.

Was den Verstand letztlich empfindungslos macht, ist, daß durch einen erklärten Determinismus alles bleibt, wie es ist. Ein guter Rat sollte stets befolgt werden, ob ich ihn notgedrungen befolge oder nicht. Mit sich zu Rate gehen ist nicht weniger natürlich, sei es, daß ich, bevor ich mich frei entscheide, die Motive abwäge, sei es, daß ich mittels einer Prüfung der Motive vorauszusagen versuche, was ich notwendigerweise tun werde. Die Entscheidung ist ebenso beschaffen, sei es, daß ich zu handeln schwöre, sei es, daß ich sicher bin, daß ich handeln werde. Ebenso das Versprechen. Ebenso die Handlung, wenn einer sagt, er habe getan, was er wollte, der andere, daß er genau das wollte, was er nicht vermeiden konnte. So berücksichtigt der Determinismus Gefühle, Ansichten, Unschlüssigkeiten, Entschlüsse. Die Weisheit, sagte Spinoza, befreit und rettet dich gleichermaßen, sei es notgedrungen oder nicht. Worüber also streiten wir?

Kapitel VI

Die Einheit von Körper und Seele

Ich streite nicht. Ich betrachte aufmerksam, ohne jeden Respekt, diesen gewaltigen Mechanismus, der nichts verspricht, der nichts will, der mich nicht liebt, der mich nicht haßt. Der Verstand, der ihn betrachtet, erscheint mir seiner ebenbürtig, da er ihn jenseits dessen, was er zeigt, durchdringt und ihm stets gleichkäme, selbst wenn er ihn an Größe nicht übertrifft. Nicht, daß mir scheint, der Verstand entfalte sich in den Dingen und teile und zersplittere sich, um sie zu begreifen. Im Gegenteil, durch die Einheit des Verstandes, ohne Zerlegen und Distanzen, sind Zerlegung und Distanz möglich; denn das Zerlegen für sich ist nur es selbst und folglich nicht Zerlegen; und die Distanz zwischen zwei Bestandteilen ist für sie ebenfalls äußerlich. Es ist also nicht zu befürchten, daß diese ungeteilte Seele, die alle Dinge einschließt, sich in irgendein Maulwurfsloch verkriecht. Denke einen Augenblick nach. Wenn Deine Seele in Deinem Körper wäre, könnte sie nicht die Distanz von Deinem Körper zu anderen denken. Der Erbauer dieses großen Geflechtes muß überall gleichzeitig und überall ganz und gar sein; wie könnte er darin gefangen sein? Hab' keine Angst. Vertraue Deiner Seele.

Aber all das, sagt der Psychologe, alle diese Entfernungen, diese Erde, diese Sterne, all das ist in meiner Seele und meine Seele ist in meinem Körper. Allerdings gebe ich den Psychologen hier nicht richtig wieder; es ist nicht genau das, was er sagt. Was ihn in allen seinen Ausführungen beschäftigt, ist, daß er fürchtet, genau das zu sagen. In diesem Spiel von Innerem und Äußerem, von Gefäß und Inhalt, wäre es in Wahrheit ein Skandal, wenn man zu der Ausage käme, daß mein ureigener Körper, umgeben von unzähligen Körpern, sich in meiner Seele befände. Dennoch weiß ich, daß dieses Universum seinerseits in meinem Körper ist, wiewohl er nur ein winziger Teil dessen ist. Ich möchte Dich zum Erröten bringen, Leser, der Du der verwegenen Auffassung der Psychologen gefolgt bist, wonach die Handlung der äußeren Dinge in der Seele zuerst eine Empfindung erzeugt, woraufhin die Seele sich dieses äußere Ding und alle anderen vorstellt. Doch das andere Äußere, aus dem die erste Handlung kam, wo ist das? Findet die Seele es; und kommt sie von selbst? Ehrlich gesagt, hier beschreiben Sie das handelnde Tier; und es ist wahr, daß eine Handlung der Dinge es betrifft und eine Reaktion es verläßt. Doch durch Sinne, Gehirn, Muskeln. Sie werden darin keine Seele vorfinden. Ich verstehe gut, daß es Ihnen gefällt, einen kleinen Augenblick lang mit ihren Augen zu schauen, bevor Sie zu ihrem Beobachtungsposten zurückkehren. Doch ist dies kein ernsthaftes Spiel; derart ziehen die Seelen nicht von einem Körper zum anderen. Auf welche Art mein Geist auch immer an meinen Körper gebunden sein mag, es ist gut so.

Diese Bindung gilt es zu betrachten, sofern man es vermag. Sie ist spürbar in jener Perspektive, in der ich die Welt denke, jeden Augenblick, und die sich nur durch die Bewegungen meines Körpers ändert. Wenn ich jenen von einem Baum verdeckten Kirchturm sehen will, muß mein Körper seinen Standort wechseln. Und auch der Schmerz läßt mich fühlen, daß es meiner ist, sobald er mich quält. Er ist letztlich auch mein Körper, weil er mir gehorcht. Die Bewegung, die ich machen will, macht mein Körper sofort, er versucht es zumindest. Das ist alles, was ich, recht besehen, über die Einheit von Seele und Körper weiß, wenn ich die Idee des Schmerzes, der Unaufmerksamkeit, der Niedergeschlagenheit, der Bestürzung zugrunde lege. Ich kenne meine Knechtschaft; doch rechnen Sie nicht damit, daß ich sie grundlos und wider den gesunden Menschenverstand vergrößere.

Selbstverständlich ist mein Verstand weder ein Rädchen meines Körpers noch ein Teil des Universums. Er ist das Ganze von Allem. Ich stelle hier keine Mutmaßung an. Ich beschreibe nur. Mein erster Gedanke ist eine Wahrnehmung des Universums, dem nichts fehlt, zu dem danach nichts, gewissermaßen durch Türen, hinzutreten wird, in den ich einfach nur Licht bringen werde. Den Verknüpfungspunkt zu finden zwischen dem immensen Erkenntnisvermögen und dem winzigen Objekt, der ihm ein Zentrum, Bedingungen, einen Blickpunkt aufnötigt, das geht über unser Vermögen und jedes Vermögen hinaus. Folglich liegt unsere Knechtschaft im Faktischen begründet, nicht in der Theorie. Und im Faktischen könnten wir nie eine grenzenlose Knechtschaft finden; wir finden darin noch nicht einmal eine beständige Knechtschaft. Der Mensch leidet und handelt, imitiert und erfindet. Ich nehme ihn so, wie ich ihn vorfinde. Und so liebe ich ihn, bei der Arbeit, ohne wirkliches Bedauern, so wie er, wie man sagt, seinen Leichnam mit sich herumschleppt.

Kapitel VII

Der freie Wille und der Glaube

Freier Wille ist zutreffender als Freiheit. Diese alten Worte tragen in sich die grundlegende Idee eines Richters, von dem alle Freiheit abhängt. Niemandem entgeht, daß es ohne Urteil überhaupt keine Freiheit gibt. Der Instinkt macht den Anfang, die Leidenschaften folgen und die Motive sind nur aufrührende Zeichen. Es ist schon etwas anderes, wenn das Urteil zunächst die ersten Bewegungen auf ihre Ursprünge verweist; dieser Mechanismus, sich selbst überlassen, findet bald sein Gleichgewicht. Unter den Motiven des Handelns gehen die einen zeitgleich mit der Leidenschaft zugrunde, und sind doch, wie diese, unter Schmerzen geboren. Die anderen zeigen sich durch richtige Wahrnehmung, bis hin zu den Wirkungen; schließlich ist der Weg ja bekannt. Oder ich lehne es aus vorrangigen Gründen ab, dem Motiv Leben einzuhauchen; denn es zeugt auch von Weisheit, das Prüfen zu unterlassen, und ein rechtschaffener Mensch ergötzt sich nicht daran, herauszufinden, wie er stehlen könnte, ohne gefaßt zu werden, noch weniger daran, wie er schänden oder verführen könnte. Indem er direkt von bildlichen Vorstellungen ausgeht, reduziert er sie vielmehr auf genaue Wahrnehmungen. Jedenfalls unterscheidet er sich beträchtlich von demjenigen, der sein Leben aufmerksam betrachtet, begierig zu wissen, wohin seine Sehnsüchte ihn führen werden. Vergessen wir nicht jenen edlen Entschluß, der darin besteht, den Kleinigkeiten keine Aufmerksamkeit zu schenken, denn der Weise weiß, daß im Spiel der Vorstellungswelten alles Veränderung und Auflösung ist, wenn kein Urteil es vereitelt. Dank dieser Beschreibungen, in denen ein aufrichtiger Mensch sich wiedererkennen wird, sind wir schon, ganz ohne Geometrie, weit über das Inventar der Möglichkeiten hinaus, in dem die Motive als Kläger oder Bittsteller erscheinen. Hier existieren die Motive einzig dank der Gnade des Richters. Mehr noch werden wir jene Waage verachten, mit der der Richter seine Beweggründe wie Gewichte abwiegt. Soweit man sich eine Vorstellung von einem unbekümmerten Narren machen kann, würde er so denken. Und beachten wir auch, daß, wenn ich als Psychologe meine Entscheidung bezüglich eines Spaziergangs analysiere, mir dann meine Motive entlegen zu sein scheinen wie die Dinge. Doch warum? Weil mein Urteilsvermögen dann die Notwendigkeit und den freien Willen prüft, nicht den Spaziergang. Die Erfahrung einer freien Handlung kann nur darin bestehen, frei zu handeln, statt über das Problem des freien Willens nachzudenken. Suchen Sie also die Freiheit keinesfalls in den Beispielen des Lehrers.

Was die Ausführung angeht, gäbe es noch viel zu sagen. Denn die Ausführung setzt eine Handlungsfolge und einen Weg voraus, der die Perspektiven verändert und die Beweggründe erhellt, zumindest jene, die man in den Blick genommen hat. Und meistens setzt eine Handlung eine Probe voraus. Die Handlung kommt einer Untersuchung gleich. Sie ist aber auch Narrheit und gleicht den Leidenschaften, was mit dem Entschluß zusammenhängt, den man unklugerweise gefaßt hat. Und in der verbreiteten Auffassung, derzufolge ein schlechter Wurf nicht mehr rückgängig gemacht werden kann, erkenne ich das fatalistische Idol. Das ist das Kennzeichen der Sturheit, die niemals frei von Zorn ist. Umgekehrt betrachtet sich ein beständiger Wille nicht als frei, wenn er einmal einen Entschluß gefaßt hat, und macht vor Hindernissen nicht halt. Das ist dann Beharrlichkeit, die sich Nachforschung und neuerlicher Überlegung verdankt. Es gibt mehr als zwei Wege und Kreuzungen überall. Der Wille zeigt sich weniger an Beschlüssen als am gleichbleibenden Glauben an sich selbst und an einem offenen Blick bei jedem Schritt.

Man muß auch die treibende Kraft betrachten, die man nur unzureichend beschreibt, wenn man das Gefühl des Widerwillens betrachtet, das die Aufmerksamkeit gerade dorthin zurückführt, wo sie nicht sein dürfte. Die Kraft zum Handeln wird zunächst durch ein Befolgen des Willens ausgebildet, durch gymnastische Arbeit, die den Körper folgsam macht, täglich, in beständigem Bemühen. Bei der Handlung trennt sich die Aufmerksamkeit vollkommen vom Körper; der Pianist denkt die Musik und die Finger folgen ebenso schnell wie der Gedanke. Wenn man den freien Menschen genauer betrachtete, würde man sich vollkommen von der Vorstellung befreien, daß die handelnde Seele im Körper verborgen ist wie der Mechaniker in der Maschine. Besser ließe sich davon sprechen, daß der Gedanke sich als Kundschafter betätigt, und daß der Körper ihm folgt. Aber das sind starre Vorstellungen; der Geist ist beides: innen und außen. Keinesfalls Gegenstand oder Ding, keinesfalls angetrieben noch antreibend.

Ich kann Ihnen den freien Willen nicht zeigen wie einen verborgenen Bereich. Der Verstand begreift sich nicht selbst; er findet seine Vorstellungen nur in den Objekten wieder. Rechnen wir den freien Willen nicht zu den existierenden Dingen. Es ist nur zu verständlich, daß man ihn verlieren kann; es genügt, dem zuzustimmen. Und keiner kann ihn befreien – außer er sich selbst. Es reicht also aus, die Hindernisse, welche die Einbildungskraft aufrichtet, aus dem Weg zu räumen. Mehr vermag die Überlegung nicht. Wenn es einen Beweis für den freien Willen gäbe, würde ich ihn erklären. Renouvier* hat es mit anderen Worten gesagt; das Wesentliche ist, sich frei zu machen. Letztlich zu wollen. Und das ist keine unwichtige Beobachtung, da so viele Menschen zürnen, sobald ich will, daß sie frei sind. Doch fürchten Sie nicht, gegen ihren Willen frei zu sein; dafür kann ich nichts. Es handelt sich hier um den Glauben in seinem Reinzustand. Hier scheinen die theologischen Beweise auf, die so lange von ihrem Gegenstand abgelenkt waren, denn der Glaube selbst ist Gott.

Man muß an das Gute glauben, denn es ist nicht; beispielsweise an die Gerechtigkeit, denn sie ist nicht. Und nicht glauben, sie sei geliebt und erwünscht, denn das bringt nichts ein; aber

---

* Anm. d. Übers.: Charles Renouvier (1815-1903), Begründer des französischen Neukantianismus.

glauben, daß ich sie walten lassen werde. Ein Marxist glaubt, daß sie ohne unser Zutun und mit Hilfe von Gewalt erreicht werden wird. Sie folgen dieser Idee, doch die Gerechtigkeit, die dann walten wird, ist nicht einmal mehr Gerechtigkeit. Sie ist nur ein Tatbestand; und die Vorstellung, die ich mir davon mache, ebenfalls. Wenn alles von alleine geschieht, auch mein Denken, ist auch kein Gedanke mehr wert als ein anderer, denn jedermann faßt nur den, der in seinen Kräften steht. Und unser Marxist muß darauf warten, daß eine Wahrheit wiederum von einer anderen ersetzt wird. Ich habe solche Denker gekannt, die sich so denken lassen wie sich andere leben lassen. Wäre der wahre Denker demnach der Irre, der glaubt, was ihm in den Sinn kommt? Doch steigen wir aus dieser Hölle wieder empor. Den Kranken, der nicht geheilt werden will, muß ich wohl in Ruhe lassen.

Kapitel VIII

Von Gott, der Hoffnung und der Barmherzigkeit

Ich weiß nicht, welcher englische Philosoph, gewiß starken und freien Verstandes, gesagt hat, daß die Idee Gottes den Tyrannen am meisten nütze. Das ist ein Grund, aus Vorsicht Atheist zu sein, denn die Freiheit kommt zuerst. Und wenn ich an Gott glaube, wage ich zu sagen, daß das immer überlegt geschehen wird. Zwei Richter sind zu viel; man braucht nur einen. So werde ich niemals Gott gemäß über das Wahre noch über das Gerechte urteilen; sondern im Gegenteil, ich werde Gott nach dem, was ich über das Wahre und das Gerechte weiß, beurteilen. Und es ist eine Vorsichtsmaßnahme gegen den Gott der Regierungen.

Wenn Sie ausweichen, indem Sie sagen, daß Gott tatsächlich alles das ist, was wahr und gerecht ist, möchte ich dennoch, daß das, was er schafft, höher steht als das, was ist. Das läuft darauf hinaus, daß nichts von dem, was ist, Gott ist. Ich muß das Objekt festhalten oder es hält mich fest. Und wenn die Vollkommenheit anbetungswürdig ist, was sagen wir dann über den, der sie beurteilt? Es gibt indessen noch Besseres, nämlich den, der Vollkommenheit schafft. Wahrlich, ich verehre den gerechten, mutigen und guten Menschen, sobald er sich zeigt. Dann fürchte ich weder Gott noch Teufel.

Doch vielleicht ist Gott das eigentliche Objekt des Gefühls, wie der freie Wille das Objekt des Glaubens ist. Denn ich fühle Gott in allen meinen Taten, und meine Brüder, die Menschen, fühlen ihn wie ich; deshalb drängt es sie so zu verehren, was sie nicht verstehen. Und – ohne von Phantasiekulten zu sprechen, die aus falschen Wahrnehmungen resultieren – es gibt kaum einen Menschen, der irgendeine siegreiche Idee hätte, ohne daß er seinem Herrn Ehre erwiese. Das ist ein schöner Zug; es ist eine Möglichkeit, sich unbedeutender Ursachen zu entledigen, die feige und träge machen.

Gott dienen und ehren, das klingt schön im Vergleich zu einer Tierherde und zum triebhaften Volk. Ja, ihm dienen, aber nicht wollen oder erwarten, daß er uns dient. Auch in dem Krimskrams heiliger Bücher habe ich diese Bilder des schwachen, nackten, wehrlosen Gottes stark und rührend gefunden, als gäbe er nur das, was er erhält. Bilder des ausgepeitschten und gekreuzigten Gottes; des Gottes, der bittet und wartet, ohne jemals Zwang auszuüben; des Gottes, den man dennoch niemals vergeblich anfleht, als läge die ganze Stärke Gottes im Gebet; des tröstenden Gottes ohne Rachsucht. Aber die Theologie verdirbt alles – durch Spiele der Einbildungskraft und der Logik. Die Bewegung der Verfolger ist, wenn auch blind, gerechter, denn sie rächen Gott.

Diese mich umgebende Welt ist mir nicht fremd und auch nicht feindlich gesonnen. Als wahrer Sohn der Erde liebe ich den Anblick der Dinge, den Ablauf der Stunden und der Jahreszeiten. Nicht aus Phantasterei, denn es muß bemerkt werden, daß das Phantastische, etwa Kobolde oder herumflatternde Dämonen, vielmehr die Liebe zu Haus und Menschen befördert. Die Liebe zur Natur kommt nur aus dem Frieden und jener Ordnung, die die richtige Wahrnehmung darin entdeckt. Daß man den Dingen vertrauen kann und kein Wunder fürchten muß, veranlaßt dazu, die Einsamkeit zu lieben. In den schrecklichsten Dingen liegt letztlich eine Weisheit, die nicht viel verspricht, aber auch nicht täuscht. Was auch geschieht, es wird Ordnung und Maß entsprechen. Und diese Sicherheit des Verstandes verdoppelt das Vergnügen unserer Sinne, wenn die Natur uns wohlgesonnen und gut ist. Die Wohltaten eines Menschen geben mehr Anlaß zur Sorge, und ich weiß, warum Jean-Jacques* die Städte floh.

Die Freundschaft steht dennoch darüber. Die Freundschaft, nicht die Gesellschaft. Die Gesellschaft ist wie eine erzwungene Freundschaft. Die Freundschaft hingegen ist eine freie Gesellschaft, in der selbst der Widerspruch dem Gemeinschaftsdenken willkommen ist, das er noch unterstreicht. Wenn es nur eine Welt und nur eine Wahrheit gibt, darf es wohl auch nur einen Geist geben. Gewiß, das wird nie gänzlich verstanden; aber der Anblick der Dinge, insbesondere der unmenschlichen und der außerhalb unserer Reichweite befindlichen, gibt häufig Gelegenheit, es

* Anm. d. Übers.: Gemeint sind der französische Philosoph Jean-Jacques Rousseau (1712-1778) und seine Zivilisationskritik.

nachdrücklich zu spüren. Ohne irgendeine Form dieser Verwandtschaft zwischen allen Vorstellungen und allen Dingen bilden zu können, wollen wir glauben, daß unsere guten Absichten den Weg zu den Dingen und zu den Menschen finden werden. So erwächst Hoffnung, aber der Glaube kommt immer zuerst. Zwei Sprichwörter bezeugen dies, sie lauten: »Hilf dir selbst, dann hilft dir Gott«, und »Das Glück ist mit dem Tüchtigen.« Die Doktrin von Gnade und Gebet hat die menschliche Ordnung nicht leugnen können; das Recht auf Gnade mußte dem Willen des Sünders untergeordnet werden. Der strafende Gott ist eine zu schwere Last.

Mehr Standhaftigkeit, Selbstvertrauen und Konsequenz tut not, um die Menschen zu lieben. Ich sage »lieben« aus einem Vorurteil heraus, nicht aus Freundschaft. Trotz der Leidenschaften und der Unordnung; trotz der oft schlimmen Gesellschaftsordnung; trotz des Hasses, der Ihnen entgegenschlägt. Diejenigen, denen es nicht gelingt, ihre Feinde zu lieben, sind jene, die eine freundschaftliche oder mitfühlende Regung erwarten. Die Liebe, von der ich hier spreche, ist gewollt; sie zielt geradewegs auf die gebändigte Vernunft; und Anzeichen fehlen nie. Darum ist diese Hoffnung unerschütterlicher und entschiedener als die andere, obwohl sie weniger einbringt. Es ist die Barmherzigkeit, und die theologische Weisheit hat sie neben dem Glauben und der Hoffnung den Tugenden zugerechnet, was hinreichend zeigt, daß dazu der gute Wille ausreicht. Selbst die beste Laune kann diese Tugenden nicht ersetzen. Da diese Tugenden, die von den Philosophen zu oft vernachlässigt werden, zwar keinerlei Handlungsweisen festlegen, sie aber alle erhellen, vergleiche ich sie hier mit drei Laternen – sie leuchten uns auf allen Wegen.

Kapitel IX

Vom Genie

Genie bedeutet Handlung, ohne Überlegung, ohne Irrtum, unvorhersehbar. Vielleicht muß man, um es zu begreifen, die Improvisationskünstler beobachten, um, wenn man kann, Zugang zu dieser geordneten und untrüglichen Freiheit zu finden. Vermutlich kann die Musik uns darin unterweisen. Denn es ist etwas so natürliches und so vertrautes in wunderbarer Musik, daß ich glaube, daß ein Sänger, der ihren Klang vernähme, ohne sich ablenken zu lassen, darin fände, was angekündigt ist und was daraus folgte. Doch diese volle Aufmerksamkeit ist mit der Hinwendung zu sich, zum Skrupel und zur vorgefaßten Meinung, unmöglich. Es geht hier nicht um Voraussicht, sondern um Taten. Wenn man wartet, ändert sich alles, denn ein langer Ton verkündet anderes als ein kurzer; ebenso eine Pause. Ein General fällt seine Entscheidung im Augenblick, nicht nach Ratschlägen oder nach einem Plan, sondern einzig nach den Erfordernissen der Sache; denn das macht das freie Schaffen aus. Ebenso folgt für den Maler ein Pinselstrich auf den anderen, und für den Schriftsteller folgt ein Wort dem anderen. Michelangelo betrachtete einen Marmorblock, sah darin seinen David und schuf ihn zweifelsohne mit jener Lebendigkeit, die man kennt, ohne ein anderes Vorbild als die Statue, die, mit jedem Hammerschlag ein wenig mehr, aus dem Marmor zum Vorschein kam. Ich gestehe, daß die Arbeitsweise unserer Maler und Bildhauer, die zwei Gegenstände, Modell und Werk, erfordert, mit diesen Ansichten kaum übereinstimmt. Aber kann man sich vorstellen, daß ein General eine Schlacht nach dem Vorbild einer anderen befehligt? Was den Schriftsteller betrifft, so beobachte ich, daß die Regeln der Verslehre stets die Inspiration angeregt haben; aber was sind diese

Regeln anderes als ein Mittel, die Aufmerksamkeit vom Modell abzulenken, um sie wieder auf das Werk zurückzulenken? Was die Prosa angeht, weiß ich nicht, was ich darüber sagen soll; denn ich glaube mitnichten, daß das, was nicht Vers ist, Prosa ist, doch ist die Prosa die letztgeborene der Künste und ohne Zweifel die verborgenste. Jedenfalls gibt es in der Zeichenkunst, bei der man sich dennoch nach dem Modell richtet, eine Bewegung, die die Zeichnung noch nach dem Zeichenvorgang fortsetzt oder beendet. So kommt es, daß die seltene Schönheit einer Zeichnung nicht in der Ähnlichkeit besteht. Bei der schönsten und zugleich natürlichsten Architektur kann es sein, daß bei der Ausführung mehr als ein Rückgriff auf das erfolgt, was schon geschaffen wurde. Und so ist der Anfang schön, insbesondere durch das, was er fortsetzt. Die Schreibweise von Molière und vor allem von Shakespeare liefe dem nicht zuwider; denn das Schöne verbirgt sich nicht im Gegenstand, auch nicht in dem, was vorgegeben ist, sondern vielmehr in den Zufällen des Meißels, sagen wir: in der freien Entscheidung, die zugleich Handlung ist, welche die Entscheidung angemessen weiterführt. Diese Anmut wird an Ornamenten und schönen Möbeln sichtbar, deren Schmuck der Musik ähnelt, insofern als sich hier Notwendigkeit und Freiheit zugleich zeigen.

Demnach lägen dem Genie Mäßigung und eine Festlegung des eigenen Selbst am fernsten; in Werken mit Charakter liegt stets Anmaßung. Denn jedes ist vollkommen neu, wenn es ein Wagnis eingeht. Das größte Wagnis ist jedoch das Einfache, und so sieht sich das unverfälschte Urteil einem unverfälschten Objekt gegenüber. Das Objekt erfüllt also das Bewußtsein, das Subjekt sucht sich darin nicht mehr. Man muß es durch genaue Analyse antizipieren, statt im Genie immer eine sybillinische Fähigkeit zu vermuten, letztlich einen Mechanismus, wiederum ein

Objekt. Es kann nicht sein, daß man zugleich das Objekt und sich selbst denkt. Der Sklave der Feder erkennt sich nur zu gut in dem Werk, das er schaffen will. Der Künstler jedoch erkennt sich nur im vollendeten Werk, und er ist glücklich, wenn er sich damit nicht festlegt.

Kapitel X
Vom Zweifel

Ein Verrückter zweifelt niemals, weder in seinem Handeln noch in seinem Denken. Wie es von Wahnsinn zeugt, mit der Faust auf den ganzen Körper einzuschlagen, so zeugt es auch von Wahnsinn, stark an List, an Haß, an Ängste, an seine eigenen Handlungen und an seine eigenen Fehler zu glauben. Demnach wäre der Zweifel die Krone des Weisen. Descartes hat zur Genüge betont, daß beim Vorgang des Verstehens eine Idee eine andere nach sich ziehen muß und daß der Weg von einer Idee zur nächsten derselbe ist. Aber dennoch wird Descartes als jemand angesehen, der nur einmal gezweifelt hat. Der Zweifler hat eine sichere und entschiedene Haltung, die immer täuschen wird.

Der Wahnsinnige handelt blindlings. Die Angst ist ein äußerst schlechter Kämpfer. Dies ist die Wirkung eines tiefen Glaubens, der die Handlung den Kräften ausliefert. Doch die freie Handlung zweifelt in jedem Augenblick, wie der gute Fechter, und ist dadurch mächtig. Ist lebhaft und prompt, doch nicht hitzig. Beginnt schnell und hält schnell inne. Ist immer bereit zur Kehrtwende, zum Zurückweichen, zur Wiederholung, gemäß dem Urteil, das sie sich bildet. Jede Handlung, des Erfinders, des

Kommandanten, des Retters, findet hier ihr Vorbild, selbst der Krieg in seiner Gesamtheit wie in seinen Einzelheiten. Ich vergesse die äußerst harmonische und womöglich an Weisheit reichere Handlung des Handwerkers nicht. Sie ist bedingt durch die Dauerhaftigkeit des Objekts und jene Muße, welche andere Handlungen nicht ausreichend gewähren; indessen richtet sie sich weniger gegen die Leidenschaften, weil sie diese nicht weckt. Wohlerwogene Handlungen, reflektierte Handlungen. So ist, wie Platon es wollte, die Gymnastik die erste Lektion der Weisheit.

Spinoza – ein äußerst skrupulöser Jünger, und zwar in einem solchen Maße, daß alles stillzustehen schien – wollte zu Recht, daß man Ungewißheit und Zweifel unterscheidet. Viele sagen, daß sie zweifeln, weil sie sich keiner Sache sicher sind. Doch Ängstlichkeit und Ungeschick machen noch keinen guten Fechter. So macht auch die Verzweiflung noch keinen Denker. Wer sich keiner Sache sicher ist, kann nicht zweifeln; denn woran sollte er zweifeln? In Wahrheit haben diese vorgeblichen Zweifler vielmehr momentane Gewißheiten. Wenn man den Vergleich ziehen will: So handelt ein Mensch, der über einen Haufen Backsteine stolpert.

Jedermann zweifelt am meisten an dem, was er am besten kennt. Nicht weil er, wie der Betrachter meint, die Schwäche der Beweise spürt, sondern im Gegenteil, weil er ihre Stärke gespürt hat. Wer geschaffen hat, kann zerstören. Bis ins Detail; erfahrungsgemäß wird der Beweis durch vollständigen und starken Zweifel auf die Probe gestellt. Wenn er den Zweifel fürchtet, bleibt der Beweis schwach. Euklid war ein Mensch, der gegen den Augenschein zu zweifeln wußte. Und die nicht-euklidische Geometrie hat das Weitere mit einem noch festeren Strich gezeichnet. Ich zweifle noch an diesem Zweifel; so werden Ideen geboren – und wiedergeboren.

Man möchte sie an ihrem Platz belassen, wie ein Maurer die Steine. Doch gibt es keine Erinnerung an Ideen; nur Erinnerung an Worte. Folglich müssen die Beweise immer aufs neue gefunden und wiederum bezweifelt werden. »Die Anstrengung tut gut«, sagte ein Vorfahre. Ebenso erhoffe ich nicht viel von denen, die stets ihre Schriften im Munde führen. Jean-Jacques erzählt, daß er sie vergaß, sobald sie fertiggestellt waren. Und vielleicht läßt sie der letzte kritische Blick keinen Bestand haben, so wie ein und dieselbe Tonerde auch für andere Statuen taugt. Nicht aus Strenge gegen sich selbst, das ist nicht mehr zeitgemäß, sondern vielmehr aufgrund von Nachsicht und Vergeßlichkeit. Man muß sich verzeihen, ein Buch geschaffen zu haben, und es ist eine Kunst, sich davon zu lösen, wenn man es an seine Mitmenschen weitergegeben hat. Auch kennt das Denken keinen anderen Gegenstand als die Dinge, das genügt.

Dies nun für Dich, Leser. Es gibt einen schwebenden Zweifel, der nur Ungewißheit ist. So soll man den Zweifel indes nicht verstehen. Man muß mit Liebe und Glauben zweifeln, wie er (Anm. d. Übers.: Jean-Jacques Rousseau) es tat. Ernsthaft zweifeln, nicht traurig. Die Theologie hat alles verdorben; man müßte sich gleichsam den Himmel verdienen wie viele ihr Brot verdienen. Doch singend verdientes Brot ist besser. Es gäbe viel über den Ernst zu sagen. Denn es ist nicht schwierig, traurig zu sein; das ist Neigung. Aber es ist schwierig und schön, glücklich zu sein. Auch muß man immer stärker sein als die Beweise. Denn es ist nichts Gutes an Ideen, die zu Gewalttätigkeiten führen, insbesondere wenn man zu den Waffen greift. In solchen Augenblikken lachte Sokrates. Leser, beim Verlassen dieses Ödlands, das gleichwohl zu durchqueren war, ist es mein Wunsch, daß die Frische der Jugend Dir erhalten bleibe.

FÜNFTES BUCH
DIE LEIDENSCHAFTEN

Kapitel I
Glück und Langeweile

Gemeinhin sagt man, daß alle Menschen auf der Jagd nach dem Glück sind. Ich würde jedoch sagen, daß sie es ersehnen, in Worten, die sich der Meinung anderer verdanken. Denn dem Glück jagt man nicht nach, man hat es. Wenn man es nicht besitzt, ist es nur ein Wort. Doch üblicherweise mißt man den Dingen viel und sich selbst zu wenig Wert bei. Auch möchte sich der eine am Reichtum ergötzen, der andere an der Musik, wieder ein anderer an den Wissenschaften. Aber es ist der Händler, der den Reichtum, der Musiker, der die Musik und der Wissenschaftler, der die Wissenschaft liebt. Im Handeln, wie Aristoteles so treffend sagte. Etwa in der Weise, daß man an keiner Sache Gefallen findet, wenn man sie lediglich empfängt, während es kaum eine gibt, die nicht gefällt, wenn man sie selbst schafft, sogar wenn man dafür Prügel einstecken muß. Jede Mühe kann zum Glück gehören, wenn man sich ihr als geordneter und schwieriger Handlung unterzieht. Sie gleicht der Zähmung eines Pferdes. An einem Garten findet man keinen Gefallen, wenn man ihn nicht bearbeitet hat. An einer Frau findet man keinen Gefallen, wenn man sie nicht erobert hat. Und wer die Macht ohne Mühe erlangt hat, wird ihrer überdrüssig. Der Turner empfindet Glück beim Sprung, der Läufer beim Laufen; der Zuschauer empfindet nur Vergnügen. Kinder irren nicht vom rechten Weg ab, wenn sie sagen, daß sie Läufer oder Turner werden wollen. Sie nehmen es sogleich in Angriff, täuschen sich aber auch sogleich, denn sie scheuen die Mühen und meinen, bereits am Ziel zu sein. Väter und Mütter sind kurze Zeit beunruhigt, können sich aber wieder zurücklehnen. Indessen ist der Turner glücklich über das, was er getan hat, und über das, was er tun wird; er ruft es sich mit Armen und Beinen ins Gedächtnis zurück, er erprobt und fühlt es. Beim Wucherer, Eroberer, Verliebten verhält es sich ebenso. Jeder macht sein Glück.

Oft sagt man, daß das Glück in der Einbildung und aus der Ferne gefällt, und daß es sich verflüchtigt, sowie man es fassen will. Das ist zweideutig. Denn der gute Läufer ist in seiner Vorstellung in dem Moment glücklich, in dem er sich ausruht; folglich arbeitet die Einbildung im Körper, der ihre eigentliche Domäne ist. Der Läufer weiß sehr wohl, was ein Lorbeerkranz ist, und daß es schön und gut ist, ihn zu gewinnen, aber nicht, ihn zu besitzen. Eine der Wirkungen des Handelns besteht darin, alles wieder in Ordnung zu bringen. Doch kann man sich auch mit Hilfe jener sprachlichen Imagination seines Glücks versichern, die allgemein verbreitet ist. Eine zweite Art der Imagination verschwendet ihre Kräfte an Erwartungen und Sorgen; und die Erfahrung verspricht zuerst nichts als Mühe. Einer, der nicht Karten spielen kann, fragt sich, welches Vergnügen man wohl dabei empfinden mag. Man muß etwas geben, bevor man etwas bekommt, und man muß die Hoffnung immer auf sich, nicht auf die Dinge lenken; das Glück ist dann der Lohn. Aber es ist der Lohn für den, der es verdient hat, ohne es zu suchen. Das Wollen beschert uns Freude, aber nicht, weil wir Freude wollen.

Ich spreche hier nicht von wirklichen Übeln, gegen die jedermann seine Klugheit und all sein Wissen aufbietet, ohne damit jemals etwas auszurichten. Ich spreche von Übeln, die man eingebildete nenne kann, da sie von unseren Irrtümern herrühren. Deswegen beginne ich mit der Langeweile, die keine feste Gestalt hat, überaus alltäglich ist, vielleicht der versteckte Ursprung aller Leidenschaften. Es ist das Denken, das sich langweilt. Natürlich gibt es auch eine Art Langeweile des Körpers, wenn er kräftig und ausgeruht ist, denn die Beine laufen dann von selbst. Aber das Heilmittel ist nicht fern: Aus der kurzen Unruhe wird bald Spiel oder Handlung, wie man am Tier und auch im Falle des Weisen sieht, der nicht über seine Bewegungen nachdenkt. Die Langeweile ist in der Mitte zwischen beiden angesiedelt. Sie setzt Muße und Kraft voraus, aber sie entsteht dort nicht, denn dies sind zwei verschiedene Dinge. Die Langeweile erwächst aus einem Urteil, das aufgrund einer falschen Ansicht jeden Versuch verdammt. Anfangs gefällt eine Handlung nie; nur die Notwendigkeit treibt uns zum Lernen. Man darf folglich niemals über ein Vergnügen, das man haben wird, ein Urteil fällen, und noch weniger über das Glück, denn das Glück zwingt uns zu nichts. Wenn man es plant, ist alles verloren. Es ist töricht zu sagen: »Ich möchte sicher sein, mich dabei zu vergnügen«, aber noch mehr bedauere ich den, der sagt: »Ich bin sicher, dabei kein Vergnügen zu empfinden.« Daraus folgt zuallererst, daß derjenige, der sich langweilt, ein Mensch ist, der mühelos viele Dinge erreicht, und der sich von anderen beneidet sieht, die sich überaus viel Mühe geben, bestimmte Dinge zu erreichen. Daher die verderbliche Idee: »Ich muß glücklich sein.« Zweitens fehlt es diesem Menschen, all der schönen Dinge wegen, die er besitzt, nicht an Geschmack; daraus folgt, daß er, sobald er zu handeln versucht, zuviel vergleicht. So wird die anfängliche Freude, gemalt, gesungen oder gedichtet zu haben, durch die Verachtung verdorben, die er seinen Arbeiten entgegenbringt. Guter Geschmack ist eine Zierde alter Menschen. Drittens hat dieser Mensch vermittels der Höflichkeit Macht über sich selbst; auch vermag er seine natürlichen Antriebe mittels eines noch verderblicheren Entschlusses zu bremsen: »Ich kann nicht glücklich sein.« So bildet er seinen Charakter, und dem entspricht, wie man sich denken kann, die Erfahrung. Ein solcher Blick läßt keine Freuden zu. Nicht aus Übermaß an Freude, denn davon hat man nie genug. Und auch nicht wie ein Mensch, der Nahrung zurückweist, weil er zu viel gegessen hat; sondern vielmehr wie ein eingebildeter Kranker, der sich eine Diät auferlegt hat. Man denkt nie genügend an diese Urteile über die eigene Person, die die Erfahrung prägen. Beispielsweise bewirkt die Vorstellung, man sei ungeschickt, daß man es ist – oder schüchtern, oder betrogen oder glücklos beim Kartenspiel. Doch gibt es glückliche Zufälle. Sie treten im Falle des Gelangweilten an die Stelle der Erfahrung. Jenseits all dieser Voraussagen über sich, die zu oft Wirklichkeit wurden, findet er irgendein geistiges Vergnügen. Da haben wir die reine Leidenschaft.

Kapitel II

Die Spielleidenschaft

Die Spielleidenschaft ist häufig das Heilmittel, zu dem die gehobene Langeweile greift. Doch muß man sagen, daß jede Leidenschaft Langeweile bei anderen Dingen einschließt, allerdings eine Langeweile, zu der man sich entschieden hat, wie wir sehen werden. Betrachten wir die Glücksspiele, bei denen man sein ganzes Vermögen riskiert. Ich beobachte dabei zunächst den Wunsch zu gewinnen, der stärker ausgeprägt ist als unsere gewöhnlichen Wünsche, weil das Ereignis, das Geld einbringt, ebenso eintreten kann wie sein Gegenteil, wenn man erst einmal spielt. Die Spielleidenschaft kann hier ihren Anfang nehmen. Doch häufiger beginnt sie mit Langeweile und Nachahmung, und dies umso mehr, als man, hält man sich davon fern, den Verdacht auf sich lenkt, geizig oder übervorsichtig zu sein, was schlecht zu ertragen ist. Der Wunsch zu gewinnen wird bald von dem Wunsch verdrängt, sein Glück zu versuchen. Man kann beobachten, daß einfältige Spieler immer glauben, sie errieten, welche Karte oder welche Art Karte oder welche Farbe aufgedeckt wird. Nicht immer wird diese Ahnung enttäuscht; daher die überschäumende Siegesfreude, selbst wenn man verliert. Wenn man gewinnt, genießt man diese magische Kraft wie einen Gunstbeweis der Sache gegenüber ihrem Günstling. Dieses Gefühl ist kein geringes; diese Launen des Glücks erwecken selbst eine Mumie wieder zum Leben. Fügen wir hinzu, daß diese Versuche sich in einer geschlossenen Welt zutragen, die unverzüglich und unzweideutig reagiert; in einer Welt, in der ein weiterer Versuch nicht vom vorherigen abhängt, wenngleich es auch keine Freiheit gibt. Daraus folgt, daß, selbst wenn das Idol des Fatalismus verehrt wird, nichts jene Verzweiflung hervorruft, die reale Versuche in einer Welt, in der alles unbarmherzig miteinander verbunden ist, oft auslösen. Im Gegenteil, die einfältige Götzenverehrung findet dort ihren Platz und nährt die Hoffnung. Schließlich weiß jeder, daß die wirkliche Welt den Ungeduldigen nie so antwortet, wie sie es gerne hätten. Die Antwort lautet weder ja noch nein; man muß die Antwort aus sich selbst heraus geben, gemäß der strengen Rangfolge, die die Hoffnung dem Glauben nachordnet. Doch das Spiel antwortet immer mit ja oder nein; statt fortzufahren, beginnt man von neuem.

Doch achten Sie auf die Falle. Das Spiel wartet nicht. Schon beim ersten Fingerzeig muß man sein Glück versuchen. Hier handelt es sich nicht nur um einen Wunsch, den man durch die

Bewegungen des Körpers verspürt, sondern um Verlockungen und Vorzeichen. Das erklärt alle Leidenschaften, denn immer spielt die Vorahnung dabei eine Rolle. Doch beim Spiel geht die Gelegenheit schnell vorüber, nichts bleibt davon, man muß sein Glück versuchen. Widersteht man, wird diese Tugend bald mit Bedauern gestraft. Man untersagt sich daraufhin die Versprechen an die eigene Adresse. So ist in jedem Spieler die Kunst des Spielens verankert, die nichts anderes ist als die Kunst, seinen eigenen Körper zu befragen und ohne Zögern zu gehorchen. Solange das Herz schlägt und die Muskeln sich regen, fehlt es nicht an Orakeln. Warten Sie es ab, noch ist es nur ein Scherz! Warten Sie auf das jüngste Gericht! Denn der Geist, insbesondere bei den Jungen, ist schnell bereit, die reale Welt und das ganze Leben neu zu denken. Nach so vielen Lektionen verbindet das fatalistische Urteil letztendlich die Gegenwart mit der Zukunft, ungeachtet des Roulettspiels. Und es bildet sich die verderbliche Gewißheit heraus, daß im großen Spiel niemand dem Schicksal entgeht. Daher der Wille, alles zu verlieren und sich zu verlieren, mit dem die Spielleidenschaft oft den Spieler zugrunde richtet. Und ich glaube wohl, daß weniger die Angst vor den Konsequenzen, wie bei vielen Selbstmorden, eine Rolle spielt, als eine fatalistische Vorstellung, derzufolge jeder Vorstellung, die Emotionen aufwühlt, eine Ordnung innewohnt, der man, wie man wohl weiß, nur gehorchen kann. Diese Schicksalsergebenheit existiert in allen jungen Leidenschaften. Durch solche Regungen tötet man, was man liebt oder sucht den Tod in der Schlacht. Daraus hat man in der Antike das Sprichwort abgeleitet, wonach Jupiter denen den Blick verstellt, die er verlieren will. So spricht indes der Zuschauer. Wenn ich will, daß jemand in den Tod geht, besteht das wirkliche Spiel nicht darin, den Tod vor ihm zu verbergen, sondern darin, den Tod als unvermeidlich darzustellen und zu veranlassen, daß die Bewegungen des Körpers ihn zugleich ankündigen. Das ist nichts anderes als eine genaue Beschreibung des Taumels. An der Spielleidenschaft läßt sich zeigen, wie man Sklave seiner selbst sein kann, da die äußere Katastrophe nur einen Augenblick dauert und keineswegs festlegt, was folgen wird. Alle anderen Leidenschaften wirken auf Menschen und auf Dinge; Liebe weckt Liebe; Haß ruft Haß hervor, Zorn den Zorn. Und so unterwerfen uns diese Leidenschaften in gewisser Weise einer äußeren Notwendigkeit, obwohl die Freude am Spiel, der Fatalismus und der Reiz des Unglücks das Wesentliche dabei sind. Doch beschreiben wir diese merkwürdigen Verrücktheiten jede für sich; denn nicht das Begreifen der Idee, sondern das Begreifen durch die Idee weckt Kräfte.

Kapitel III

Die Liebe

Die Fleischeslust, überaus heftig, leicht vergessen, leicht zu befriedigen, ist durchaus ein Anlaß zu Leidenschaft. Das liegt auf der Hand. Doch diese Leidenschaft ist keine Liebe. Was den lobenswerten Wunsch betrifft, eine glückliche Familie zu gründen, so kommt er dem nahe, was für den Spieler der Wunsch zu gewinnen bedeutet. Ich beschreibe nun eine Form der Torheit, die in manchem dem Spiel ähnelt, doch vor allem dem Ehrgeiz. Es wäre der größte Irrtum, Liebe durch animalische Triebe erklären zu wollen. Der Sexualakt wird dabei nur als ein Machtbeweis über ein anderes, aber freies, vernunftbegabtes, selbstbewußtes Wesen ersehnt. Niemand wird eine Irre lieben; kein Liebender wird ausschließlich an Gewalt oder Überrumpelung denken. Ich will die Frau besonnen und unnahbar, und sei es nur mir gegenüber, und dazu noch guten Willens und glücklich. Nichts gefällt mir an einer jungen und schönen Frau besser als Zeichen von Tugend und Verstand. Ich meine, beobachtet zu haben, daß die Eifersucht hauptsächlich daher rührt, daß man bei seiner »Königin« Sehnsüchte, Schwäche oder Abhängigkeit zu erkennen glaubt. In ein Gedicht findet diese Vorstellung keinen Eingang. Und die Liebe ist ein Gedicht, etwas, das man erschafft, das man komponiert, das man will.

Sie ist indes nichts Freies; denn dann würde man lieben, was liebenswert ist, statt gleichzeitig zu verfluchen und zu verehren, wie es jedem widerfährt. Hier regiert wiederum der Fatalismus, ohne Zweifel heftiger als bei anderen Leidenschaften und über die Maßen bewundert. Denn im menschlichen Universum, in dem die Zeichen ständig durch die geringsten Regungen wechseln, geschieht alles, ohne daß man sich dessen bewußt ist. Sobald man über ein deutliches Omen nachdenkt, etwa lachende oder ernste Augen, den Ton einer Stimme oder nur ein Schweigen, kommen die Erinnerungen in großer Zahl, die Zukunft kündigt sich an. Häufig täuschten diese Vorzeichen, wenn nicht die Neugierde wiederum an die Seite des Orakels führen würde. So wird eine Prophezeihung mit Hilfe der Vorstellung, man könne wissen, ob die Prophezeihung günstig sei, auf ihren Wahrheitsgehalt geprüft. Dieser Vorgang bringt wiederum neue Zeichen hervor. Was zeigt, daß die Deutung von Zeichen die Liebe nährt und daß die Liebe sich an Hindernissen bewährt.

Noch mehr erstarkt sie durch Erwartung. Wir schenken jenen Regungen unseres Körpers, die bereits vermelden, wozu kaum Anlaß besteht, zu wenig Beachtung. Einzig die Erwartung, welche eine Regung durch eine andere lähmt, und uns für die Muskelvorgänge einnimmt, verursacht oft Ungeduld, ja sogar Zorn, wenn das Denken nicht mit anderem beschäftigt ist. Doch die Erwartung einer schwierigen Handlung, zu der man hundertmal ansetzt, kann ein kurzes Unwohlsein bewirken; Prüflinge, Redner, Schauspieler, Musiker wissen darum. Wiederum sehen sie die Sache als ein unvermeidbares Übel an, ohne Konsequenzen, als sei sie ihnen fremd. Doch gilt dies noch mehr für die Erwartungen derer, die man liebt. Denn die Zeit wird damit zugebracht, sich selbst zu befragen. Die Erwartung richtet unter den Gedanken einen Aufruhr an. Und die Frage: »Wird sie kommen?« unterscheidet sich nicht von jener anderen Frage: »Liebt sie mich wirklich?« Die Schriftsteller haben das Geräusch des Wagens und das Läuten an der Tür mehr als einmal beschrieben. Durch den Mechanismus des Körpers erschüttert uns ein beliebiges Geräusch, sei es nun erwartet oder unerwartet, bis ins Mark; selbst ein Hund, der bellt. Man denkt nur daran zurück, um darüber zu lachen. Doch sobald diese Emotionen Zeichen des eigenen Selbst an das eigene Selbst sind, ist die Zukunft entschieden. Alles ist Einbildung, alles trägt dazu bei, den Verliebten zu täuschen, der sich befragt, denn die Erwartung führt dazu, daß er zweifelt, ob er geliebt wird. Doch die Erwartung führt ebenfalls dazu, daß er nicht mehr zweifelt, daß er liebt, obwohl er dessen nicht sicher ist.

Ich glaube nicht, daß es eine Frau gibt, die listenreich genug ist, einen Verliebten mit Absicht warten zu lassen. Zudem wartet der Verliebte bereits vor der festgesetzten Stunde, er wartet immer. Jede Leidenschaft schließt königliche Langeweile anderen Dingen gegenüber ein; königlich will sagen: durch Entschluß. Aber die Machenschaften der Koketterie wecken, wiewohl fast immer schuldlos, jeden Augenblick Erwartungen, vor allem im gesellschaftlichen Leben. Die Höflichkeit fordert viel, und die

Erziehung, die man den Mädchen nicht grundlos angedeihen läßt, fordert noch mehr. Ich weiß wirklich nicht viel darüber, wie Frauen lieben, und wer kann, möge es sagen. Ich wage kaum zu behaupten, daß ihr sinnlicher Instinkt unerwartetere Regungen kennt als jener der Männer und daß sie noch stärker erglühen. Zwar gibt es auch dort mit Angst vermischte Erwartung, doch neigen sie mehr zur Verheimlichung, weil sie ihre Empfindungen nicht immer zur rechten Zeit verspüren. Ich habe beobachten können, daß Männer, die ein wenig natürlichen Charme und etwas Furcht vor der Liebe haben, mehr geliebt werden. Die Signale lassen dann auf sich warten und erstaunen wie Blitze, während die gewöhnliche, einstudierte Koketterie, die ihre Signale wie Geschwätz ausstreut, die Leidenschaften entmutigt. Das Unglück will es, daß eine an ihre Pflichten gebundene Frau, die gegen sich ankämpft, einzig deswegen die gefährlichste Kokette ist. So bahnen sich unheilvolle Dramen an. Die Tragik liegt nicht so sehr in dem Unheil, das sich daraus ergeben könnte, als in diesem fatalistischen Urteil, das so trefflich Unheil voraussieht, es ankündigt und sich dann hineinstürzt. Der Seher Ödipus und die Götter, vereinigt im selben Mann: das ergibt eine recht schöne, tragische Maske.

Kapitel IV

Die Eigenliebe

Man sagt, es gebe Menschen, die mit sich recht zufrieden sind, aber ich habe keine gesehen. Nicht nur die Dummen brauchen Lob, und das immer wieder. Ich weiß, daß der Erfolg eine gewisse Sicherheit gibt. Doch selbst bei großem Erfolg stellt sich das gewöhnliche Gefühl der Jämmerlichkeit ein – wegen der Notwendigkeit, ihn zu verteidigen. Zu mißfallen ist unangenehm; es ist wunderbar zu gefallen. Doch welcher Mann oder welche Frau könnten sicher sein, ihrer persönlichen Eigenschaften wegen zu gefallen? Die Selbstsichersten umgeben sich mit Lebensart und äußerer Pracht und bestärken sich durch ihre Freunde. Das Übermaß an Müßiggängern und der Ekel, an sich zu denken, treiben fast alle in das Verlangen nach Schmeicheleien, und seien es käufliche. Dadurch gelangt man zu einer gewissen Sicherheit. Doch ist das keine Eigenliebe, es ist Eitelkeit. Niemand ist meines Erachtens davon ausgenommen, in der Hinsicht, daß jedes Lob für kurze Zeit schmeichelt. Der Eitelkeit haftet etwas Rührendes an; sie bedeutet, andere ganz unbefangen um Hilfe zu bitten. Doch diese Zierde führt zu nichts. Eitelkeit ist Eitelkeit.

Die Eigenliebe ist ein Zusammenspiel von Worten; und Worte gestalten alles, wie ich oft gesagt habe. Aber jede Liebe hat etwas, was man nicht in sich hat. Lieben bedeutet, Schätze außerhalb seiner selbst zu finden. Ich meine inneren Reichtum, keinen äußerlichen Schmuck; und da man liebt, was von einem selbst ist, kann man nicht sich selbst lieben. Man liebt das Bild seiner selbst, das sich die anderen machen, in dem Sinne, daß dieses Bild, wenn es vorteilhaft ist, von der Gesellschaft freundlich und zuverlässig erwidert wird. Doch dieses Bild entspricht mir nicht; kein Objekt, kein Ding entspricht mir. Ich ist Subjekt, nicht Attribut. Kein äußerer Schein täuscht darüber hinweg. Was ich mache, das allein ist von mir; aber davon bleibt in mir nichts zurück. Auf Gewohnheit und auf Talent zu zählen bedeutet, auf andere zu zählen. In mir bleibt nur der Mut; doch muß er aufgebracht und bewiesen werden. Sobald er Objekt ist, sobald man ihn lieben möchte, besteht er nicht mehr. Wenn die Erinnerung ein Trost ist, so ist sie auch eine Last, sofern sie schön ist. Ich habe oft an jenen Musiker gedacht, der nach einigen Werken von großer Schönheit nichts Hervorragendes mehr schuf. Gewiß wandte er sein ganzes Genie auf, um sich zu verdammen; er starb geistig umnachtet. Vielleicht ist es klug, ein wenig Eitelkeit zuzulassen, ohne sich ihr hinzugeben, so wie man sich vor seiner eigenen Tür sonnt.

Hier wird die Macht der Worte deutlich. Aus einem mißverstandenen Satz hat man die inhaltsloseste Lehre gezogen. Von Natur aus liebt der Mensch nur sich selbst, und das ergäbe einen ungeselligen Zustand. Doch die gesellschaftlichen Zwänge nötigen ihn, mit den anderen zu rechnen und sie um seiner selbst willen zu lieben, so daß er schließlich zu glauben vermag, daß er sie um ihretwillen liebt. Es gibt eine ansehnliche Zahl geistreicher Werke, in denen der Übergang von der Eigenliebe zur Nächstenliebe recht gut erklärt wird, und ich gestehe, daß man, begänne man mit Einsamkeit und Eigenliebe, bald dazu käme, seine Mitmenschen zu lieben. Doch das ist nichts als schlechte Algebra. Soweit man den Wilden kennt, lebt er nach feierlichen Ritualen und schätzt das gemeinschaftliche Leben hoch; er ist denkbar wenig egoistisch. Der Egoismus ist die Frucht der Zivilisation, nicht der Wildheit; ebenso sein Korrektiv, der Altruismus. Doch der eine wie der andere sind eher Worte als Wirklichkeit. Ich glaube noch nicht einmal, daß die Todesfurcht ein Ausdruck des Festhaltens am Leben ist. Denn das Leben läßt uns lieben, was wir lieben; das Leben liebt, aber es ist nicht das Leben, was wir lieben. Alle vergeuden es und viele verschenken es. Doch es ist gut möglich, daß ein untätiger Greis seine Aufmerksamkeit schließlich auf die kleine Flamme richtet, die ihm bleibt, und sich den Ärzten anvertraut. Wir werden nicht sagen, daß er das Leben liebt, sondern vielmehr, daß er den Tod fürchtet. Überdies schwingt in dieser traurigen Besessenheit immer große Sorge um die Meinung anderer und das Bild von sich selbst mit, das man vermitteln möchte. Ganz zu schweigen davon, daß doktrinäre Vorstellungen sich hineinmischen, wie ich gesehen habe; denn der menschliche Geist befördert alles, selbst den Wahnsinn. Kurz, ich glaube, egoistisch zu denken, bedeutet immer, schlecht zu denken. Das Denken von sich selbst ist überwiegend von dem bestimmt, was sich schickt, und stets von teilweiser Rücksichtnahme auf andere geprägt. Ich stelle nicht in Abrede, daß es eine umfangreiche, oft ungeschriebene Literatur gibt, in der jeder sich beschreibt und so hinstellt, wie er in den Augen der anderen gerne wäre; aber das ist nur eine Übung in Höflichkeit.

Kapitel V
Der Ehrgeiz

Oft sagt man, daß der Ehrgeiz auf die Liebe folgt und der Geiz auf den Ehrgeiz, dem Lauf der Jahre entsprechend. Man sieht deutlich, warum das Alter Liebschaften erkalten läßt, wie sich mit den Jahren die Mittel ändern, mit denen man Gefallen erregen will, und welche Macht einem alten Mann zukommt. Bereits die Reife des Alters verwandelt die Liebe in Ehrgeiz. Es gibt eine Selbstsicherheit, eine Verachtung vieler Dinge, eine gleichgültige Haltung, die auf den bestens in Kenntnis gesetzten Verstand einwirken. So übt ein ermüdeter Liebhaber ganz natürlich jene andere Macht aus, die ihm zuwächst. Doch besteht die Leidenschaft weniger in dem Wunsch nach Macht als in der Lust zu gehorchen, die man gedemütigten Ehrgeiz nennen könnte. Ein Emporkömmling kann nicht vergessen, welche Wege er durchlaufen mußte. Der ehrgeizige Streber beherrscht sich über die Maßen und läßt sich nie zu Bewunderung hinreißen; oder aber er versteckt sie. Aber durch einen Mechanismus, den der Leser verstehen wird, erzeugt derjenige, der sich dazu bekennt, selten gerührt zu sein oder es nicht zu zeigen, häufig eine innere Leere; seine eigentliche Leidenschaft ist eher die Langeweile. Die Langeweile der Könige ist maßlos. Und jede königliche Macht, ich meine jene, die sich der Erhabenheit verdankt, langweilt den, der sie ausübt.

Der gedemütigte Ehrgeiz langweilt sich nicht. Er ersehnt, wartet, schmiedet Ränke, zittert, ist wütend und verehrt um so mehr. Das Metier Gottes ist nicht schwer; man bedarf dazu nur ausreichender Erhabenheit und muß irgendeine große oder geringe Gunst erhoffen lassen. Der Verehrer vergöttert — wegen der steten freudigen Angst, nicht zu finden, was ihm gefallen könnte. Ungezwungenheit und Natürlichkeit, selbst aus bloßer Höflichkeit, vermindern die Leiden des Ehrgeizes und auch seine Freuden. Im Gegenteil, dem Ehrgeiz ein wenig Wildheit beizumischen, macht die Erfolge berauschender und die Mißerfolge grausamer. Denn der Bittsteller fürchtet sich vor sich selbst, hält sich mit großer Kraftanstrengung im Zaum und grübelt über das, was kommt. Daher rühren jene Ängste des Prüflings und des Schauspielers, mehr noch des Schauspielers, die von dem herrühren, was man gerne bewirken möchte. Die Situation des Lügners besteht darin, seine natürlichen Regungen zu überwachen und ihnen entgegenzutreten, was eine große krampfhafte Mühe erfordert und selbst natürliche Lebensfunktionen in Mitleidenschaft zieht. Daher das Erröten wegen einer unvermuteten Lüge. Daher rührt auch, bevor es zur einstudierten Lüge kommt, die Angst vor sich selbst, dieses Zittern, dieses fieberhafte Warten. Dies kommt Gott zugute, denn der Bittsteller schreibt seine Verwirrung immer dem Einfluß Gottes und nicht den wahren Ursachen zu. Die Regungen des Körpers müssen immer Zeichen und Kunde geben, alle Leidenschaften rühren daher. Der Ehrgeizige, sobald er sich höheren Mächten ausliefert, gelangt bald dahin, sie zu fürchten und deshalb zu beneiden. So belohnt der König seine Günstlinge, und die Furcht belohnt den König.

In der Kunst, eine Audienz zu gewähren, liegt eine Koketterie der Mächtigen. Viele sind davon eingenommen. Es ist das Klügste, nicht hinzugehen oder unverschämt zu sein, wenn man nichts anderes kann. Wie leicht ist es, nichts zu erbitten! Während man das, was man erbeten hat, bald ersehnt. Wenn wir nichts tun könnten, kämen unsere Leidenschaften nicht weit. Ich habe heftige Begierden sich schnell erschöpfen sehen, selbst dann, wenn man sie, weil man nicht handeln konnte, nur dachte. Aber wieviele Begierden werden aus einem anfänglichen Handeln geboren! Man sieht, daß ein Mensch an einer Meinung nur festhält, weil er sie vormals vertreten hat. Und es geschieht, daß zwei Freunde sich beinahe entzweien wegen einer heftigen Diskussion über Themen, die sie kaum berühren. Daher versäumen sie nicht, die Schlußfolgerung zu ziehen, daß irgendein unterschwelliger Haß mitspielte, dessen Ursachen sie suchen. Leider vergeblich; es waren keine anderen Gründe im Spiel als eine belegte Stimme, eine behinderte Atmung, ein verkrampfter Hals, letztlich Müdigkeit. Der Überzeugungseifer ist Teil des Ehrgeizes. Die Manie des Streithahns ebenso.

Doch muß man ein Wort zu den Rivalitäten sagen, die den Ehrgeiz so trefflich anspornen. Zunächst durch Nachahmung der Leidenschaften, die uns ersehnen läßt, was wir sehen. Sodann durch Nachahmung von Haß und Zorn, die Teil des Ehrgeizes sind, durch Listen, die man ihm zuschreibt, wiederholte Verleumdungen; insbesondere durch unbesonnene Freunde, die zu den Streitereien beitragen. Der gedemütigte Ehrgeiz entwickelt sich ausgiebig nur in Familien, in denen gewöhnlich alle das Oberhaupt imitieren und mit ihm unsinnige Debatten führen. Man sagt, daß das Gute natürlicherweise ersehnt wird und daß es genau das ist, was das Gute definiert. Abgesehen von einer kleinen Zahl von Gütern sind die guten Dinge gut, weil man beginnt, sie zu ersehnen, zu wollen, ihnen nachzujagen. Das trifft gewöhnlich auf alle Leidenschaften zu; aber in allen steckt auch der Ehrgeiz.

Kapitel VI

Die Habsucht

Mit dem großen Geizhals ist es wie mit dem großen Streber; die Spiele der Leidenschaft werden nur durch einige Geringfügigkeiten sichtbar. Selbst bei Grandet und Gobseck* suche ich sie vergebens. Es bedürfte einer umfangreichen Kenntnis des Handels, des Kredit- und Bankwesens, um ihre riesigen Unternehmungen, ihre Standhaftigkeit, ihre Entschlossenheit, ja ihre Kühnheit, auch ihre peinlich genaue Redlichkeit und ihr nobles Vertrauen zu analysieren, das sie in manche setzen, ohne sich durch Äußerlichkeiten täuschen zu lassen. Ich füge hinzu, daß eine tiefe Weisheit in der Aversion gegen unnütze Ausgaben steckt; auch in jener Ansicht, derzufolge man eine Menschen-

---

* Anm. d. Übers.: Honoré de Balzacs Figur des Geizhalses Grandet aus seinem Romen *Eugénie Grandet* (1834) gilt als eine der gelungensten Darstellungen des Geizes in der gesamten Literatur. Jean-Esther van Gobseck, ein Geldleiher, der jedoch unbestechlich korrekt bleibt, ist die Hauptfigur in Balzacs Erzählung *Gobseck* (1830).

herde leichter durch Reichtum als durch Erhabenheit beherrscht. Man sollte eine folgerichtige Handlung, die von Intelligenz gelenkt wird und einer Auffassung von Gerechtigkeit folgt, die den Regungen der Eitelkeit, der Begehrlichkeit und sogar des Mitleids überlegen ist, besser nicht Leidenschaft nennen. Es ist auch nicht notwendig, irgendeine befremdliche Liebe zum Gold zu erfinden, um die Habsucht des Bettlers zu erklären; denn er ist an sein Bettlerleben gebunden, bis er genug zum Leben hat. Aber wer kann sich brüsten, genug zu haben? Schließlich legen Betrüger, Plünderer und Krieger hinreichend Zeugnis von vergrabenen Schätzen ab. Darin sehe ich keine Spur von Irrsinn.

Doch sehe ich sie in jener anderen, recht alltäglichen Habsucht, die man oft Verschwendungssucht nennt, und die nichts anderes ist als Liederlichkeit. Der Wunsch zu besitzen macht den Dieb aus. Doch die Liebe zum Besitz erzeugt den Geizhals; mehr als die Sache genießt er sein Recht. Sein eigentlicher Sieg besteht darin, ein unangefochtenes Recht geltend zu machen, das Zustimmung erzwingt. Zwischen beiden bewegt sich die Masse jener Geizigen, die, ohne das Recht ganz und gar zu verachten, sich insbesondere an Besitz und Nutzen berauschen, sich somit Reichtum, Macht zuschreiben, kurz und gut: ein Recht des Scheins, das sie selbst täuscht. Dieser Selbstbetrug wird keinesfalls geringgeschätzt, wenn etwa ein Bauer über seine Kräfte hinaus Anleihen aufnimmt und sich mit Arbeit betäubt. In dieser schlechten Kalkulation der Verbindlichkeiten und in der falschen Einschätzung, die von der Begierde gelenkt wird und vortäuschen läßt, daß man bezahlen wird, sehe ich nur leidenschaftliche Verblendung. Es heißt, zu sehr auf sich selbst zu zählen. Doch ist nicht die Freude angesichts einer Reihe von Arbeiten verständlich, die man gut auszuführen vermag, zumal schöne Tage winken? Der Betreffende verspricht es sich, und er wird aus eigener Tasche zahlen – leider zuviel.

Ich komme nun zu demjenigen, der nie bezahlt und aus Besitzstreben alles gelobt. Hier ist die Habsucht im eigentlichen Sinne schädlich, lächerlich und unselig. Man muß ihn sehen, wie er ein Landhaus besichtigt, das nicht bezahlt ist, das nicht bezahlt sein kann, und wie er es abschließen läßt. Das ist das Recht, das dem Verschwender zusagt, das er zur Schau stellt – doch genau dieses hat er am wenigsten. Erkennen Sie den Unterschied zwischen einem soliden Recht und dem äußeren Schein eines Rechts! Der Reiche will nicht glänzen; doch der Darlehensnehmer lebt vom äußeren Glanz. Er will ein Besitztum, das ins Auge springt; dafür gibt er sein Geld aus. Betrachtet man den Verschwender, vergißt man leicht, daß Geldausgeben eine Form des Besitzerwerbs ist. Seien Sie nicht erstaunt, wenn der Entleiher Ausgaben tätigt; nur deshalb gehört ihm das Gold, keineswegs aus Überlegung, denn das Recht ist auf seiten des Geldgebers. So ist der törichte Entleiher zur törichten Ausgabe verdammt. Oft hat man beobachtet, daß törichte Verschwendungssucht durch wirklichen und soliden Reichtum geheilt wird. Man versteht, warum. Beachten Sie, wie alles den Selbstbetrug des Entleihenden verstärkt. Sein Recht wird von denen, die er bezahlt, nicht angefochten; noch nicht einmal vom Geldgeber, der bis zum Zahlungstermin verschwindet. Es bedürfte einer besonderen Aufmerksamkeit von seiten des Verschwenders; doch hütet er sich davor. Man sagt oft, daß der Verschwender es vermeidet, an seine Abrechnungen zu denken. Doch häufig ist er noch gewitzter; er bringt sie mit Fleiß durcheinander. Man weiß, daß die Wahrheit nie zutage tritt, wenn man sie sucht. Was bleibt, ist ein rührender Beweis, mitten im Schweigen der anderen: die Geste, die bezahlt und die nimmt. Doch auch das einmal Erworbene gefällt nicht über lange Zeit; ein anderer wird es spottbillig bekommen.

Die Emotionen des Entleihenden ähneln im übrigen denen

des gedemütigten Strebers und führen zu den gleichen Irrtümern. Es ist der gleiche Schrecken im Vorzimmmer, die gleiche Verehrung, vermischt mit Furcht und Neid. Daher kommt wiederum der heftige Wunsch, dem wirklich Reichen zu ähneln und ihn in den Augen des Einfältigen in den Schatten zu stellen, indem man jene Ausgaben tätigt, die man sich leisten kann. Da diese Ausgaben öffentlich sein müssen, verleiht der Entleiher nichts. Er ist hinreichend charakterisiert, wenn man ihn als leicht zu durchschauenden und recht gewöhnlichen Menschen bezeichnet, der zu seiner Heilung nur zu wissen brauchte, wie gering er geschätzt wird. Doch bleibt er unter seinesgleichen.

Kapitel VII

Der Menschenhaß

Zwei gut bewaffnete Feiglinge trafen sich eines Nachts auf der Brücke von Asnières. Blut floß. Nichts ist leichter zu erklären und nutzbringender zu analysieren als dieser private Krieg. Er zeigt, wie die Leidenschaften aus einem Übermaß an Vorsicht heraus in Gewalt ausarten. Die Gefühlsregung der Angst, selbst ohne tatsächlichen Grund, hat so viel Macht über uns und ist so drükkend, daß wir darin immer eine Warnung sehen wollen. Jeder unserer Feiglinge verlangsamt seine Gangart und wendet sich ab. Nichts hat mehr Ähnlichkeit mit einem listigen Angriff als Vorsichtsmaßnahmen. Bei jedem von ihnen wuchs die Angst; einer von beiden wollte vielleicht schnell vorübergehen; der andere zückte seine Waffe. Das sind die Folgen eines törichten Mißtrauens und einer Mißdeutung von Zeichen.

Es ist der Jugend nicht gemäß, überall Feinde zu sehen. Doch verfällt der junge Mann im reifen Alter dann zu oft dem Mißtrauen, da er zunächst höflichen Zusicherungen Glauben geschenkt hatte. Im Zustand des Gleichgewichts und beflügelter Kraft findet sich ein lebhaftes und leichtes Spiel der Muskeln und des Blutes, ein ansteckendes Lächeln. Das führt dazu, daß der junge Mann glaubt, von Anfang an Sympathie zu empfinden, die ein Vorzeichen der Freundschaft ist. Der Austausch von Zeichen trägt dazu bei; man ist immer von ihm eingenommen. Ich bedauere den, der es zu Anfang allzu leicht hat. Es ist besser, von anderen nicht zu viel erwartet zu haben, denn es bedarf höherer Weisheit, um den Absichten und Gedanken der Menschen nie etwas zu unterstellen. Man ahnt den Weg von der Enttäuschung zum Mißtrauen. Viele sind ihn gegangen, unvorsichtig; auf diese Weise werden sie auch vom Mißtrauen hintergangen. An Zeichen fehlt es nie. Jeder Mensch ist ein Orakel: durch Müdigkeit, durch Launen, durch Sorge, Kummer, Langeweile und sogar durch die Spiele des Lichts. Nichts täuscht mehr als ein strenger oder zerstreuter Blick oder irgendein Zeichen von Ungeduld oder ein unangebrachtes Lächeln. Das sind Lebensregungen, die der Geschäftigkeit von Ameisen ähneln. Der betreffende Mensch ist oft himmelweit davon entfernt, an Sie zu denken. Sie beschäftigen ihn, wenn er gleichermaßen mißtrauisch ist wie Sie und aus denselben Gründen heraus. Einsamkeit und Nachdenken beeinflussen diese Zeichen; so erfindet man sich seine Feinde. Da diese an Ihren Gedanken, sowie sie sie erraten, Anstoß nehmen, schafft man sich auf diese Weise Feinde. Welcher Natur auch immer die Zeichen sein mögen, immer ist es Torheit. Die Menschen haben nicht viel Tiefsinn.

Ein guter Beobachter hat nicht diesen aufmerksamen Blick für die Zeichen. Er wendet sich ab von expressiven Regungen, die nichts aussagen. Gelassen will er den Menschen eher durch die Form als durch die Bewegung begreifen, mit jenen halb zugekniffenen Augen, mit denen man die kaum sichtbaren Sterne zu erkennen vermag. Aber wenn er auf der Grundlage einer Idee beobachtete, würde er bemerken, daß er immer zu viel errät. Und diese schlechte Kunst des Erratens, wenn man selbst im Spiel ist, kann bekanntlich zu recht gefährlicher Torheit führen. Doch hat jene bittere Erfahrung immer übermäßigen Erfolg. Man müßte als guter Physiologe urteilen: »Da ist ein Muskel erschöpft; dort sind Beine, die Bewegung nötig haben. Dies ist ein unterdrücktes Gähnen. Hier ist ein hungriger Mensch; das Licht behelligt seine Augen; sein Hemdkragen engt ihn ein; seine Schuhe tun ihm weh. Dies Korsett ist unbequem. In jenem Sessel sitzt man schlecht. Dies dort ist ein Mensch, der sich gerne kratzen würde.« Ich habe eine rechthaberische Frau gekannt, die zuweilen ihrem Chef berechtigte Beschwerden vortrug. Oft wiederholte sie ihre Ausführungen für sich selbst, wobei sie sich fragte, ob sie ihm das Passende gesagt hätte. Der Chef war taub.

Niemand versucht, eine nervliche Krise zu verstehen, es sei denn aufgrund ihrer natürlichen Ursachen. Somit ist, sobald wir eine genaue Vorstellung der Ursache haben, der Zorn nur mehr Lärm, ebenso die Drohungen. Nur fällt es schwer, dem Eingeständnis von Schuld nicht zu glauben; dennoch ist es unerläßlich. Denn mit dem Eingeständnis eines Fehlers ist es wie mit jenen Berichten von einem Traum, die man beim Sprechen erfindet. Angemessenes Verzeihen besteht nicht darin, den Fehler anhand seiner Motive zu verstehen, sondern vielmehr anhand seiner Ursachen. Nachsicht und Strenge sind nötig, denn bei den geringsten wie bei den schlimmsten Fehlern stößt man immer auf den müßiggängerischen König. Er ließ den Stoikern sagen, daß alle Fehler gleich sind. Daher mein Ratschlag, sich selbst nicht allzusehr zu hassen. Sehr oft glaubt man nicht, daß der Menschenhaß so weit ginge. Aber wir täuschen uns ebenso über unsere eigenen Gesten, unsere eigenen Worte und selbst über unsere eigenen Handlungen, wie wir uns in unseren Urteilen über andere täuschen. Wieviele jener Worte, die wir bedauern, sind wohlüberlegt? Unser Irrtum besteht darin, sie erst hinterher abzuwägen und in uns selbst eine schlechte Absicht, die es nicht gibt, oder, schlimmmer noch, eine bösartige Veranlagung zu vermuten. Diesem Mechanismus wohnt weder Bösartiges noch Gutes inne. Nichts bindet Dich, weder Deine Fehler noch Deine Tugenden. Kurz, es gibt zwei Irrtümer: zu glauben, daß die Menschen gutwillig sind, und zu glauben, daß sie böswillig sind. Beide Irrtümer hängen miteinander zusammen.

Kapitel VIII

Eingebildete Kranke

Hier geht es nicht um jene, die sich krank wähnen, ohne es zu sein. Sie sind selten. Es handelt sich um diejenigen, die ihre Krankheiten durch die Besorgnisse der Einbildung verschlimmern, was bei fast allen der Fall, ist und auch um jene, die krank sind aus Angst, krank zu sein. Derer gibt es viele. Diese Macht der Einbildung ist wohlbekannt und in ihren Auswirkungen umfassend studiert worden. Doch, was die Ursachen angeht, scheint jeder unwissend zu sein. Sicher, wir wissen nicht und werden nie wissen, wie sich unsere Ideen in körperliche Bewegungen umsetzen. Wir wissen nur, daß wir Ideen niemals ohne körperliche Bewegungen bilden. Wenn man nur die vertrauteste dieser Verbindungen betrachtet, nämlich, daß wir kraft Entschluß unsere Muskeln bewegen, erklärt dies schon den größten Teil der Wirkungen der Einbildungskraft, vielleicht sogar alle. Wir können uns mit einem Messer oder durch den Strang töten, oder indem wir uns in einen Abgrund stürzen. Handlungen, die wir unterlassen, haben kaum weniger Macht, wiewohl sie langsamer wirken.

Ein Kranker kann durch Massagen oder Einreibungen zu seiner Heilung beitragen; er kann sich aber auch durch Ungeduld oder Raserei schaden. Hier haben wir es im eigentlichen Sinne mit Auswirkungen der Einbildungskraft zu tun, deren Phantasien nichts Wirkliches haben, außer daß Körperbewegung sie haben entstehen lassen. Doch andere, dem Blick viel weniger zugängliche Bewegungen wirken ebenso auf die Gesundheit. Atembewegungen werden durch jede Erwartung oder Vorbereitung verlangsamt, behindert und sogar ausgesetzt. Das hängt mit unserer Mechanik zusammen, die bei jeder Anstrengung fordert, daß der Thorax mit Luft gefüllt ist, um all unseren Muskeln einen solideren Zusammenhalt zu bieten. Zudem geschieht das ganz natürlich, die Muskeln regen einander, einer den anderen, durch Nähe und Nervenverbindung an. Eine falsche Einschätzung tut zuweilen noch ein Übriges, wenn wir eine lange Anhöhe oder eine große Treppe hinaufsteigen. Wir fassen dann einen Entschluß, der unseren Atem lähmt, und auch das Herz reagiert mechanisch. Dieses Beispiel zeigt, daß furchtsames Warten das Leben tatsächlich hemmt. Wenn uns Furcht bedrückt, sieht man, daß die Beklemmung sich dem Übel noch zugesellt. Wenn man sich beim Trinken verschluckt, erfassen Schrecken und Aufruhr den ganzen Körper. Deren kann man schließlich durch Gymnastik Herr werden – wie jeder probieren kann. Man kann sich nicht die Augen reiben, wenn sich dort eine Mücke befindet.

Bei schwereren und langwierigeren Krankheiten herrschen Selbstbeobachtung und die Erwartung bestimmter Anzeichen vor, was wegen des unbeherrschten Willens, unbedingt zu genesen, nur schadet. Ängstlichkeit und schon die bloße Aufmerksamkeit für sich selbst gehen nicht ohne Verkrampfung aller Muskeln vonstatten, was Ernährung und Ausscheidung behindert. Aus Angst vor dem Sterben hindert man sich am Leben. Es gibt ein ganzes Muskelsystem, auf das der Wille keinen direkten Einfluß hat, nämlich das, was die Verdauung regelt. Doch ist es kaum möglich, daß diese Muskeln sich durch Ansteckung anderer Muskeln nicht versteifen oder verkrampfen. Fügen wir hinzu, daß das Blut, abgesehen davon, daß es von weniger Sauerstoff durchsetzt ist, sich überdies wegen dieser unnützen Plage verdickt. Unterdrückte Unruhe regt den Körper nicht an, sie erschöpft wie eine heftige Anstrengung. Die Folgen wirken ihrerseits wie Zeichen. Die Auswirkungen der Furcht vermehren die Furcht; das Denken würgt das Leben ab.

Schlaflosigkeit ist eine merkwürdige Krankheit, die oft nur das Ergebnis von Selbstverachtung ist. Das Wachsein an sich hat nichts Unangenehmes – wenn man nicht an sich denkt. Doch oft erwartet der von Leidenschaften Beherrschte den Schlaf wie eine Erholung. Selbst ohne unangenehme Gedanken kommt es indes vor, daß man erstaunt ist, nicht zu schlafen und von Unruhe erfaßt wird. Daher eine Versteifung aus Ungeduld und bald darauf Bewegungen, die den Schlaf fernhalten; denn sich beunruhigen heißt, sich wecken, und wollen heißt ebenfalls sich wecken. Die Erinnerung an diesen mühseligen Kampf ergreift sogar vom Tag Besitz und trübt die Nacht durch Vorerwartung, was sage ich, durch Vorliebe, denn man betet das fatalistische Idol an. Ich habe Kranke gekannt, die in Zorn gerieten, wenn man ihnen bewies, daß sie geschlafen hatten. Das Heilmittel besteht darin, die

Schlaflosigkeit zuerst einmal in ihren Ursachen zu verstehen und sich so der Sorge um den Schlaf zu entledigen. Doch kann man Schlafen lernen, wie man irgendeine Tätigkeit auszuüben lernt, wenn man will. Zuerst heißt es unbeweglich bleiben, doch ohne jede Steifheit, ohne Verkrampfung, und sich bemühen, alle Körperteile ihrer Schwere gemäß gut auszuruhen. Dabei macht man alle Muskeln geschmeidig und locker, indem man unangenehme Gedanken, falls vorhanden, vertreibt; und das ist leichter, als man glaubt. Doch gebe ich zu, daß dies in der Tat unmöglich ist, wenn man glaubt, es sei nicht möglich.

Ich komme zur Melancholie, die keine andere Krankheit hat als die Traurigkeit. Doch verstehen Sie, daß Traurigkeit tatsächlich eine Krankheit ist, langsames Ersticken, Erschöpfung aus Lebensangst. Ich gestehe, daß es an wirklichem Unglück nicht mangelt und daß der, der es erwartet, dazu allen Grund hat. Doch wenn er zu sehr daran denkt, findet er zudem sicherlich und augenblicklich in seinem beunruhigten Körper ein Leiden. Dieses Vorgefühl verschlimmert die Traurigkeit und bewahrheitet sie auf der Stelle; es ist ein Tor zur Hölle. Glücklicherweise werden die meisten aus anderen Gründen abgelenkt und kommen nur in müßiger Einsamkeit darauf zurück. Als Heilmittel dagegen hilft, wenn man begreift, daß man immer mit eigenem Einverständnis traurig ist. Woran man sieht, daß jeder Traurigkeit und jeder Leidenschaft Todessehnsucht zugrunde liegt, und daß die Todesangst dem nicht entgegensteht. Es gibt mehr als eine Art sich zu töten, die gewöhnlichste ist, sich aufzugeben. Die Furcht, sich zu töten, verbunden mit der Idee des Fatalismus, ist das vergröberte Abbild all unserer Leidenschaften und oftmals deren letztes Ergebnis. Sowie man ans Sterben denkt, muß man lernen, nicht zu sterben.

Kapitel IX
Die Angst

Die Ordnung ist hier weniger wichtig als der Gegenstand, und die Begriffe, die die Leidenschaften bezeichnen, hindern nicht daran, zu bemerken, daß sie alle in jedem einzelnen Gegenstand enthalten sind. Ich konnte einige Leidenschaften danach unterscheiden, auf welchen Gegenstand sie sich richten. Es geht jetzt darum, ihre Auffälligkeiten zu beschreiben, die da sind: Angst, Zorn und Tränen. Diese heftigen Zustände, die man in der Scholastik Emotionen nennt, können durch äußere Ereignisse, wie reale Gefahren, Kränkungen, Trauer, plötzlich auftreten. Doch untersuche ich sie vor allem in ihrer Verbindung mit den Leidenschaften, insofern sie dazu beitragen, diese zu verstärken. Wenn die Weisheitslehre Waffen gegen die wirklichen Übel suchte, verspräche sie zuviel. Wenn sie einige imaginäre Übel von uns fernhalten kann, ist das schon viel.

Bei genauer Betrachtung gibt es keine andere Angst als die Angst vor der Angst. Jeder hat beobachten können, daß Handeln die Angst vertreibt, und daß der Anblick einer deutlich umrissenen Gefahr sie häufig besänftigt. Beim Fehlen klarer Wahrnehmungen speist sich hingegen die Angst aus sich selbst, wie die maßlosen Ängste beim Herannahen einer öffentlichen Diskussion oder einer Prüfung zeigen. Die überraschende Wirkung, oft gefolgt von Regungen der Angst, die schnell anwachsen und gleichermaßen wieder abnehmen, macht die Wirkung der Muskelbewegungen auf den Blutkreislauf verständlich. Durch das plötzliche Zusammenziehen aller Muskeln werden die kleinen Blutgefäße plötzlich zusammengepreßt und eine Blutwelle wird in die weichsten Körperteile zurückgeschickt. Diese Bewegung wird als Eindruck aufsteigender Wärme und oft als Kälte am äußeren

Ende der Gliedmaßen empfunden, weil das Blut nur durch Zirkulieren zwischen den kräftigen Muskeln dorthin gelangt. Die Erschlaffung wird von heftigen Herzschlägen begleitet, der natürlichen Folge der für einen Moment unterbrochenen Atmung.

Das ist nur eine Reflexbewegung. Die Angst beginnt und wächst bei kleinen Aufwallungen, gefolgt von einem Entspannungszustand, mit einem Wort, durch Aufregungen, denen keine Taten folgen. Oder vielmehr ist Angst das Gefühl, das wir vor dieser Gemütsbewegung haben, deren Ursache wir dann suchen. Wie ein Schäfer durch die Glöckchen seiner Schafe alarmiert wird und herauszufinden sucht, was ihnen Angst macht. Doch unsere Muskelherde ist uns um einiges näher. Angst haben bedeutet nichts weiter, als sich zu fragen: Was habe ich denn? Immer verbunden mit Gemütsregungen, die sich auf Objekte in der Umgebung beziehen, oft begleitet von Vermutungen oder Momentaufnahmen und ohne daß wir die Möglichkeit hätten, zu handeln. Dagegen kann die Urteilskraft nichts ausrichten; denn Aufmerksamkeit verschlimmert den Aufruhr der Muskeln noch. Man hält den Atem an, um besser zu hören; man vergewissert sich durch Gründe, und man begibt sich nur zur Ruhe, um jene, wenn man dies so nennen kann, Unruhe ohne Objekt besser zu genießen, die aus sich selbst heraus entsteht und wiederkehrt. Ein wirkliches Objekt, eine wirkliche Gefahr, entrisse uns wenigstens dieser Anschauung der Angst. Und jeder weiß, daß tragische Umstände erst hinterher Angst machen, wenn man an sie denkt. Wenn also die Vorstellung flüchtig ist, sind der Körper und seine kleinen Bewegungen durchaus wirklich und werden immer durch ihre Wirkungen, selbst die geringsten, gefühlt, sobald man darauf achtet.

Handeln befreit von dieser Krankheit; Ungewißheit und Zögern aber verschlimmern sie. Schon das Warten ist lästig, wenn man sich nicht beschäftigen kann. Angst ist eigentlich das Erwarten einer Handlung, die man nicht kennt, aber die man auszuführen haben wird. Doch sofern man durch kleine, hinreichend schwierige Handlungen, die man gut beherrscht, Vorkehrungen trifft, ist man sofort erleichtert, zunächst, weil man weniger auf seine Empfindungen achtet, und dann, weil Handeln die Muskeln spielen läßt, sie massiert, das Blut befreit und das Herz erleichtert. Die Erwartung der Angst dagegen ist die Angst selbst. Deshalb gibt es voreingenommene Furchtsame, etwa des Nachts, auf dem Friedhof oder auf dem Wasser oder an einer bestimmten Straßenecke. Die Angst gibt immer ein Stelldichein. Hier sieht man deutlich, wie gut man sich selbst kennt. Sowie man sich schwach und ohnmächtig fühlt, ist man es sicherlich auch. Nicht, um zu handeln, denn oft übertreffen unsere Handlungen unsere Hoffnung, sondern um zu leiden. So ist die Selbstbeobachtung eigentlich eine Torheit, die in den Anfängen steckt.

Kapitel X
Der Zorn

Zorn erwächst oft aus Angst. Die erste Gelegenheit zu handeln oder auch nur zu sprechen, weist dann der ganzen Muskelbewegung die Richtung; doch bleibt in der Handlung etwas vom Zittern der Angst. Alle Muskeln wirken mit und die Bewegung wird noch durch ihre eigenen Wirkungen verstärkt, wie man gut beim Kind sieht, das aus Leibeskräften schreit und noch mehr schreit wegen des Wehs, das es sich zufügt, und wegen des Lärms, den es hört. Handelt es sich hier um Angst oder Zorn?

Man weiß es nicht; beide sind miteinander verquickt. Beim erwachsenen Menschen gibt es bei allem Zorn immer eine gewisse Furcht vor sich selbst und gleichzeitig das Hoffen auf Erleichterung, als erlöse uns der Zorn; und er erlöst uns, wenn er zur Tat schreitet. Doch oft verschwendet er sich in Gesten und Worten, zuweilen voller Beredsamkeit. Nur von außen kann man also über ihn urteilen. Denn eine heftige und eigensinnige Tat weist oft alle Anzeichen des Zorns auf, doch die Wirkungen setzen Scharfsicht und gewisse Selbstbeherrschung voraus, was Platon zu der Behauptung veranlaßte, daß der Zorn dem Mut dienen kann wie der Hund dem Jäger.

Trotzdem untersteht der Zorn nicht meinem Befehl wie meine Beine, meine Arme, meine Zunge. Jeder spürt, daß der Zorn ihn immer mehr hinreißt, als er möchte. Vielleicht ist im Zorn, sofern er nicht nur ein Zucken ist oder auf nervlicher Anspannung beruht, viel mehr Verstellung, als man zugibt. Man lernt, zornig zu werden oder seinen Zorn zu steuern, wie man lernt, irgend etwas anderes zu tun. Vielleicht ist Zorn im Spiel, sobald man handelt und dabei nur an sich selbst denkt, will sagen, sobald man handelt, ohne genau zu wissen, was man anrichten kann, wenn man seiner ganzen Kraft freien Lauf läßt. Es gibt Bewegungen, die der Fechter auszuführen vermag; doch um die Geschwindigkeit geringfügig zu steigern und gewissermaßen sich selbst zu übertreffen, muß er das Tier in sich befreien, mit allen Risiken. Das ist wie plötzlich aufwallender Zorn, der zunächst durch Verhalten und Bewegungen vorbereitet und dann wie ein Gewehrschuß losgelassen wird. Doch erfahrungsgemäß geraten die dem Zorn überlassenen Bewegungen bald in Unordnung. Ebenso sieht man, daß der beredte Zorn in kurzen Ausbrüchen vor sich geht, unterbrochen von Überlegung und wiedergewonnener Selbstbeherrschung. Überdies ist klar, daß man, sobald man eine neue Handlung beginnt, weder weiß, ob man sie ausführen wird, noch wie. Auch geht die Angst der wahren Improvisation voraus, und Zorn begleitet sie stets.

Demnach wäre jedesmal ein wenig Zorn im Spiel, wenn wir etwas wagen, ohne weit genug vorauszuschauen. Trotz Angst zu handeln, das vielleicht ist Zorn. In den Plaudereien der gehobenen Schichten kann man das beobachten: das geringste Zornesbeben oder, wenn man will, die geringste Ereiferung in der Stimme, läßt die Unbeteiligten die Ohren spitzen. Sie suchen einen harmlosen Anlaß, der Heiterkeit stiftet, um Abhilfe zu schaffen. Weil der Zorn Zeichen von etwas Improvisiertem ist, sagt man etwas Neues, dessen Folgen man nicht absieht. Sagen wollen, was man nicht zu sagen wagt, und wütend werden ist eins. Die Röte des Gesichts, wie beim Schüchternen oder beim Lügner, ist vielleicht nach innen gekehrter Zorn. Oft ist der Zorn Folge einer Lüge aus Höflichkeit; nach der Angst, die schweigt, kommt die Angst, die spricht. Doch beachten Sie, daß ich nicht die Angst vor einem bestimmten Übel meine, sondern die Angst vor dem Unerwarteten und dem Zukünftigen. Deswegen ist der wahren Liebe soviel Zorn beigemischt; die Furcht zu verletzen oder zu mißfallen bewirkt, daß man sich nur mit Heftigkeit hineinwagt. Auch glaube ich nur mit Mühe an den Haß, welche Wirkung man mir auch zeigt. Liebe und Furcht erklären unsere Verbrechen zur Genüge.

Zorn wäre demnach immer Angst vor sich selbst, genaugenommen Angst vor dem, was man tun wird, und vor dem, was man sich ankündigen spürt. Auch empfindet man häufig Zorn gegen die, die einem Gelegenheit geben, etwas zu verbergen. Das Erbeben versteht sich auf die gewöhnlichsten Worte. Taktlosigkeit an sich ist schon eine Kränkung. Und vielleicht liegt nur im Unvorhergesehenen eine Kränkung. Folglich ist Zorn auf tausenderlei Art mit Höflichkeit verbunden. Selbst wenn man den Zorn, der mit einer Tat einhergeht und sich nahezu ohne Denken vollzieht, beiseite läßt, möchte ich behaupten, daß wahrer Zorn aus jenem Zwang entsteht, den jeder sich aus Furcht vor Gesten und Worten auferlegt, wenn er sich in Gesellschaft befindet. So wird der maßlose Zorn aus nichtigem Anlaß verständlich; denn das, was erzürnt, ist, daß man sich lange Zeit vor sich selbst fürchtet. Ich halte auch den Haß eher für die Wirkung als die Ursache des Zorns. Hassen, das heißt voraussehen, daß man sich aufregen wird. Deshalb gelingt es einem häufig nicht, Haß zu empfinden, obwohl man Grund dazu hat, so wie man schwerlich Gründe für den Haß findet, die nicht auch Schwachstellen hätten. Nehmen Sie sich dies zu Herzen, denn es ist von großer Wichtigkeit für den Seelenfrieden. Es ist schwer, sich des Zorns zu enthalten, doch den Schritt vom Zorn zum Haß macht der Weise nicht.

Kapitel XI
Die Gewalt

Jedermann hat sich schon kriegerischen Handlungen hingegeben, sogar wider die Tatsachen und oft aus geringfügigen Gründen. Ich möchte, daß der Leser das Alltägliche im Leben aufmerksam prüft; er wird die Auswirkungen verhinderter Leidenschaften entdecken. Fast alle leben ohne körperliche Bewegung, ihr Leben steckt voller Zwang, Starrheit und Ängstlichkeit. Die Rücksichtnahmen gegenüber der Gesellschaft aus falscher Höflichkeit bestehen in vielen unterdrückten und verhinderten Handlungen; das Zittern, Erröten, die warmen Wellen, die die

Wallungen des Blutes anzeigen, sind Zeichen dieses Zustandes eines bewaffneten Friedens, der sich im Kampf gegen sich selbst erschöpft. Die Einbildung nimmt denselben Weg und trägt von sich aus dazu bei, die Muskeln zu lockern. Auf diese Weise verfällt unvernünftiges Denken so leicht auf gewaltsame Lösungen. Viele Menschen aller politischen Lager denken über die Wege der Gewalt nach. Die Rechtsordnung will Gefängnisse, Galgen und Schüsse. Deshalb nimmt das Übel kein Ende. Das schlimmste Übel ist vielleicht, daß Gerechtigkeit mittels Gewalt geübt wird, denn es bewirkt, daß die Gerechtigkeit gehaßt wird oder nicht wohlgelitten ist. Das ergibt eine ungute Mischung. Denn das Denken bestätigt die Rechtsordnung und weicht darin niemals zurück; und auch der Körper bedarf des Handelns. So kommt es zu Mündungsfeuer in der Nacht; und die Wut lenkt die Pflicht zu denken. Schlafe nicht, sagt die Leidenschaft, bevor nicht Gerechtigkeit geübt wurde; doch zuvor muß man schlafen. Wenn die Menschen mehr Erfahrung mit jenen glücklichen Augenblicken hätten, in denen sich alles von allein fügt, würden sie jenen beschwerlichen Vorgang, bei dem das Argument nur durch die antizipierte Zustimmung des anderen zählt, nicht als Träumerei abtun. Ein Gefangener teilte mir darüber einmal, wie durch Mauern oder eine Dachluke hindurch, etwas Wertvolles mit. Er sagte, daß jene Kraft des Denkens, welche die Vorstellungen anderer verändert, ihm wie eine Form von Gewalt erschiene. Ja, für vieles ist das Denken der Ausgangspunkt, und immer hat der Sieg Flügel. In der Tat schätze ich den Schriftsteller nicht, der über mich herfällt; und das ist einer der Gründe dafür, daß Beredsamkeit nichts bewirkt. Der Geist muß alleine sein.

Der Krieg ist das Ende aller Leidenschaften; er gleicht ihrer Erlösung. Alle sind sie dort versammelt. Jede wartet nur auf eine Gelegenheit. Es herrscht kein wahrhafter Friede, wo der Liebhaber die Untreue bestrafen will, der Reiche den Armen, der Arme den Reichen, der Ungerechte den Gerechten, der Gerechte den Ungerechten. Das Denken erhält nur Anreize; schlechter Schlaf. Natürliche Ursachen haben so auch die Feinde des Krieges in den Krieg gestürzt. Diese Gedanken konnten nur durch eine große Bewegung und entfesselten Zorn ein Ende nehmen. Somit ist die Vermutung unnötig, die Herrschenden sähen den Krieg als Lösung an, oder betrachteten ihn als Mittel, um die Ruhestörer in den Tod zu schicken, wie Voltaire sagen würde. Der Krieg ist nicht eine Lösung; er ist die Lösung. Der Eifersüchtige tötet mit Freuden; der Schrecken kommt erst danach.

So ist der Krieg beschaffen; wenn man seine Formen erörtern wollte, würde ein Buch kaum genügen. Doch wer spürt nicht die Macht dieser kollektiven Leidenschaft, die allen Zorn des Ehrgeizes, der Krankheit, des Alters, mit Zustimmung und Ruhm versehen, zum Ausdruck bringt? Wer sieht nicht, wie Nachahmung und Scham die Blüte der Jugend zum Krieg verleitet, wie frühreife Leidenschaften überdies zum Schlimmsten verleiten? Wer sieht nicht, wie die alte Kunst der Soldatenwerber, stets den Umständen angepaßt, besser denn je den Zwang verbirgt und die Rekruten mit einem Lächeln einfängt? Insbesondere ist der Fatalismus hier vielleicht noch wirkungsvoller als bei allen anderen Leidenschaften, aufgrund des Eifers der Propheten, aufgrund ihrer Macht über die Ereignisse, denn unser Unglück will, daß diejenigen, die sie voraussagen, auch diejenigen sind, die entscheiden. Das Thema hätte ich gerne umgangen, denn es erforderte allen Raum. In meiner Vorstellung nimmt es ihn auch zur Gänze ein, und dieses Buch ist nichts anderes als ein Nachsinnen über den Krieg. Nur durch Nachdenken, durch eine veränderte Wortwahl, lassen sich Vorstellungen beseitigen, die zu sehr an unsere Gefühle appellieren, auch solche, die dann den Krieg gegen den Krieg ausrufen.

Kapitel XII
Die Tränen

Man kann Tränen als einen natürlichen Aderlaß betrachten, verbunden mit jenem Blutkreislauf, der sein Zentrum in den Nasenhöhlen hat. Tränen zeugen also von Erleichterung, der Lösung einer Krise. Das läßt sich gut am Gesicht eines kleinen Kindes ablesen, in dem man jene Wellen sich formen sieht, die Anzeichen einer großer Muskelanstrengung, doch bar jeder Handlung sind. Dieser Sturm mündet in Lachen oder Tränen, je nach der Heftigkeit der Krise. Beim Erwachsenen betrachten Ärzte die Tränen als eine gute Lösung für Zustände extremer Anspannung, die zu Tod oder Wahnsinn führen können. So erklärt sich, daß Tränentau unsere tiefsten Freuden ausdrückt; doch stets geht dem Überraschung oder Ergriffenheit voraus. Das Erhabene rührt uns zu Tränen. Zweifelsohne liegt dabei eine doppelte Regung vor, denn im ersten Augenblick bedrückt uns das Erhabene. Doch sofort wirkt und dominiert das Urteil. So kommt es zu einem unübertrefflichen Gefühl, das sich ausweitet, die Welt umgreift und als Reaktion gegen das Erstaunen süße Tränen hervorruft. Man wundert sich, daß viele Hartherzige im Theater zu Tränen gerührt sind; sie benötigen die Deklamation und die Macht der Zeichen um sie herum, um deren wahre Macht einen Moment lang zu fühlen. Zweifelsohne spielen auch der Rückzug in sich selbst und das Mitleid hinein. Auch täuscht man sich leicht darüber. Und vielleicht täuscht sich der Zuschauer selber. Vielleicht glaubt er, sich an einem Mitleid zu berauschen, das nichts kostet. Unsere Freuden täuschen uns ebenso wie unsere Schmerzen.

Tränen folgen nicht minder dem Höhepunkt des Schmerzes und insbesondere der Wut. Sie wären also immer Erleichterung und Zeichen des Trostes. Tränen sind eigentlich kein Zeichen von Kummer. Das ist vielmehr das Schluchzen, dem stets Tränen folgen. Der Schrecken ist wie eine Mischung aus Angst und Zorn; eine Verkrampfung, die nicht andauern kann, aber auch nicht abrupt endet. Nach anfänglicher Entspannung und dem ersten Tränenstrom kommt das Mißgeschick neuerlich zum Vorschein; das Zucken folgt ihm. Der Unglückliche fühlt sich noch einmal sterben und sucht die Tränen von neuem. Er nimmt zu den Tränen Zuflucht und läßt sich gehen; mit den Zuckungen kehrt die Wut zurück. Die Schluchzer sind Bewegungen des Brustkorbs, unterbrochene Seufzer. Der Seufzer folgt im allgemeinen auf die Verkrampfung, wenn es gelingt, den Gedanken an den Schmerz wenigstens für einen Augenblick fernzuhalten.

Mir scheint, daß man weinen lernt, und daß man in Augenblicken, in denen alles stillsteht und in denen man vor der Gewalt erschrickt, die einem angetan wird, die Tränen sucht. Kinder stürzen sich ins Weinen und verstecken sich gewissermaßen darin, um ihren Schmerz zu vergessen. Ein tapferer Mensch, der sein Schluchzen zurückhält, durchlebt einen unangenehmen Augenblick. Doch entgeht er damit dem Gefühl der eigenen Schwäche, das sich schnell einstellt, sobald man sich den Tränen hingibt; denn man muß dann alles von anderen erhoffen und kann nicht mehr auf sich selbst zählen. Ich sagte, daß Tränen erleichtern. Doch das betrifft nur das Körperliche, es ist nur zur Hälfte richtig. Sobald man sich den Tränen hingibt, ist die absolute Verzweiflung gelindert, die das Leben unterbricht und es sofort zerstören würde. Doch spürt man die eigene Ohnmacht stärker; sie zeigt sich in plötzlichen Anstrengungen und dem Zusammenbruch, der ihnen auf dem Fuße folgt. Es sei denn, der Mensch begreift mittels Reflexion und Urteil seine Erschütterung als rein mechanisch und läßt der Natur ihren Lauf. Also weint man, ohne zu schluchzen. Durch die Tränen hindurch erkennt man sein Unglück besser und bemißt es bereits, wie der Bauer seinen Verlust nach dem Hagel.

Daß Scham den Tränen eigen ist und daß die Höflichkeit nicht erlaubt, sie zu deutlich zu zeigen, versteht sich, denn dies hieße, auf wenig rücksichtsvolle Art jene Schmerzen auszuforschen, die der andere vielleicht verbergen will. Auch verschleiern Frauen in Trauer ihr Gesicht. Doch die Anwesenden verschleiern es nicht, vielleicht, weil es gut ist, sich von Tränen anstecken zu lassen, wenn man Rührung sucht, und weil die Ursachen des Kummers bekannt und öffentlich sind. Dies ist die Weisheit der Zeremonien, von der später ausführlich die Rede sein wird. Doch das genügt vorerst, und ist vielleicht schon zuviel. Denn diese Beschreibungen werden jeden an erduldetes Leid erinnern, was keineswegs Torheit ist. Aber ich habe ja schon gesagt, daß eine Philosophie der Lebensklugheit von diesem Leid nicht handelt.

Kapitel XIII

Vom Lachen

Das Lächeln ist das vollkommene Lachen. Denn im Lachen ist immer Unruhe, wiewohl sie bald abebbt. Doch im Lächeln entspannt sich alles, ohne irgendwelche Unruhe oder Abwehr. Man kann also sagen, daß das Kind mehr noch seiner Mutter zulächelt, als sie ihm; somit ist die Kindheit immer das Schönste. Doch in jedem Lächeln ist etwas von der Kindheit; es ist Vergessen und Neubeginn. Alle Muskeln entspannen und lockern sich, vor allem die kräftigen Wangen- und Kiefermuskeln, die sich gewöhnlich bei Zorn und schon bei gespannter Aufmerksamkeit zusammenziehen. Das Lächeln gibt nicht acht; die Augen umspannen alles um sie herum. Gleichzeitig arbeiten Atmung und Herz ausgiebig und ungehindert; daher rühren die frische Farbe und das gesunde Aussehen. Wie das Mißtrauen Mißtrauen weckt, so ruft das Lächeln Lächeln hervor; es beruhigt den anderen über sich selbst und über alle Dinge ringsum. Deshalb sagen die Glücklichen mit Recht, daß alles ihnen zulächelt. Und man kann mit einem Lächeln die Schmerzen eines Menschen lindern, den man nicht kennt. Deshalb ist das Lächeln die Waffe des Weisen gegen seine eigenen Leidenschaften und die des anderen. Er berührt damit ihr Zentrum und ihre Kraft, die weder in den Ideen noch in den Ereignissen ist, sondern in jenem kriegerischen Zorn, der nicht lächeln kann. Geistige Tugend besteht stets im Fernhalten der Leidenschaften aufgrund einer Entscheidung und einer Wahl der Worte, die jedem Ding seinen angemessenen Stellenwert zuweist, kleine Dinge als kleine ansieht, während sie die großen ohne Befremden in ihren Proportionen beläßt. Ich habe die Gefahren freier Rede hinreichend geschildert, um verständlich zu machen, daß sie sich ohne Geist nicht erhalten kann. Doch in einem tieferen Sinn ist im Lächeln selbst Geist. Denn die letzte und verborgenste Wirkung der Dummheit besteht darin, von dem beunruhigt zu sein, was man selbst ausgegrenzt und außer Sichtweite gerückt hat. Götzenverehrung entsteht aus dieser Furcht. Gott hingegen lächelt seinem Bild zu. Diese Bewegung vollendet die Form und betont sie. Alles Erhabene vollendet sich mit Leichtigkeit, schafft neue Kraft. Der Geistesblitz ist der Lohn.

Das Lachen ist konvulsivisch; darin ähnelt es dem Schluchzen. Doch die gedankliche Haltung dabei ist vollkommen entgegengesetzt, denn beim Schluchzen ist es der Gedanke, der Mühe kostet, während er beim Lachen entspannt. Nur bei heftiger Überraschung erfolgt die Entspannung ungeordnet, kehrt die Überraschung wieder. Vergessen wir das Beben der Schultern nicht, die charakteristische Bewegung des Lachens. Der natürliche Überraschungseffekt erzeugt jenen unvermuteten Vorgang, der die Brust bläht und die Schultern hebt. Täuscht der Eindruck, fallen die Schultern sofort wieder herunter. Das Anheben der Schultern ist wie ein elementares Lachen. Es bedarf des Anscheins von Wichtigkeit, der trotz alledem beeindruckt, damit das Lachen die Schultern zum Wackeln bringt. Es bedarf eines Anscheins, dem man sich nicht widersetzen kann, bei dem man sich beruhigt beunruhigen kann und es zugleich nicht versäumt, sich trotz aller Beunruhigung Mut zu machen. Die Kunst, zum Lachen zu bringen, besteht in der Aufrechterhaltung dieses Anscheins, der freilich für das Urteil bar jeden Zweifels bleibt. Lächerlich wirkt die imitierte Erhabenheit, die jedoch nicht täuschen kann. Deshalb kann man über Schreckliches lachen, über Furchtbares oder über Schwächen, letztlich über alles, wenn man sich darüber erhebt. Doch ohne den ausdrucksstarken, theatralischen Anschein gäbe es kein Lachen. Überdies kann man auch aus freien Stücken lachen und insbesondere lächeln. Und da beides am wirksamsten gegen die Leidenschaften ist, würde ich sogar sagen, daß Lächeln der höchste Ausdruck des Wollens und, wie es hieß, das Eigentliche der Vernunft ist.

Dennoch hat das konvulsivische Lachen bekanntlich etwas Mechanisches. Wir müssen annehmen, daß eine brüske Entspannung auch noch andere Muskeln bewegt und oft zu einer weiteren Verkrampfung führt, die nicht andauern kann und von der man sich mittels einer entgegengesetzten Bewegung erholt, ohne sein Gleichgewicht wiederfinden zu können. Das geschieht beim Lachen aufgrund einer Überraschung. Man weiß, daß man Kinder und Erwachsene durch kleine, unwichtige, aber rasche und wiederholte Attacken zum Lachen bringt. Ebenso kann eine bestimmte Art von Witz zum Lachen bringen, ohne lächerlich zu sein – durch die Kunst, bestimmten Worten eine Bedeutung zu verleihen, die sie absolut nicht haben, und das auf lebhafte Weise, ohne daß man es vorhersehen könnte. Von dieser Art ist der Spaß; und die Leidenschaften sind durch ihren Ernst furchterregend genug, damit der Spaß doch die schöne Bezeichnung Witz verdient. Diese umfassende Bedeutung ist ein Fingerzeig. Der Verstand wacht und rettet, wenn er es nicht besser vermag, wie jene Plagegeister im Märchen, die den Kochtopf umwerfen.

SECHSTES BUCH
DIE TUGENDEN

Kapitel I
Mut

Auch wenn man geneigt ist, den Tieren alle Arten von Gefühlen und Absichten zuzuschreiben, kann man dennoch, selbst bei den wildesten, keinen Mut voraussetzen. Es ist ein Wunder, wie sie die Flucht ergreifen oder sich ganz einfach verstecken, nachdem sie einen Augenblick lang ein Bild entschlossener Kühnheit abgegeben haben. Oft definiert man den Menschen über die Vernunft, doch diese Definition paßt auf alle, selbst auf die Narren, wenn man die Vernunft in den Leidenschaften wahrzunehmen vermag, denn sich zu täuschen, wiegt schwer. Man könnte den Menschen jedoch auch über den Mut definieren. Nichts ist gewöhnlicher, man könnte sagen: alltäglicher. Er zeigt sich angesichts einer Katastrophe oder eines Krieges, erhebt sich mühelos und ohne animalische Heftigkeit über die erschreckendsten Umstände. Der Misanthrop müßte ernsthaft bedenken, daß die schönste Tugend auch die alltäglichste ist; er würde diese noble Art lieben und sich selbst ebenso.

Ich würde den Menschen auch über die Angst definieren; denn ich glaube nicht, daß das Tier Angst hat. Es flieht, das ist nicht dasselbe; und alle Bemühungen, dem Tier irgendein schwaches Bewußtsein zuzugestehen, und sei es von seinem Leid, sind vergeblich. Die Vernunft ist unteilbar, selbst in der Angst scharfsichtig und unbeugsam; die Angst ist königlich, wie der Mut. Imagination ohne Ordnung, wenn die Dinge schweigen und die Gefahr weit ist, macht Angst. Ja, willkürliche Erscheinungen machen Angst, diese Wunder eines Augenblicks, diese Götter und Geister allerorten, diese Gefahr ohne Gestalt und Form, beseelte Natur. Doch der Schrecken spricht aus jenem besonnenen Blick, dem es nicht gestattet ist, törichte Erscheinungen aufzunehmen. Das Übel der Angst ist die Wahrnehmung eines Verfalls oder einer Unordnung, außerhalb des Selbst, im Selbst. In der Angst ist große Scham. Doch ist das auch ein Beweis für unerschrockenen Mut. Denn diese kleine schreckliche Welt wird nur von Dir aufrechterhalten, und auch Deine Angst hält nur Deinen Mut aufrecht. Dieses Ärgernis kündet von etwas anderem, denn wer sich seiner Angst hingibt, fällt in gedankenloses Dunkel. Wird man endlich begreifen, daß das moralische Bewußtsein eben das Bewußtsein ist?

Man hat zur Genüge beobachtet, daß die Angst aus der Entfernung heraus am größten ist und kleiner wird, wenn man sich nähert. Nicht, weil man sich die Gefahr schrecklicher vorstellt, als sie ist, sondern weil man bei der Annäherung an eine tatsächliche Gefahr seiner wieder Herr wird. Eigentlich ist es die Einbildung, die Angst macht, die Unbeständigkeit der imaginierten Gegenstände, überstürzte und unterbrochene Bewegungen, die gleichzeitig Wirkung und Ursache der Einbildungen darstellen, schließlich eine Ohnmacht des Handelns, die weniger auf die Macht eines Gegenstands als auf den schwachen Eindruck bezogen ist, den er uns bietet. Keiner ist Gespenstern gegenüber tapfer. Der Tapfere geht fröhlich, doch nicht ohne Angstgefühle, auf die Wirklichkeit zu, bis zu dem Augenblick, in dem eine schwierige Handlung in Verbindung mit genauer Wahrnehmung ihn ganz befreit. Man sagt zuweilen, daß er sein Leben gibt; doch muß man das richtig verstehen. Er überantwortet sich nicht dem Tod, sondern dem Handeln. Deswegen sind in Kriegen die Angst und der Haß Nachzügler, der Mut und das Verzeihen Vorreiter.

Denn, wie ich bereits erklärt habe, haßt man nur aus Zorn, der im Grunde Angst ist. Ich hasse den, der mir Angst macht; doch denjenigen, der mir hilft, frei, klarsichtig und unverwundbar zu sein, indem er mir das Bild eines beherzten Helden zeigt, liebe ich bereits.

Eine Ursachen des Krieges ist die Ungeduld, die man fürchten sollte. Ebenso das unbestimmte Gefühl, daß ein Zustand so nicht bleiben kann und daß tief im Innern dieser Furcht der erhabenste Mut schlummert. Der Krieg ist wie ein Stelldichein, daß man sich gibt, deshalb haben alle es so eilig, hinzugehen. Aber warum? Der alltäglichen Knechtschaft wegen, die daher rührt, daß wir Respekt nicht von Gehorsam unterscheiden können. Was? So viele Menschen sind bereit zu sterben, und so wenige sind bereit, den Mächten zu trotzen? Dennoch fehlt es nicht an Gelegenheiten, etwas zu wagen. Es wagen, die Dinge beim Namen zu nennen, den Polizeibeamten, so hochrangig er sein mag, als das anzusehen, was er ist, den Lügner als das, was er ist, den Schmeichler als das, was er ist, und alles hellsichtig verzeihen, das ist noch immer sehr gefährlich. Doch alle diese Krieger leben kniefällig, sie zittern angesichts eines Königs, eines Inspekteurs, eines Präfekten. Nur im Krieg finden sie Gelegenheit, ein- oder zweimal zu leben, bevor sie sterben.

Kapitel II
Mäßigung

Man urteilt schlecht über die Mäßigung; man fürchtet ihre offensichtlichsten Wirkungen, doch begreift man die ihr eigene Poesie und ihre Macht nicht. Die Menschen der Antike, der tradierten Weisheit stärker verbunden, haben es nicht versäumt, die Verzückung des Übermäßigen und die orgiastische Überschwenglichkeit, deren Freuden nur gelegentlich auftraten, irgendeinem unruhestiftenden Gott zuzuschreiben, den man durch Zeremonien und gewissermaßen durch einen geordneten Rausch besänftigte. Aus diesem Blickwinkel maßen ihre Weisen allen Formen der Schicklichkeit mehr Wert bei als wir. Wir hingegen vergessen zu sehr unsere wahren Beweggründe und unsere wahre Macht und wollen die Mäßigung auf angstbedingte Enthaltsamkeit reduzieren. Obwohl wir das Individuum im Auge haben, verfehlen wir es damit, während das antike Zeremoniell auf besseren Wegen bis zur Seele vordrang.

Man täuscht sich sehr, wenn man Trunkenheit nur als animalische Torheit ansieht. Die Trunkenheit ist nur eine Gelegenheit, sich ausschweifend zu betragen. Wie die mehrfachen Bedeutungen des Wortes bereits anzeigen, ist Trunkenheit immer auch geistiger Natur. Der Dichter hat das richtig gesehen; und ich nehme den Auftritt des Narren mit seiner Flasche bei Shakespeare keineswegs auf die leichte Schulter. Es ist bemerkenswert, daß der vollkommenste Spaßmacher Engländer ist, wie auch die vollkommenste Höflichkeit die englische ist. Die Unmäßigkeit wäre demnach wie ein Sieg über die Scham, die bis zum Ersticken einengt. Wie soll man auch übersehen, daß sich die furchtbarste Ausschweifung gegen die Bekleidung richtet? Folglich ist es die Sinnenfreude, die durch diese Revolte verstärkt wird; ebenso bedarf die Trinkfreude einer Stütze des Geistes. Figaro sagte es in wenigen Worten, indem er den Menschen einmal mehr definiert, zumal besser, als er glaubt.

Es gibt Narren ohne Wein; nichts schätzt man geringer. Daneben existiert auch die Extravaganz, deren geringste Spur in den Ohren klingt und erröten läßt wie etwas Unschickliches. Das verbindet die Torheiten der Liebe und die Dreistigkeit der Possenreißer. Ausschweifung ist auch im Gesang, im Wortgeklingel, bis hin zur Schreibweise. Eloquenz muß man diese heftige Regung gegen die Scham nennen, wenn sie diese vergessen läßt. Doch die weise Consuelo* hat sich besser in der Gewalt, und man muß gestehen, daß George Sand an die größten Autoren heranreichte, als sie diese Figur geschaffen hat. Ich habe mehr als einen schamlosen Künstler gekannt, auch andere, die von Scham befangen, zwar nicht kraftlos, aber doch stets ohne Anmut waren. Eine souveräne Gleichgewichtigkeit habe ich bei diesen gefährlichen Übungen noch selten gesehen. Man bräuchte weder Widerstand noch Kampf, sondern vielmehr Erlösung. Besonnenheit mäßigt ihre Regungen noch wirksamer als die Scham. Diesen Weg schlugen die Götter ein.

Man täuschte sich also, wenn man glaubte, daß man durch Nichttrinken je zur Enthaltsamkeit gelangt, oder zur Mäßigung, indem man jeden Mißbrauch vermeidet. Ich sehe darin einen Irrtum im Hinblick auf den Gegenstand; denn ein Gegenstand, der gefällt, ist keineswegs so furchtbar. Hierher gehört die Halbwahrheit, die besagt, daß es gut ist, der Natur nachzugeben. Doch was für Tiere und sogar für Kinder leicht ist, ist es für

---

* Anm. d. Übers.: Consuelo, Opernsängerin und Bohemienne, ist die Hauptfigur von George Sands gleichnamigen Roman, der 1843 erschien.

andere nicht. In Wahrheit verwirrt uns das geringste Vergnügen stark. Welch gedankliche Tiefe findet sich in jener Mythologie, derzufolge eine Erbsünde die Freuden der Natur verdirbt! Der wahre Fehler besteht jedoch immer darin, nicht zu glauben. Der entfesselte Geist vollendet das Übel, doch ist es der gefesselte, der es beginnt. Ein freier Geist kann sich zufälligerweise berauschen, doch wird er es nicht dermaßen bedauern, daß er sich verdammt, wenn er sich erneut dem Rausch hingibt. Ich gestehe, daß andere Vergehen gegen die Mäßigung wegen des Leids, daß man anderen Geschöpfen durch die Teilhabe an Vergnügungen und allen anderen wegen des Aufsehens zufügen kann, mehr zu fürchten sind. Deshalb ist es weise, die Regeln des alltäglichen Lebens und die allgemeinen Sitten zu akzeptieren. Sie werden solche Gelegenheit ausreichend fernhalten, vorausgesetzt, daß der Verstand andere Beschäftigungen hat. Doch darf der menschliche Geist diese Fesseln nicht spüren. Denn dann besteht die Versuchung, sie zu sprengen; das Vergnügen reizt des Frevels wegen. Statt die guten Sitten zu vergöttern, sollte man überhaupt nicht über sie urteilen. Auf diese Weise ergibt sich eine andere Reinheit, schön wie der Schlaf.

Kapitel III

Aufrichtigkeit

Wenn man anhand abstrakter Gründe oder Überzeugungen bewiesen hat, daß Lügen nie erlaubt ist, hat man der Tugend einen schlechten Dienst erwiesen; denn bekanntlich schwächt ein Gesetz, das man nicht anwenden kann, die Autorität der anderen Gesetze. Vielleicht sollte man Diskurse besser nach den höheren

Grundsätzen der Gerechtigkeit regeln; doch gibt es in der Lüge auch Leid, das man sich selbst zufügt, und Verkommenheit. Es existiert also eine Tugend der Aufrichtigkeit, die allerdings nicht auf der Ebene gewöhnlicher Gespräche angesiedelt ist. Daher kommt es, daß viele Lügen entschuldigt, einige sogar gelobt werden und sicherlich ehrenwert sind.

Das Gesetz bestraft üble Nachrede, und die strengsten Sitten stimmen hier mit dem Gesetz überein. Das zeigt, daß vollkommene Offenheit bei jeder Gelegenheit im Hinblick auf alles und jedes nicht lobenswert ist. Der Zeuge schuldet dem Richter die Wahrheit, aber nicht irgend jemandem. Niemand wird billigen, daß man einen alten Fehler, der gesühnt und wiedergutgemacht wurde, erneut in Erinnerung ruft. Folglich ist es oftmals gut zu schweigen; und Schweigen bedeutet strenggenommen schon lügen. Doch Aufrichtigkeit ist nicht auf dieser Ebene angesiedelt. Man versuche nicht zu sagen, daß man seinem Freund alle Gedanken schulde. Welche Doppelzüngigkeit und Feigheit steckt oft in einer Moral, die streng sein will, und die man nicht formulieren kann, ohne sich selbst zu belügen! Was? Ich muß meinem Freund sagen, daß ich an ihm Abmagerung, Müdigkeit, Greisenhaftigkeit, oberflächliches Gerede oder mechanische Wiederholungen, lästige Anzeichen von Schwäche oder Alter erkenne? Werde ich soweit gehen und ihm sagen, daß ich an einen lang verziehenen Fehler denke, wenn ich daran denke? Werde ich es ihm sagen, wenn ich an ihm das Fehlen jeglicher Anmut bemerke, an das ich mich nicht gewöhnen kann? Nicht doch. Im Gegenteil, ich werde ihm sagen, was das Beste an ihm anspornen kann und ihn auf diese Weise über das andere hinwegtrösten. Oder werde ich an die Laster oder die Feigheit eines Toten erinnern, den man beweint? Es wäre zuweilen feige, sie nicht zu sehen, sie zu bemänteln, ja, aber eine größere Feigheit wäre es, sie mitzuteilen. Täuschen wir uns nicht über das Bedürfnis, zu sagen, was uns in den Sinn kommt. Dieses Bedürfnis ist rücksichtslos; es ist nichts als Impuls und Leidenschaft. Nur ein Narr sagt alles, was ihm einfällt.

Es gibt viele solcher Narren, die frei herumlaufen. Ich mag diese geschwätzige Begeisterung nicht, die Ihnen ihre Laune ins Gesicht schleudert. Ich würde sie an mir selbst hassen, hatte mehr als einmal Anlaß, darüber zu erröten, wenn nicht das Alter, das Wohlwollen meiner Freunde und Gefallen an der Einsamkeit mich ein wenig davon geheilt hätten. Es hat einen triftigen Grund, nicht dem Erstbesten zu sagen, was einem in den Sinn kommt, denn es ist nicht das, was man denkt. Außerdem täuscht nichts mehr als die Aufrichtigkeit der ersten Regung. Im Spiel der Worte bedarf es der Vorsichtsmaßnahmen, von denen oft die Zukunft der anderen und der eigenen Person abhängt. Es gibt nichts Gewöhnlicheres, als sich auf das zu versteifen, was man aus einer Laune heraus gesagt hat. Doch wenn man sich selbst verzeihen und, besser noch, vergessen könnte, was unpassend gesagt oder gedacht wurde, könnte man es noch lange nicht aus dem Gedächtnis des anderen streichen, denn man behauptet oft, daß die Menschen leicht glauben, was ihnen schmeichelt. Ich würde jedoch eher sagen, daß sie noch leichter das glauben, was sie verletzt. Wenn man zuweilen einen niederträchtigen Schurken entlarven und bestrafen oder seinen Triumph ein wenig verderben muß, so ist das Sache der Justiz. Doch außerhalb dieser strengen Verpflichtung rät uns die Erfahrung, mit Stimmungen und Leidenschaften vorsichtig zu sein. Unsere Meinungen über andere sind nie sicher genug, daß man eine Verurteilung wagt. Jede Verurteilung wiegt schwer. Insbesondere betone ich, daß man Kindern nicht sagen darf, was man von ihnen denkt, wenn es nichts Gutes ist, und das Beste wäre, von ihnen und auch den Erwachsenen nur das Beste anzunehmen. Und da man schließlich manchmal reden muß, ohne alles abzuwägen, darf man folglich weder von sich noch über andere sprechen, sondern vielmehr über die Sache. Unsere Urteile können ihr nichts anhaben.

Die Erziehung und das Verhalten führen, weil wir ihre Wirkungen erfahren, zu derartiger Vorsicht. Und oft sagt man, daß ein solches Wohlwollen Lüge ist; was nicht ganz täuscht. Denn es gibt eine Verstellung, die böswillige Gedanken verstärkt, und es gibt eine Beredsamkeit, mit Hilfe derer man sich oft für oberflächliches Gerede und konventionelle Schmeicheleien rächt. Unter den Leidenschaften ist dies der heftigste Zustand, denn er fügt der Traurigkeit und dem Zorn die Angst zu sprechen oder sich zu verraten hinzu. Das ist ein eingeengtes Leben, es wirkt sich auf alle Leidenschaften aus. Diese Störung steigert sich zur Ängstlichkeit und erklärt sie häufig zur Gänze; mit solchen Leuten ist die Konversation leer und langweilig, ihre Leistung besteht darin, mit vielen Worten nichts zu sagen. Höflichkeit ist also nur insoweit Tugend, als man dem nachgibt und all jene Urteile zuläßt und sich aufheben läßt, welche die Höflichkeit zu verbergen zwingt. So ist die Höflichkeit bei denen Lüge, die von Leidenschaften beherrscht werden und an ihnen festhalten, aber Aufrichtigkeit bei denen, die bereitwillig ihre Launen eingestehen oder sich ernsthaft um Aufrichtigkeit bemühen. Schließlich gibt es zwei Arten, nicht zu lügen. Die eine ist die, alles zu sagen, was einem in den Sinn kommt; sie ist nichts wert. Die andere ist die, nicht allzu sehr an das Spiel der Launen zu glauben. So gesehen ist höfliche Konversation gut. Zu Alkeste* paßte Aufrichtigkeit

---

* Anm. d. Übers.: In der griechischen Mythologie ist Alkestis, die Gemahlin des Königs Admetos, ein Sinnbild für den Opfertod. Da ihr Gemahl bei der Hochzeit versäumt hatte, der Göttin Artemis zu opfern, war er dem Tod verfallen, wenn nicht jemand anders sein Leben für ihn hingab. Alkestis starb für ihren Gatten, wurde jedoch von Herakles dem Tod abgerungen und aus dem Hades befreit.

schlecht. Es bedarf nur der wohlmeinenden Anstrengung und der Weisheit, damit Aufrichtigkeit mühelos gelingt.

Für Gedanken, die gelungen formuliert, genau geprüft und durch Lektüre, Gegenüberstellung, Ausforschen aller erdenklichen Wege und schließlich durch alle Beweise abgesichert sind, darf das Bedürfnis, sie auszusprechen, nicht als Verpflichtung verstanden werden. Es ist freilich sehr amüsant, daß es an Bekenntnissen von Schriftstellern nie fehlt. Wenn man dem Bedürfnis nachgibt, sollte dies immer schriftlich geschehen, denn die Erinnerung verzerrt allzusehr. Man sollte sich immer kurz fassen, damit man es nicht leichthin lesen kann; und alle Nuancen und Zweifel sollen vorkommen, all jene Harmonien, die mehr als eine Deutung zulassen, wie es die ehrbare klassische Sprache denen ermöglicht, die sie deswegen schätzen.

Kapitel IV
Von der Gerechtigkeit

Man spricht von einem »Geist der Gerechtigkeit«, und dieser Ausdruck umfaßt mehr als die Rücksichtnahmen, die man anderen schuldet. Das Wort Recht zeigt dieselbe erstaunliche Doppelsinnigkeit. Eine nützliche Warnung beim ersten Blick auf diesen umfassenden Gegenstand; denn was Recht ist, ist bereits Idee. Doch der Geist der Gerechtigkeit ist weit mehr als der Verstand, der eine Idee bildet und daran festhält, der nicht will, daß seine Definition durch praktische Erfahrung belastet wird. Mir scheint, daß der Geist der Gerechtigkeit weder unbedeutenden Dingen, noch kleinen Mißgeschicken, noch Schmeicheleien, noch menschlichem Aufruhr, noch Klagen, noch auch der Geringschätzung, allzu große Bedeutung beimißt, was das Rechtsbewußtsein nicht immer vermag. Deswegen wollte Platon, der göttliche Mensch, in der Gereechtigkeit nur die innere Übereinstimmung sehen und die Selbstbeherrschung. So ist seine *Politeia* hauptsächlich eine Abhandlung über die gerechte Seele und nebenbei eine Abhandlung über die gerechte Gesellschaft. Bei diesem Beispiel werde ich mich hüten, Gerechtigkeit je als etwas Bestehendes anzusehen, das man akzeptieren muß, denn Gerechtigkeit muß man immer wieder neu schaffen, ohne fremde Hilfe, für sich und auch Menschen gegenüber, die man nicht kennt, die man nie gesehen hat.

Gewalt scheint die Ungerechtigkeit selbst zu sein. Doch man drückte sich angemessener aus, wenn man sagte, daß Gewalt der Gerechtigkeit fremd ist, denn man sieht einen Wolf nicht als ungerecht an. Indessen ist der rechthaberische Wolf aus der Fabel ungerecht, denn er will Billigung. Hier zeigt sich die Ungerechtigkeit, die demnach eine Anmaßung des Verstandes wäre. Der Wolf hätte es gerne, daß das Schaf nichts zu erwidern hätte, oder zumindest doch, daß ein Schiedsrichter zu entscheiden hätte; und der Wolf selbst ist der Schiedsrichter. Hier ist genug gesagt, es ist klar, daß Gerechtigkeit auf dem Urteil des Verstandes beruht, der Erfolg ist dabei unwesentlich. Jemandes Sache vor Gericht vertreten, bedeutet zu argumentieren. Gerechtigkeit schaffen bedeutet, Urteile zu fällen. Gründe abwägen, keine Gewaltmittel. Der erste Schritt zur Gerechtigkeit besteht in einer Untersuchung mit Hilfe des Verstandes und in der Prüfung von Gründen. Die Voreingenommenheit ist an sich ungerecht. Selbst der Begünstigte und sich im Recht Wähnende wird nie glauben, daß man ihm wirkliche Gerechtigkeit widerfahren ließ, solange nicht dem anderen Gerechtigkeit widerfuhr, indem auch seine

Gründe nach bestem Wissen und Gewissen geprüft wurden. Nach bestem Wissen und Gewissen meint, die ganze ihnen innewohnende Kraft zu suchen, was Rechtsanwälte leidlich tun. Man findet Prozessierende, die recht zufrieden sind, wenn ihr Anwalt alles gesagt hat, was es zu sagen gab. Viele würden nicht gewinnen wollen, wenn gleichzeitig ihr Verschulden ans Licht käme. Sie wollen, daß es dem Gegner gestattet ist, jeglichen Beweis anzuführen, ohne den der unbesorgte Besitzer immer unruhig bliebe. Der Besitzdrang ist ein Drang des Verstandes, der eine Beanstandung mehr fürchtet als einen Dieb. Ungerechtigkeit ist menschlich und, wie die Gerechtigkeit, in gewisser Weise erhaben.

Demnach wäre Verfolgung die Ungerechtigkeit selbst. Verstehen Sie darunter nicht alle Gewalt, sondern die, die zum Ziel hat, sich berechtigten Forderungen zu widersetzen. Es ist der Triumph des Ungerechten, anerkannt und gelobt zu werden. Deshalb ist die Revolte zuerst eine des Wortes und geht nur in Handeln über, um das Wort zu retten. Man weiß nicht, welche Bedingungen die Menschen nicht zu akzeptieren bereit wären, solange sie das Recht behalten, Unrecht anzuprangern. Es ist ein Fehltritt, der stärker bestraft wird als alle anderen, gegen den Tyrannen im Recht zu sein. Halten wir fest, daß Gerechtigkeit unabdingbar Beziehungen zu unseren Mitmenschen voraussetzt, die ihre und unsere freie und offene Zustimmung findet.

Diese einfache Vorstellung findet bereits beim Tausch und bei allen Verträgen Anwendung. Zuerst ist dabei nichts im Spiel, ohne das beide Seiten nicht zustimmen könnten, ohne das beide nicht den gleichen Sachverhalt billigen könnten. Auch bedarf es weder der Lüge noch der Täuschung. Vollkommene Gerechtigkeit heißt, daß ich meinen Käufer über alles in Kenntnis setze, was ich über das, was ich ihm verkaufe, weiß. Doch muß er mich ebenfalls darüber in Kenntnis setzen, was er über die Geldstücke weiß, die er mir im Tausch dafür gibt. Ich habe Menschen gekannt, die es für ziemlich harmlos hielten, ein verdächtiges Geldstück weiterzugeben, das sie selbst unachtsam erhalten hatten; doch ist das nicht gerecht, solange man der freien Zustimmung dessen, dem man es gibt, nicht sicher ist. Und in der Regel hat der andere Vertragspartner niemals die Möglichkeit zu sagen: »Wenn ich das gewußt hätte.« Oder Sie begnügen sich damit, reich zu sein. Versuchen Sie nicht, auch noch gerecht zu sein! Hierin liegt kein Scharfsinn; alles ist in dem Moment deutlich, wo Ihnen die Zustimmung des anderen fehlt, und vor allem, wenn Sie selbst erkennen, daß er sich nicht täuscht. Irrtum zählt nicht. Es bedeutet wenig, daß Sie selbst es in diesem Augenblick nicht gewußt haben, ich betone, nach bestem Wissen und Gewissen nicht gewußt haben, das heißt ohne Möglichkeit, sich von etwas in Kenntnis zu setzen. Ich habe einen alten Stich mit Rahmen gekauft, nicht die Banknoten, die ich darin versteckt fand. Es ist nicht immer einfach herauszufinden, wem sie gehören, doch klar ist, daß sie nicht mir gehören. Hierbei sieht man hervorragend, wie mir scheint, worauf der Verstand seinen urteilenden Blick lenkt; eben auf die Idee von der Sache selbst, die beiden gemeinsame Idee. Ein Verkauf kann nicht gleichzeitig zweierlei sein. Der Schiedsrichter täuscht sich darin nie.

Es ist wahr, daß auch Fälle existieren, wo der andere zustimmt, ohne wirklich Bescheid zu wissen, auch Fälle, wo er aufgrund eines anderen Wunsches zustimmt oder wegen eines dringenden Bedürfnisses – wie ein Verschwender, der zum Spottpreis verkauft oder nicht mehr mag, was er besitzt. Daraus ergeben sich für andere Gewinne, die viele ohne Skrupel einstreichen. Aber da die Billigung des anderen weder frei noch dauerhaft ist, und Sie selbst ihre Zustimmung als töricht ansehen, sage ich noch einmal: Begnügen Sie sich damit, reich zu sein, und verzichten Sie darauf, gerecht zu sein. Hier ist es Ihr eigenes Urteil, das sie richtet. Daher die bekannte goldene Regel: »Versetze Dich bei jedem Vertrag und jedem Tausch in die Lage des anderen, aber mit allem, was Du weißt, und als wärest Du so frei von Nöten, wie ein Mensch nur sein kann. Schau, ob Du an seiner Stelle diesen Tausch oder diesen Vertrag billigen würdest.« Das Leben ist voller erfolgreicher Tauschgeschäfte dieser Art. Man gibt nur nicht darauf acht. Doch selbstverständlich kommt Reichtum immer daher, daß man etwas gekauft hat, dessen Wert der andere nicht kannte, oder daß man aus seinen Leidenschaften oder seinem Elend Nutzen gezogen hat. Ich wiederhole meinen Refrain: Begnüge Dich damit, reich zu sein.

Kapitel V

Weiteres zur Gerechtigkeit

Die goldene Regel, die der Brauch bei Tauschgeschäften uns nahegelegt hat, führt auch zu größerer Gerechtigkeit im Hinblick auf Personen. Die Gerechtigkeit: das ist die Gleichheit. Ich meine damit kein Hirngespinst, das eines Tages vielleicht existieren wird. Ich meine den Ertrag, den jeder gerechte Tausch zwischen Starkem und Schwachem, zwischen Wissendem und Nichtwissendem alsbald erbringt. Er besteht daraus, daß durch gründlichen und großzügigen Austausch der Starke und der Wissende in ihrem Gegenüber eine Kraft und Kenntnis voraussetzen, die der eigenen ebenbürtig ist, womit sie sich zum Berater, Richter und Erneuerer machen. Dieses Gefühl ist die Seele des Marktes. Weder falle ich auf Diebereien herein, von denen man viel

Aufhebens macht, noch auf die doppelt verlogenen Kuhhändel, die nur Spiele unter Gleichen sind. Niemand wird an ein Kind zu einem höheren Preis verkaufen. Und die Vorsichtsmaßnahmen des Meistgebots und öffentlich angezeigten Preise zeigen hinreichend, daß gleicher Vorteil bei Tauschgeschäften hier oberster Grundsatz ist. Und selbst die Spekulation würde ich eher noch als Spiel zwischen Gleichen denn als Unternehmung gegen Schwache ansehen. Vor allem darf man dieses Forum der Händler, in dem immer strenge Redlichkeit geübt wird, in dem gleiche Rechte bestehen, in dem weder die Ehrfurcht noch wahre oder falsche Würde eine Rolle spielt, die überdies keine Nationen kennt, nicht mit der traditionellen und förmlichen, verschwiegenen, geschlossenen, eifersüchtigen, tyrannischen Gesellschaft verwechseln. Gewiß, es ist gut, daß die Gerechtigkeit derart abgesondert ist, und daß die Händler aus dem Tempel gejagt werden.

Ich verstehe, daß die Vornehmen eher geben als tauschen und eher nachgeben als diskutieren möchten. Diese falsche Nächstenliebe ist ein Irrweg. Die Gerechtigkeit der Händler zeigt wirkliche Nächstenliebe deutlicher. Denn es gibt keine Gerechtigkeit, solange man dem anderen nicht die eigene Urteilskraft unterstellt, und dies so geläutert wie möglich. Das erlaubt es auf natürliche Weise, am Nächsten alle Anzeichen des Urteils zu beobachten. Verkaufen oder kaufen bedeutet überzeugen. Ein Verkauf ohne Einverständnis ist in den Augen des Richters nichtig, doch er ist es auch in den Augen des anderen Vertragspartners, denn er will nicht den Besitz, er will das Eigentum, basierend auf freiwilliger und erklärter Zustimmung. Deshalb will der Händler seinem Beruf nachgehen und mit ebenso klarsichtigen und leidenschaftslosen Menschen Handel treiben. Deshalb versucht er, es auch zu sein, sobald das Problem der Teilung einer Erbschaft oder das gerechter Bezahlung seinem Urteil unterbreitet wird. In diesem Sinne schätzt kraftvolle bäuerliche Weisheit die gute Verwaltung der Güter über alles, selbst wenn sie darunter leidet. Auch schätzt sie diese viel höher ein als willenlosen Leichtsinn, selbst wenn sie daraus Gewinn zieht. So hat das Recht kraftvolle Wurzeln.

Es bedarf nicht mehr als eines Schrittes, um immer das Beste zu vermuten, um Informationen zu übermitteln, etwas auszuhändigen. Erziehen, noch so ein schönes Wort, das mehr als eine Bedeutung hat. Dieser Schritt wird stets aus wahrer Nächstenliebe gewagt, selbst um den Preis großen Mutes, selbst im Angesicht eines Wahnsinnigen. Doch größerer Scharfsinn hat immer Auswirkungen auf die Gerechtigkeit, denn den törichtsten Leidenschaften liegt Vernunft zugrunde, wie hinreichend ersichtlich wurde. So ist die Nächstenliebe nur eine Vorahnung der Gerechtigkeit. Und die vollkommene Gerechtigkeit besteht darin, immer die Grundlage und die Richtschnur der Gerechtigkeit vorauszusetzen, letztendlich jeden Menschen ebenso aufgeklärt zu wollen wie sich selbst. Denn jeder weiß, daß gerecht sein nicht bedeutet, beim anderen unbedarft Sorglosigkeit, Vertrauen und ständige Zufriedenheit vorauszusetzen. Gerechtigkeit ist demnach angenommene, dann vorausgesetzte und schließlich wahrgenommene Gleichheit. Diejenigen, denen jene überaus verbreitete Sichtweise geläufig ist, die sich weder von Freundlichkeiten, noch von Schmeicheleien, noch von falscher Würde, noch von gespielter Torheit blenden läßt, sondern allen zur Ehre gereicht, dem mächtigsten Polizeirichter ebenso wie dem verächtlichsten Verbrecher, die diese aus der Warte einer höheren Gerechtigkeit betrachten, wissen hinlänglich, daß sie der Blick des Gerechten ist.

Kapitel VI

Weiteres zur Gerechtigkeit

Die hauptsächliche Schwierigkeit bei Verträgen ist, daß man den Anteil der anderen nicht genau bestimmen kann, wenn man selbst einen Gegenstand nutzbar gemacht hat, dem sie vielleicht nichts hätten abgewinnen können, beispielsweise ein Stück Land, das sie nicht hätten behalten können, ein Feld, das sie nicht fruchtbarer hätten machen können, eine Mine, die von ihnen nicht ausgebeutet worden wäre. Menschliche Arbeit erhält durch das Zusammenwirken vieler und durch Maschinen, die man einsetzt, einen neuen Wert, den der Eigentümer natürlich einbehält und den er nicht immer zurückzugeben geneigt ist, obwohl er häufig die Geldschuld nicht leugnet. Der Organisator denkt stets daran, ein gut Teil dieses Reichtums wie einen Gemeinbesitz zu behalten, der in seinen Händen erlauben wird, die menschliche Arbeit im Interesse aller noch besser zu nutzen. Bekanntlich haben die in den genossenschaftlichen Zusammenschlüssen gewählten Chefs nicht immer die nötige Freiheit, neue Arbeitsmethoden einzuführen. Auch ist hinreichend bekannt, daß die Fortschritte der Industrie dem Käufer bereits einen Teil der Vorauszahlungen des Produzenten erstatten, ganz zu schweigen vom Nutzen für die Sicherheit, gegen Krankheit, gegen Unwissenheit und selbst gegen die Quälerei, die das Ergebnis neuer Arbeitsbedingungen ist. Gegen die Mängel einer solchen Organisation bieten sich Möglichkeiten zur Abhilfe, und leicht gerät der Zustand von Knechtschaft und Mißachtung in Vergessenheit, in dem sich der Bauer befand, bevor die Industrie auf alle erdenkliche Art das Landleben erträglicher und schöner machte. Und letzten Endes weiß niemand, wie man die Industrialisierung verlangsamen könnte. Doch entstand aus dieser Situation heraus eine große Anzahl von Problemlösungen, etwa Versicherungen, Renten, Gewinnanteile oder einfach Anhäufung von Reichtum zum Zwecke der Produktionssteigerung. Alle diese Lösungen sind gut, selbst die des einfallslosesten Geizhalses; denn indem er all das Gold, das er begehren wird, hortet, nimmt er niemandem etwas weg, nimmt nur ein Tauschmittel in Beschlag, zudem für begrenzte Zeit. Das sind kleine Übel, und sie entsprechen bei weitem nicht den Übeln, die man gemeinhin von den Leidenschaften zu erwarten hat, wie gemäßigt man sie auch immer verstehen mag. Hierin liegt keine Ungerechtigkeit.

Im Gegenteil, einen Geizigen, der in einem plötzlichen Anfall von Wahnsinn einige Tausend Arbeiter für eine gänzlich unnütze Arbeit bezahlt, zum Beispiel dafür, ein großes Loch zu graben und anschließend wieder mit Erde zu füllen, würde man tadeln. Man würde ihn tadeln, zunächst weil er die Arbeiter ebenso gut fürs Ausruhen bezahlen könnte oder für die Verrichtung von Garten- oder Hausarbeit in eigener Regie. Wenn man der Sache auf den Grund geht, würde man ihn tadeln, weil verlorene Arbeit allen verlorenginge, denn wegen dieser Laune gäbe es weniger Gemüse, weniger Kleidung, weniger Möbel, kurz: es gäbe unwiderruflich weniger nützliche Gegenstände auf der Welt. Das käme dem Verbrennen von Getreidemühlen oder von Bekleidungsgeschäften gleich. Und es ist klar, daß, würde man alles Nutzbringende verbrennen, dies für alle ein großes Elend wäre, obwohl diese Torheit allen Arbeit gäbe. Diese Annahmen machen gut verständlich, daß die Menschen Produkte und nicht Arbeit brauchen, und daß vergeblich arbeiten lassen dem Vergeuden allgemeinen Reichtums gleichkommt.

Nun hat der Reiche diese Macht, sogar ohne als wahnsinnig oder bösartig zu gelten, wenn man bedenkt, daß er alles von anspruchsvollen Gewerbezweigen, wie dem Diamantschleifen, dem Stoffwirken, dem Spitzenklöppeln und Sticken, schon gerichtet findet, deren Arbeiter ohne ihn ihren Lebensunterhalt nicht verdienen könnten. Diese Erzeugnisse besitzen fast immer eine Schönheit, die sich selbst einem Betrachter mitteilt, der sie nicht besitzt. Sie läßt glauben, diese Erzeugnisse seien zur Freude aller hergestellt. Nehmen wir an, daran sei etwas Wahres. Sagen wir schließlich, daß diese unnützen Ziergegenstände, die Merkmale des Reichtums sind, häufiger geneidet als geringgeschätzt werden, was, da das Elend durch die Leidenschaften noch vergrößert wird, die wahre Quelle der Ungerechtigkeit fast immer vor der Öffentlichkeit verbirgt. So spricht man schwülstig über die ungerechte Verteilung des Reichtums, statt den ungerechten Gebrauch zu verurteilen, den viele Reiche davon machen, was doch die tatsächliche und einzige Ungerechtigkeit ist. Gewiß, es ist kein schlechter Gedanke, für alle gewissen Luxus anzustreben, insbesondere eine Vertrautheit aller mit schönen Dingen. Doch solche Genüsse setzen Wohlhabenheit für alle voraus, die mit ihren Händen arbeiten. Dieses klare Urteil wird das Leben eines Industriellen, eines Bankiers, eines reichen Landwirts nicht sehr verändern. Es wird vielleicht an der Kleidung ihrer Frauen etwas ändern, am Luxus der Pferde, Automobile, Diener, die nur dazu da sind, um Neid zu wecken und die Langeweile zu betäuben. Wären alle Reichen maßvoll und ohne Eitelkeit, wie Grandet oder Gobseck*, gäbe es Arbeitsstunden im Übermaß, von denen ein Teil darauf verwendet würde, für diejenigen zu produzieren, die nicht vermögend sind, ein anderer darauf, das Leben aller zu bereichern und wiederum ein anderer für Muße, Unterweisung, Vervollkommnung. Eine Reform hängt von den Reichen ab, insbesondere von den reichen Frauen. Doch verspreche

* Vgl. die Anmerkung der Übersetzer auf S. 210.

ich mir nicht viel von einem direkten Vorgehen gegen die Eitelkeit oder Gefallsucht, nein, sondern eher etwas vom klarsichtigen Blick auf Diamanten und Spitzen, in dem Bewußtsein, daß es das Brot der Armen ist.

Kapitel VII

Von Recht und Stärke

Die Gerechtigkeit erkennt man nur selten ohne einen gewissen Zorn, der auf die Vernichtung des Ungerechten gerichtet ist, als existiere eine gewisse Art von Menschen, die diesbezüglich vollkommen blind seien und von denen man die Erde befreien müßte. Doch das ist recht kindisch. Alle Leidenschaften sind ungerecht und jeder Mensch ist Leidenschaften unterworfen. Es ist auch nicht wahr, daß dieser Zorn für die Sache der Gerechtigkeit einhergeht mit Gerechtigkeit bei allen Handlungen. Doch andererseits kann auch die Entrüstung des bestohlenen Diebes Anlaß zur Hoffnung geben. Und ich bin weit davon entfernt, die Anmaßung aller Tyrannen, die immer gerecht sein und für mißachtetes Recht kämpfen wollen, für Heuchelei zu halten. Denn nicht der Besitz gefällt am meisten, sondern das Eigentum. Und so will der Usurpator letztlich anerkannt werden, und was an List und Lüge in seinen Ränken ist, darf uns nicht jene Tiefe menschliche Wahrheit verbergen, die Platon genau erkannt hatte: daß Ungerechtigkeit nur aufgrund verborgener Gerechtigkeit Macht hat. Ehrgeiz ist eine Art zu denken, und der Krieg hat immer das Ziel zu überzeugen, wie die Friedensverträge und die Mühe zeigen, die man auf sich nimmt, um Forderungen in

Einklang zu bringen. Folglich ist der Gerechte stark, wenn er unbeugsam ist. Das Denken findet immer das Denken, und ein Denken ohne jede Gerechtigkeit ist kein Denken mehr. Denken heißt anerkennen.

Indessen übt der Ungerechte gewöhnlich Zwang aus, um seine Anerkennung zu erwirken, und das gelingt besser als man glaubt. Man muß sehr hartnäckig sein, um sich auf einen Gedanken zu versteifen, dessen man noch nicht absolut sicher ist, der allem widerspricht und nur Gefahren bietet. Sie werden keine Schwierigkeiten haben, ihn zu verbergen; er wird sich Ihrem Blick von selbst entziehen. Es wird sogar ein anderer daraus entstehen, und das in bester Absicht; das ist natürlich. Daher kommt die verbreitete Ansicht, ein Triumph, der lange genug anhalte, begründe ein Recht. Doch kann der Triumph nicht jene freiwillige Zustimmung erreichen, die das Recht sicherstellt. Es fällt ins Auge, daß die Tyrannen die Huldigungen geringschätzen und stets freie Geister zu gewinnen suchen. An ihnen lieben sie aufrichtig alles, was Standhaftigkeit und Freiheit kennzeichnet, mit Ausnahme der Forderung nach Gerechtigkeit, auch wenn sie unausgesprochen bleibt. Und es gibt die Koketterie der Schmeichler, die nur dazu dient, dem bereits feststehenden Urteil über eine vollendete Tatsache die Aura von Freiheit zu verleihen. Deswegen versucht die triumphierende Macht immer zu überzeugen und glaubt häufig, damit Erfolg zu haben. Doch letztlich heißt das, einen Lehrsatz mit Brachialgewalt zu beweisen. Bei jeder Überzeugung, die freiwillige Zustimmung und wirklichen Frieden zum Ziel hat, besteht die ganze Mühe darin, der gegnerischen Überzeugung vollständige Freiheit zu lassen. Dies ist der Geist Euklids; ihm läge nichts an erzwungener Zustimmung. Nun setze ich beim Tyrannen den ganzen Scharfblick Euklids voraus; denn mich interessiert nicht, was der Tyrann zu besitzen glaubt, sondern was er besitzt. Indes wird er mit aller Macht der Welt nicht Recht haben, nicht mehr als ich, wenn ich einem Kind eine Uhr, die es gefunden hat, zu einem Spottpreis abkaufe, in meinen Augen ihr rechtmäßiger Besitzer werde. Überdies ist die erste Entschuldigung des Wucherers, die noch nicht einmal ausreicht, stets die folgende: Schließlich habe ich ihn nicht dazu gezwungen.

Etwas doppelsinniges ist es, wenn der Gerechte dem Tyrannen mit Gewalt widersteht. Er verteidigt sein Recht, wie man sagt. Doch diese natürliche Unvorsichtigkeit geht auf die Idee vom Gottesurteil zurück, derzufolge das Recht schließlich triumphiert. Eine kindliche Vorstellung ohne jeden Rückhalt in der Erfahrung oder der Vernunft, in der ich vor allem eine Art Versprechen sehe. Der Tyrann mag glauben, man erkenne ihn an, wenn er triumphiert; und so stärkt die Revolte, wenn sie fehlschlägt, die Macht des Tyrannen. Doch muß man jener naiven Anschauung auf den Grund gehen, wonach ein mächtiger Richter den Sieg demjenigen zuspräche, der Recht hat. Das Recht enthüllt sich anhand von Argumenten und Beweisen und nicht anders, durch das Denken und nicht anders. Wahrer Widerstand besteht demnach darin, nach seinem Gewissen zu sprechen und zu schreiben, trotz des Exils, trotz des Gefängnisses, bis zum Tod. Man darf sich über den weltweiten Triumph christlichen Geistes nicht wundern, wenn man sieht, wie gut die Märtyrer diesen Krieg des Geistes zu führen wußten, bei dem derjenige der Sieger ist, der sich das Schlagen verbietet. Dies war das erste Appell an den Geist und der erste Krieg dieser Art, den die Geschichte bewahrt hat. Kleingläubige Menschen, möchte ich meinerseits sagen, denn diese Erfahrung bewirkt nicht, daß Ihr Eure Waffen fortwerft. Doch ich sage auch: Verzagte Menschen, denn ich sehe Eure Schwäche beim wahren Widerstand, und im Griff zu den Waffen sehe ich mehr als eine Spielart der Angst.

Kapitel VIII

Weisheit

Die Weisheit ist die eigentliche Tugend des Verstandes. Doch darf man das nicht so verstehen, daß sie der Sammelbegriff für alle anderen Tugenden ist. Wenn die Tugenden allein aus Weisheit bestehen, fehlt ihnen meist Kühnheit und erfinderisches Feuer, denn das der Weisheit entgegengesetzte Übel ist die Dummheit. Darunter verstehe ich den Irrtum aufgrund von Hast oder Vorurteil. Die Tugenden des wirklich Weisen sind alle Vorsichtsmaßnahmen gegen den Irrtum; doch die Wahrheiten, die nicht dem Irrtum entstammen, ähneln Menschen, die keine Kindheit hatten. Ohne Weisheit, die man ebensogut Lebensklugheit nenne könnte, gelangt nichts zur Reife. Ich habe einige dieser alten Kinder gekannt.

Die erste Frucht der Weisheit ist die Arbeit. Ich meine damit keine geistige Arbeit, denn ich weiß nicht, was das ist, sondern die Arbeit der Augen und Hände, die ein Objekt zur Beurteilung vorbereiten. Es ist schön, alles von Anfang an erfinden zu wollen, und nichts kann jene überstürzte Regung ersetzen, die dazu führt, daß man antizipiert und ahnt. Doch es ist ebenso weise, in die Schule zu gehen und stets für wahr zu halten, was von einem Fachmann beschrieben, vermutet und geschlußfolgert wurde, bis man tatsächlich weiß, was es ist. Deswegen ist es gut, viel abzuschreiben, insbesondere in Schönschrift, und vieles erneut zu lesen, insbesondere in jener Anspannung, die geistiger Anstrengung eigen ist und die nebenbei stets übt. Alle schulischen Übungen sind weise; es ist genauso gefährlich, sie sich zu sehr zu Herzen zu nehmen wie sie gering zu achten. Es ist immer ein günstiges Zeichen, wenn das Kind sich mühelos festgesetzten Stunden fügt, ohne den Rest der Zeit daran zu denken; und es ist nicht minder klug, sich alles merken zu wollen. Der Seiltanz verdirbt die Gymnastik; das gilt auch sonst. Wenn es etwas gibt, was bei einem Akrobaten mißfällt, so ist es Pedanterie. Dies ist beim Tanzlehrer nicht anders.

Geist zu haben, lernt man nicht. Die seltenste Weisheit liegt in jener Beherrschung gedanklicher Fähigkeiten, die mit einer gewissen List einhergehen muß. Das brillante Spiel der Leidenschaften erzeugt den Anschein, daß ein kultivierter Geist immer Hilfsmittel ersinnen muß, bei jeder Gelegenheit und für alle Bedürfnisse. Und das ist nur zu wahr. Der eingeengte Geist findet immer Gründe und Widerworte, und Intelligenz ist für alles gut. Doch nur bei äußerster Unordnung eignet sich der Geist für Kunststücke und Sträflingsarbeiten, wie ein Possenreißer. Dennoch ist gut vorhersehbar, daß ich, wenn ich denke, nicht auf Wirkungen und Bedingungen achtgebe. Man kann sich nicht denken sehen und gleichzeitig wirklich denken. Deshalb bedarf es großer Konzentration und Entsagung, weder der Anwendung auf sich selbst noch der Anstrengung, sondern vielmehr einer momentanen Flucht und der Loslösung von allem, weswegen behauptet wird, der wahre Beobachter scheine zerstreut und abwesend. Kurzum, man darf an nichts festhalten und sich, wie La Bruyère sagt, von nichts stören lassen. Daraus schließt der Ungeduldige, daß er nicht frei sei, da er doch nicht seinem eigenen Befehl gemäß denke. Doch ich würde eher sagen, daß der nicht frei ist, der beim Denken seinen eigenen Bedürfnissen folgt. Spüre Dir nicht nach, denn nichts von dem, was Objekt ist, bist Du.

Diesem Gefühl entstammt die Bescheidenheit, die Teil der Weisheit ist und die darin besteht, sich nichts zu versprechen und sich überdies nicht als Denkmaschine zu begreifen, von der man dies oder jenes erwarten darf. Mangelnder Glaube in allen Fällen, ehrgeizige Vorarbeit, schließlich Enttäuschung, das sind die Wege des Hochmuts. Doch verstehen, daß die Freude, etwas herauszufinden, auch eine Leidenschaft ist, die den Geist nicht weniger beherrscht als die anderen, bedeutet, ein für alle Mal darauf zu verzichten, die Welt in Erstaunen zu versetzen, bedeutet, unter schwierigen Umständen recht demütig zu warten und zu beten. Lange Erfahrung hat gezeigt, daß man in allen Fällen, in denen man auf wahre Erkenntnis hofft, die einen selbst und die anderen retten kann, sich zunächst bescheiden und fügen muß. »Dein Wille geschehe, nicht meiner.« Der Mensch hat diesen Winkelzug ersonnen, um an sich zu glauben. Doch andere Fiktionen haben diesen mönchischen Rückzug gestört, indem sie dem Geist neue Ängste und neue Hoffnungen eingaben. Das bedeutet zu wollen, daß man mit Hilfe einer Drohung geliebt wird. Die wahren Denker haben eher schweigend gebetet, versunken in göttlichen Prüfungen oder auch in Fröhlichkeit und Unbeschwertheit, wie Sokrates es so gut in jenen Augenblicken zu tun verstand, in denen er seiner selbst bedurfte. Ich glaube, daß die großen Naturschauspiele, die unsere Kräfte und Möglichkeiten übersteigen, so wie unabweisbare Gefahren, angesichts derer man nur abwarten kann, der wahren Reflexion zuträglich sind. Das ist der Sinn von Prüfungen. Und der Deiner Einsamkeit und Deines Klosters inmitten der Menschen.

Kapitel IX
Seelengröße

Die Modernen haben diese Tugend kaum erörtert, vielleicht, weil sie die Notwendigkeit der Leidenschaften und die Freiheit des Geistes nicht gleichzeitig betrachtet haben. Descartes möchte jenes Gefühl Großzügigkeit nennen, das wir aus unserem freien Willen heraus haben. Das ist eine sehr gute Bezeichnung. Doch die Seelengröße liegt nicht nur im Besitz von etwas Großem, das, weil es Richter über alles ist, natürlicherweise alles überwindet. Sie setzt auch das genaue Maß der menschlichen Schwäche voraus, der gegenüber sie weder nachsichtig noch streng, sondern im tiefsten Sinne gerecht ist. Jeder weiß, daß man oft verzeihen muß, und diejenigen, die das aus Leidenschaft vergessen und die alle Worte, alle Vergeßlichkeiten und alle Absichtserklärungen aufrechnen, sind ausgesprochen unglücklich und bösartig. Doch muß man es auch verstehen zu verzeihen. Ich habe Menschen gekannt, die Nachsicht an den Tag legten, doch taten sie es, nachdem sie Versprechen, Bedauern und schließlich alle Anzeichen einer Meinungsänderung erhalten hatten. Ich sehe hierin Kleinlichkeit und Schacherei, aber vor allem eine Neigung, bei allen Gemütsregungen Gedanken vorauszusetzen und, wie ich zu sagen pflege, Tieren Geist zuzuschreiben. Erhabenheit vermag nicht viel gegen Kleinlichkeit auszurichten, die ihr so fremd ist. Das bedeutet, jemandem, der aus Langeweile gähnt, deswegen einen Vorwurf zu machen und ihn erst auf den Gedanken zu bringen. Der gute Abbé Pirard in *Rot und Schwarz* sagt unbefangen: »Ich habe das Pech, jähzornig zu sein; möglicherweise werden wir uns nicht mehr sehen.« Es liegt Größe in diesem Geständnis, doch bedeutet es, seine Gedanken zu sehr nach dem eigenen Zorn zu richten und ihm somit Bedeutung zu verleihen. Seinen eigenen Launen Bedeutung beizumessen, zeugt von Kleinlichkeit.

Man wird sagen, es sei trotzdem gut, ihnen Bedeutung beizumessen, damit man sie korrigieren kann. Genau in dieser Vorstellungswelt bewegt sich die Moral, und ich habe von diesem bemühten Nachsinnen über sich selbst, das alles übertreibt, keine gute Meinung. Noch schlimmer ist es, wenn man sich entschuldigt, denn das heißt, letztlich eine Bedeutung zu verleihen, die nicht existiert. Aus solchem Leben, mißverstanden, unglücklich und oft boshaft, ist die Idee geboren, derzufolge man sich nicht daran hindern kann, zu denken, zu begehren, zu hassen, zu lieben. Teufel, demnach liebt, haßt, begehrt, verflucht ein und derselbe Mensch in seinen Äußerungen alle Leute und die ganze Welt, oft ohne es zu wissen. Doch ist dies nichts, wenn man nur beschließt, daß es nichts ist. In einer wirklich menschlichen Gesellschaft muß man es von Anfang an verstehen, alles Seelenlose für nichtig zu erklären. Ein kleines Mädchen, das sich wegen nichtiger Gründe im Konflikt mit seiner Großmutter befand, sagte schließlich, sie wolle auch sterben; über das Grab seiner geliebten Schwester war noch kaum Gras gewachsen. Ich lachte nur darüber wie über ein unerwartetes Geräusch, das zufällig einen Sinn ergäbe. Daß die Höflichkeit derartige Reaktionen mäßigt, ist nicht von Übel, doch wenn Höflichkeit am Denken hindert und den Frieden durch Langeweile bewahrt, ziehe ich die Freiheit mit all ihrem Lärm vor. Die kleinen Dinge wirken nur durch unsere Aufmerksamkeit groß; verfolgt man sie bis zu dem reinen Mechanismus zurück, dem sie entstammen, werden sie ganz und gar in sich zusammensinken. Man beachtet nicht, was völlige Unaufmerksamkeit vermag, wenn es gilt, andere Menschen von ihren Untugenden zu heilen. Spinoza sagt auf seine richtige und unnachahmliche Art, daß man, wenn man mit gutem Appetit ißt, der Krankheit eher entgeht, als wenn man sich aus Furcht zurückhält. Ihn nachahmend würde ich sagen, daß nur unsere Tugenden uns von unseren Lastern befreien. Darauf zielt die Seelengröße ab.

So gibt es immer genügend Schwächen in den Werken des Geistes. Und selbst in seinen geglücktesten Äußerungen spielt der Zufall eine Rolle. Kleingeister bemerken nur dies, statt dem keine Bedeutung zu schenken, was ohne Bedeutung ist, und auf den Blitz des Genies und der Freiheit zu warten. Ich habe das Glück, daß wechselnde Stimmungen, wie gegen Ende der *Bekenntnisse**, mich nicht mehr stören als der Lärm der Karren auf der Straße. Doch trotzdem ginge ich nicht so weit wie jener Mensch mit Geschmack, der ein wenig draufgängerisch aus schönen Büchern nur die besten Stellen lesen wollte. Im Gegenteil, was Vorbereitung und Beiwerk ist, wie redliche Musiker sagen, gefällt mir wegen einer gewissen Freude, die ich dabei empfinde, und wegen der erhabenen Gedanken, die es ermöglicht. Derjenige, der erkennen würde, wie schon der Gedanke, der noch im Entstehen begriffen ist, einfache Dinge in ein anderes Licht rückt und fremdartig erscheinen läßt, sowie er aufscheint, hätte eine gewisse Vorstellung davon, was Stil ist.

---

* Anm. d. Übers.: *Die Bekenntnisse*, Autobiographie des Philosophen Jean-Jacques Rousseau, entstanden 1765-1770.

Errata

Wir machen Sie auf folgende, geringfügige Mängel im Druckbild aufmerksam, die durch technisches Versehen entstanden.

S. 26, Zeile 17: wir,
S. 62, Zeile 17: Wahrnehmungen
S. 98, Zeile 17: derselben
S. 134, Zeile 17: Dreieck
S. 206, Zeile 17: Mitmenschen
S. 242, Zeile 17: sprengen
S. 278, Zeile 17: Und

SIEBTES BUCH
DIE ZEREMONIEN

Kapitel I
Von der Solidarität

Es gibt nichts Einfacheres, als mit Fremden zu leben. Die Unterschiede zwischen den Sprachen tragen das ihre dazu bei, denn man weiß sich nur Höflichkeiten zu sagen. Doch die wahren Freundschaften bahnen sich auf diese Weise nicht an. Man hat oft beobachtet, daß eine gewisse Art Haß von der Freundschaft nicht sehr weit entfernt ist. Es scheint mir zumindest natürlich, daß eine dauerhafte Freundschaft mit einem gewissen Mißtrauen und Widerstreben beginnt. Man wundert sich zuweilen, daß man bei Liebschaften und sogar Freundschaften kaum eine Wahl hat. Doch muß man genauer hinsehen: Es bedarf des Zwanges, um sie entstehen zu lassen. Denn wen würde man sonst schon erwählen? Nichts macht so dumm wie gefallen zu wollen; und nichts macht so ungerecht wie die Aufmerksamkeit, die man neuen Freunden schenkt. Die natürliche Beschränkung, die Sie zwingt, hier zu leben und nicht dort, die Sie in diese Stadt hineingeboren sein läßt und Sie in jenes kleine Gymnasium einsperrt, befreit den Geist von dieser eitlen Psychologie. Dieses natürliche Band ist die Solidarität. Nicht zwischen Gleichgesinnten oder Menschen, die zueinander passen, sondern, im Gegenteil, zwischen gegensätzlichen Menschen, Taktlosen, Feinden. Sie wählen durchaus nicht, von großem Reichtum, der Sie unstet und geistlos macht, einmal abgesehen, ohne erzwungene Billigung und alten Frauen mit tropfenden Nasen. Um so mehr, als die Leidenschaft des Spiels uns in den ersten Jahren diese Spezies lieben lehrt. Fügen Sie die alltägliche Sprache hinzu und die Melodie einer jeden Stadt, von der keine Nuance verlorengeht. Die Kindheit ist jenes Stadium, in dem man durch inständiges Bitten alles erreicht.

Wenn die Bindungen eindeutiger sind, entstehen daraus festere und dauerhaftere Freundschaften, wie zwischen zwei Gefangenen, zwei Schülern, zwei Soldaten. Aber warum? Weil der Zwang uns akzeptieren läßt, was uns zuerst sicherlich abschrecken würde, wenn wir ungebunden wären. Das wechselseitige Entgegenkommen, wiewohl erzwungen, setzt deutliche Zeichen für weiteres Entgegenkommen; dem Reichen ist ein solch kostbares Gut unbekannt. Fast alle Menschen bewahren diese ersten Früchte ihrer Einsicht mit einem Glücksgefühl, oftmals ohne zu wissen warum. Denn so wie man vergißt, daß alle Menschen durch Entgegenkommen besser werden, vergißt man auch, daß das Spiel der Leidenschaften unvermeidbar fast alle freien Bindungen zerreißen muß. Die sichtbaren Wirkungen in der Erfahrung haben daher die Treue zu Ehren kommen lassen, die darin besteht, trotz allem lieben zu wollen. Man muß sich jedoch davor hüten, die Reihenfolge zu verkehren. Eine Bindung ist nicht wegen ihrer Stärke auf Treue gegründet, im Gegenteil, durch Treue wird sie stark. Auch darf man nicht zu sehr über jenen Zwang der Verhältnisse klagen, der uns aus der Notwendigkeit heraus treu sein läßt. Man muß lediglich sagen, daß die erzwungene Treue weniger hellsichtig ist, daß sie in geringerem Maße ihr Ziel erreicht, daß sie sich letztendlich leichter zufrieden gibt. Jedenfalls muß man die Liebe, die man hat, gewinnen.

Solche Siege würden jedoch keine Gesellschaft ergeben. Die Freundschaft erwächst nicht unbedingt aus einem Zwang heraus, bei weitem nicht. Auch Haß kann aus Nähe erwachsen, denn jede Leidenschaft wird durch ihr Ebenbild angefacht und ahmt ihr eigenes Bild nach. Dem Haß ist alles recht, selbst eine wackelige Mauer, wenn man sich darüber hinweg beleidigt, selbst ein geprügelter Hund. Das Vorherrschende ist die Gleichgültigkeit, vor allem, was häufig ist, wenn Ähnlichkeiten keine Berührungspunkte haben. Doch selbst das täuscht, wie eine verschlossene Tür. Denn alle diese Worte und diese Erscheinungen formen uns, selbst wenn sie ihren normalen Lauf nehmen, ebenso wie der Wind, der Regen und die Sonne die Äste der Eiche formen. Ich habe nie mit einem Mensch sprechen können, ohne seinen Tonfall anzunehmen; nur dank der Bemerkungen anderer ist mir das aufgefallen. So imitiert jeder Lächeln und Grimassen, Gesten und unbedeutende Handlungen. So kommt jeder aus seiner Umgebung und findet häufig nur dort wieder zu einer gewissen Ungezwungenheit. Wie ein Bett, das man seiner Gestalt anpaßt. Und das ist durchaus etwas anderes als lieben.

Jene Bewegungen der Panik oder törichter Hoffnung vergesse ich nicht, jene Macht der Aufregung und des Menschenmeeres, der man überall, wo Menschen sind, ausgesetzt ist, und stärker noch in seinem eigenen Land, an der Tür des eigenen Hauses. Das ist nur eine animalische Tatsache, und das Urteil kann da nichts ausrichten. Aber wegen der prophetischen Disposition der Leidenschaften, die immer glauben, daß die Emotionen etwas ankündigen, kommt es vor, daß das Urteil ihnen folgt. Das Schamgefühl ist nur der Kampf zwischen diesem erzwungenen Urteil und einem anderen. Und wenn ich diesen Bewegungen der Masse nicht nachgäbe, würde ich einem großen Zorn verfallen; immer müssen sie mir ihre Torheit diktieren oder die Torheit, die ihnen trotzt. Ich war gefangen, in Harnisch geraten. Folglich gäbe es nur Gesellschaften im Umbruch; und tatsächlich kommen alle dahin, wie der Krieg es zeigt. Gesteigerte Leidenschaften, ein anderer Körper. Wie im Leviathan leben?

Kapitel II

Von der Höflichkeit

Man ist zuweilen erstaunt, daß die Barbaren an die Formen der zeremoniösen Höflichkeit gebunden sind; doch beweist dies keineswegs, daß sie keine brutalen Impulse haben, im Gegenteil. Der bewaffnete Friede wird niemals aufrechterhalten, wenn nicht diese gefährliche Macht, sich zu äußern, bis in die Einzelheiten geregelt ist; denn selbst das, was keinen Sinn hat, stellt schon eine Bedrohung dar und gilt als Beleidigung. Daher ähnelt die Höflichkeit des Diplomaten jener des Barbaren. Da ich hierin die Quelle der Höflichkeit finde, beobachte ich, daß sie weniger darin besteht, einen Gedanken oder eine Absicht zu verbergen, als darin, die Gesten und die Bewegungen der Physiognomie zu regulieren, die eine Bedeutung haben, ohne daß man es will, und sogar, ohne daß man wüßte, welche. Man muß auch anmerken, daß der Argwohn sich selbst gegenüber und der Kampf gegen jene natürlichen Reaktionen der Muskeln eine sehr fragwürdige Höflichkeit ergäben, denn jener Kampf offenbart sich auch in Zeichen, wie Starre und Erröten, an denen jeder die Verstellung ablesen kann, was nicht weniger die Leidenschaften weckt, als eine förmliche Beleidigung es täte. Folglich ist die Höflichkeit wie eine Gymnastik des Ausdrucks, die dazu führt, niemals verständlich zu machen, was man will. Die Höflichkeit variiert von einer Gesellschaft zur anderen, wie die Sprache; doch Ruhe und Mäßigung gelten in allen Ländern als Höflichkeit.

Es muß weiterhin angemerkt werden, daß Höflichkeit nicht Entgegenkommen ist. Man kann unangenehm oder boshaft sein, ohne unhöflich zu sein; es ist sogar unmöglich, daß man aus freien Stücken unhöflich ist. Die Unhöflichkeit besteht darin, wirklich boshaft zu sein, ohne es gewollt zu haben, wie auch darin, ein höheres Maß an Zuneigung auszudrücken, als man es will, obwohl das seltener ist. Man nennt kurz und bündig all das, was man wissen muß, Lebensart, über jene Selbstbeherrschung hinaus, die es erfordert, um niemanden ungewollt weder zu verletzen noch zu behelligen. Nur, da man selten zur Gänze weiß, was man tun müßte, kommt es vor, daß man nichts Neues mehr mitzuteilen hat. Die Sprache gewinnt dabei an Klarheit und Reinheit, aber es bringt auch jeder dieselben Dinge vor – und das führt zu Langeweile. Die mächtigen Ambitionen und die Leidenschaften der Liebe, die diese Art Langeweile erträglich machen, verstärken die Aufmerksamkeit für die Zeichen und schaffen eine Art zu sprechen oder des Zu-Verstehen-Gebens, die auf ausgewogene Intonation und sogar die Reihenfolge der Worte Wert legt. Die Musik weist dieselbe Eigenschaft auf, nämlich zugleich durch geordnete und gebräuchliche Tonwechsel zu gefallen, was zunächst einmal Sicherheit vermittelt, auch durch Überraschungen, die jedoch die Regel nicht verletzen. Die Poesie ähnelt in dieser Hinsicht der Musik. Doch die eine wie die andere haben ihren Ursprung in den Zeremonien, deren Gegenstand mehr betrifft, als nur die Regeln der gesellschaftlichen Vergnügungen zu ordnen. Man kann das auch vom Theater sagen, das, wenn man richtig hinsieht, nichts anderes als Zeremonie ist, auch wenn es sich immer mehr oder weniger den Regeln der eleganten Konversation beugt. Die Bewegung der Leidenschaften wird dann anhand von maßvollen Veränderungen, die der Rhythmus erlaubt, erahnt, wie der Körper durch die Falten des Kleides hindurch. Und da die Leidenschaften sich von Ahnungen nähren, sieht man, daß die Vergnügungen einer formvollendeten Gesellschaft die Emotionen in Leidenschaften verwandeln. Doch das Heilmittel ist schlimmer als das Übel. Die Ängstlichkeit, die das Übel der Salons ist, vor allem bei der Jugend, führt dazu, die Macht der anderen über sich selbst ungebührlich zu überschätzen.

Der Brauch des Duells hält die Mitte zwischen den Höflichkeiten und den Zeremonien. Er ist vielleicht das vollkommenste Beispiel jener verbreiteten Weisheit, die nicht grundlos meint, viel zur Bändigung der Leidenschaften getan zu haben, wenn sie deren Auswirkungen Regeln unterworfen hat. Der männliche Zorn, die fürchterlichste unter den Leidenschaften, erkaltet gezwungenermaßen durch die Einsamkeit und die Frist, schließlich durch die Kampfregeln, welche die Aufmerksamkeit auf sich lenken. Ganz abgesehen davon, daß es sehr weise ist, einen Streit in gutem Glauben in die Hände eines Rechtsanwalts zu legen, der sich in dieser Angelegenheit nicht ereifert. Selbst die Öffentlichkeit, die man seinem Arrangement oder seinem Kampf zuteil werden läßt, dient zumindest dazu, den Gerüchten und den entstellten Berichten Einhalt zu gebieten. Die Kriege, die nie stichhaltigere Gründe als die Duelle haben, wären weniger fürchterlich, wenn man die Rolle des Zeugen oder des Vermittlers besser verstanden hätte. Doch hier wollen die Zeugen zugleich die Tapferen sein. Das Übel kommt daher, daß man glaubt, die Nationen würden sich nicht mehr bekämpfen, weil sie miteinander zu vertraut und einander ähnlich sind. Wirklich eine schöne Erklärung, wenn man zugleich beobachtet, daß die intimste Vertrautheit zwischen zwei Wesen den Frieden kaum ohne manchen Höflichkeitszwang bewahren kann. Dennoch ist er vonnöten, denn will man alles sagen, was man denkt, sagt man mehr, als man denkt.

Kapitel III
Von der Ehe

Die Ehe ist, von dem Moment an, wo sie geschlossen und besiegelt ist, eine Angelegenheit, die der Gestaltung bedarf, und keineswegs eine Angelegenheit, die bereits gestaltet wäre. Ob man sich nun hat heiraten lassen oder ob man gewählt hat, was bleibt ist, daß man sein Leben, in allergrößter Intimität, mit jemandem zu verbringen hat, den man nicht kennt, denn die anfängliche Liebe erhellt nichts. Statt abzuwarten, muß man also handeln. Ich habe zur Genüge meinen Argwohn geäußert gegen eine Sichtweise des Charakters, der es ums Beherrschen geht. Es sind nichts als Schimären, die aber unglücklicherweise durch den Willen des Beobachters und des Beobachtenden Gestalt annehmen. »So ist er« – eine unheilvolle Feststellung, auf die der andere antwortet: »So bin ich.« Doch das ist niemals wahr. Es gibt immer im Grunde liebenswerte Eigenschaften, und die gute Laune gefällt in jedem Gewand. Und was ist die wahre Liebe, wenn nicht die Kunst, das Beste herbeizuführen? Doch beruht diese wahre Liebe auf dem Wollen, was der herrschenden Meinung von der Schicksalhaftigkeit der Leidenschaften entgegensteht. Jeder sucht mit Hilfe von Zeichen die Zukunft seines Innenlebens vorherzusehen; auf diese Weise findet es sich Handlungen in der Außenwelt ausgesetzt. Die Liebe, die Eifersucht, das Glück, der Schmerz, die Langeweile werden wie Regen und Hagel hingenommen. So vergewissert man sich gegenüber dem anderen und allen Zufällen der eigenen Standhaftigkeit; man konstatiert sie wie eine Naturtatsache. Stellen Sie sich einen Radfahrer vor, der sich fragt, ob er in den Graben fahren wird. Welch merkwürdiger Zustand, in dem man sich fragt, was man tun wird, ohne seinen eigenen Teil beizutragen. In diesem Zustand befinden sich die Irren. In der Ehe ist er häufig, weil die ersten Regungen der Liebe in Wirklichkeit von außen kommen. Ebenso steht für alle Künste das Vergnügen an erster Stelle; doch wird man nicht nur aus Vergnügen Bildhauer, Maler oder Musiker, sondern wegen der damit verbundenen Tätigkeit. Das Sprichwort sagt zu Recht, daß alles Schöne schwierig ist. Glücklich zu sein, ist eine Anstrengung; in der Ehe ist dies nicht anders.

Jede schwierige Aufgabe will die Treue. Für das Genie bedarf es mehr als einer Voraussetzung, doch sicherlich eines Schwurs sich selbst gegenüber, an dem man festhält. Wie bei einem Erfinder; er schwört sich selbst, seine Ziele zu erreichen. Auch der Weise schwört sich selbst, weise zu sein; denn er erwartet nicht, daß ihm die Weisheit auf einem Tablett serviert wird, und über Kinder, die auf der Stelle Musiker sein wollen, macht man sich lustig. Doch man will keine Schwüre für etwas so Einfaches wie das Glück durch denjenigen, den man liebt. Glücklicherweise will der gesunde Menschenverstand, der sich nach den Wirkungen richtet, auch in den ersten Momenten des Glücks einen Schwur. Nun ist ein Schwur freilich keine Prophezeiung; ein Schwur bezeichnet, was ich will und was ich tun werde. Woraufhin man sagt: »Ich kann keine Liebe geloben«, und das trifft auf die ersten Emotionen zu, über die man niemals ein Versprechen abgeben darf. Wenn es aber um vollkommene Liebe und Glück geht, kann man nicht nur schwören, sondern man muß schwören, als wollte man die Musik ergründen. Auch muß man verstehen können und sich nicht an seinen Schwur gebunden fühlen; es ist vielmehr das Schicksal, das durch den Schwur gebunden und beherrscht wird.

Wenn es also Zeugen und einen äußeren Zwang gibt, wie es die Sitte für alle Schwüre fordert und wie es auch derjenige, der schwört, aufgrund einer richtigen Einschätzung der Hindernisse selbst fordert, muß man diese äußeren Bande wie einen Schutz gegen die Macht des Zufalls verstehen. Niemals schränkt der Schwur den freien Willen ein. Im Gegenteil, er ermahnt uns, Gebrauch von ihm zu machen, denn man schwört nicht, zu sein, sondern man schwört, zu handeln und zu wollen. Jeder Schwur richtet sich gegen die Leidenschaften. Deswegen sind die Öffentlichkeit der Ehe, die neuen Bande gewollter Verwandtschaft und die damit verbundene Freundschaft nur dazu da, die Aufgabe zu vollenden, die man sich gestellt hat. Ganz abgesehen davon, daß dies nur eine Bereicherung des Savoir-vivre ist; denn wenn man nicht von allen, denen man begegnet, gleich das höchste Glück erwartet, muß man immer dahin kommen, das Beste daraus zu machen. Überdies ist es unmöglich, Besseres über die Ehe zu schreiben, als Auguste Comte es getan hat; der Leser sei auf sein *Système de politique positive* verwiesen.

Ich hebe nur die von jungen Liebenden unvorsichtigerweise so unterschätzten Zwänge der Höflichkeit hervor. Wenn man naiv mit seinen Leidenschaften lebt und wenn man, wegen der großen Nähe, beginnt, unter den unbedeutendsten Launen dessen zu leiden, von dem man sein ganzes Glück erwartet, ist das erste Aufbegehren oftmals unheilvoll. Ich habe beobachtet, daß selbst in guten Ehen und auch wenn Freundschaft die Liebe bestätigt hat, die geringsten Streitigkeiten leicht die Sprache der Gewalt annehmen. Es trifft zwar zu, daß die Liebe viel verzeiht, doch darf man sich nicht darauf verlassen, denn es ist nicht weniger zutreffend, daß die Liebe viel herbeiinterpretiert und zu viel erahnt. Ein hinreichend patriarchalisches Familienleben kann hier Abhilfe schaffen, insbesondere auch die Anwesenheit von Kindern, die vom zartesten Alter an in natürlicher Weise um sich herum das Getöse der Stimmen und die Lebhaftigkeit der Bewegungen mäßigen und bald den Streit durch Schreie ohne Maß und Ziel beenden, die eine gute Lektion erteilen. Daher kommt das Sprichwort, daß Gott die kinderreichen Familien segnet.

Kapitel IV
Von der Religion

Es liegt mir durchaus fern zu glauben, daß die Religion dem Zweck diene oder die Wirkung habe, die mystische Macht des Geistes zu preisen. Ganz im Gegenteil: Die Regeln der Religion beschwichtigen die Leidenschaften und alle Emotionen, indem sie die Gemütsbewegungen disziplinieren. Die Haltung des Gebets ist gerade von solcher Art, daß sie schnelle Bewegungen kaum erlaubt, aber umso besser Lunge und Herz befreit. Die Gebetsformel ist ebenso geeignet, Verirrungen des Denkens zu verhindern, indem sie die Aufmerksamkeit auf den Buchstaben selbst lenkt. Es erstaunt mich keineswegs, daß die Kirche die kleinsten Veränderungen so sehr fürchtet. Eine lange Erfahrung hat gezeigt, wie auch aus guten Gründen offensichtlich ist, daß der Seelenfrieden voraussetzt, daß man nur mit den Lippen und ohne zu zögern betet, was wiederum erfordert, daß es nicht zwei Ausdrucksweisen gibt. Die Sitte, einen Rosenkranz zu beten, die zugleich auch die Hände beschäftigt, ist zweifellos genau was, was die Psychiatrie gegen Kummer und Schmerz, gegen das Karussel der Einbildungskraft, das sich immer dreht, für gut befunden hat. In schwierigen Momenten, wenn wir warten müssen, ist es das Beste, nicht nachzudenken – und die Religion führt genau dorthin, ohne irgendeinen jener guten Ratschläge, die nur irritieren oder argwöhnisch machen. Alles ist so eingerichtet, daß man zur gleichen Zeit, in der man Gott seinen Schmerz anvertraut, um seinen Rat oder Beistand zu erbitten, aufhört, an seinen Schmerz zu denken. Derart, daß es kein Gebet gibt, das nicht auch Trost spendet, wenn man es dem Ritus gemäß verrichtet. Diese Wirkung, die ganz und gar physisch und mechanisch ist, entfaltet eine größere Kraft als all jene Versprechungen eines anderen Lebens und einer letzten Gerechtigkeit, die vor allem, so scheint mir, Vorwände derjenigen sind, die sich getröstet fühlen, ohne zu wissen wie. Niemand will durch eine Stunde Lektüre getröstet sein, sagte schon Montesquieu. Auch ist der Rosenkranz listenreicher.

Die Beobachtung des religiösen Lebens bestätigt unsere Prinzipien, selbst über die Erwartungen hinaus. Denn nach allem, was zuvor gesagt worden ist, müssen die grausamsten Schmerzen der Seele leicht durch kleine Ursachen abklingen, und auch unsere Laster besitzen Macht nur durch ein Fehlurteil des Geistes, der uns verdammt. Doch der Glaube eines jeden sträubt sich, solange er die wahren Ursachen nicht genügend kennt. Glücklicherweise beweisen die plötzlichen Konversionen, von denen es zahlreiche Beispiele gibt, daß die Leidenschaften doch zerbrechlich sind, wie wir feststellen möchten, und daß entsprechende Übungen die Seele in einem einzigen Augenblick befreien können. Ich gestehe jedoch ein, daß diese Tatsachen den Religionen immer genügend Beweise liefern werden, weil es ihnen an einer genauen Kenntnis der menschlichen Natur mangelt. Denn diese Heilungen des Geistes sind Wunder für diejenigen, die die Ursachen nicht verstehen. Auf diese Weise führt die Praxis zum Glauben. Denen, die vergeblich versucht haben zu glauben, darf ich sagen, daß sie es nicht richtig versucht haben, weil sie sich immer bemüht haben zu glauben, statt ganz einfach zu praktizieren. Man erkennt hier den Sinn der christlichen Demut, deren Wahrheit darin besteht, daß die Dramen in unserem Inneren nichts als Mechanismus ohne Denken sind, wie die Bewegungen von Tieren. Ein Beichtvater sagte zu irgendeinem halbgebildeten Beichtkind, das sich beschuldigte, den Glauben verloren zu haben: »Was verstehen Sie davon?« Ich weiß nicht, ob ich mir diese Antwort ausgedacht habe oder ob man sie mir erzählt hat. Ein angesehener Domherr und fähiger Wissenschaftler, dem ich davon berichtete, erweckte den Eindruck, als sei er der Ansicht, daß ich zuviel davon verstünde. Beachten Sie, daß der Streit zwischen Jesuiten und Jansenisten hierdurch zur Genüge verständlich wird; die Jansenisten wollen nämlich denken.

Auch scheint mir die Glaubenslehre, über die man sich so schnell lustig macht, vielmehr eine beharrliche Anstrengung wider die Mystiker zu sein, die mit ihren wilden Träumereien eher das Objekt der Leidenschaften verändern wollen, statt sie zu beschwichtigen. Bei allen Experimenten, deren Gegenstand die menschliche Natur ist, sind die Ergebnisse so erstaunlich und so weit von den Ursachen entfernt, daß die Naturreligion nicht umhin kann, den Weg in ein gleichsam fetischistisches Delirium zu bereiten. Denn die Götter sind ganz in unserer Nähe, man sieht sie, man hört sie, man berührt sie. Jeder weiß um die Torheit der Spiritisten, aber man denkt mit Schmerzen daran, wohin sie führen kann, wenn diese Kreise wachsen. Und ich erkenne eine Religion ohne Lehrmeister in jener ungezügelten Begeisterung für die Gerechtigkeit, das Recht und das Vaterland. Dieser Religion, der jüngsten von allen, fehlt es sehr an Zeremonien und Theologen. Auf all diese Exzesse übt die Kirche der Theologen einen mäßigenden Einfluß aus. Auch waren die Götter der Antike tief verwurzelt in der Liebe, im Zorn, im Schlaf, in den Träumen sowie in allen Veränderungen des Körpers. Bei ihnen schwärmten die Leidenschaften freier umher, nicht weil es der Religion immer an Anstand fehlte, sondern weil der Glaube nur Imagination war, der Gott also dem Priester dazwischenpfuschte. Hingegen richtet sich die Anstrengung der Kirche gegen die Wunder, obwohl sie diese nicht leugnen kann. Immer ist jedoch offensichtlich, daß sie ihnen vorläufig mißtraut, weil sie sich ihrer Zeremonien sicher ist. Eine Gemeinschaft von Menschen zu versammeln, die keinen Schaden anrichten, ist schon beachtlich genug.

Kapitel V
Von der Architektur

Jeder weiß, daß es Sitzgelegenheiten gibt, auf denen man ungeduldig herumrutscht, fast schon aufspringt, andere, auf denen man faulenzt, wieder andere, auf denen man ruht oder arbeitet. Unsere Gewohnheiten hängen mehr von den Dingen ab als von uns, denn der Griff des Werkzeugs führt den Arm. Auch muß man mit dem Denken rechnen, das immer von den Objekten geordnet wird, so wie auch der Mathematiker nichts ohne Gleichungen vermag. Wenn man sagt, daß die Objekte uns unsere Gedanken eingeben, so ist dies viel zu wenig, denn unsere Objekte sind unsere Gedanken. Insbesondere die Objekte von menschlicher Hand entreißen unser Denken oftmals dem Chaos, durch Ordnung, Symmetrie, vielfache Ähnlichkeiten und Wiederholung. So wird das Denken auf seine eigentliche Funktion zurückgeführt, die darin besteht, zu erkennen und zu zählen. Der Künstler zeichnet uns eine andere Natur, welche deutlich die menschliche Gestaltungsfähigkeit zeigt. Auch würde ich nicht sagen, daß eine Kathedrale uns von Gott erzählen will. Ich sehe in ihr vielmehr einen Kampf gegen die heidnischen Götter, die zwar den Wald beherrschen, aber von der Geometrie ausgetrieben werden. Wenn man sich zu der heiligen Stätte begibt, so geschieht dies eher, um Gott zu suchen, als um ihn zu fürchten. Doch selbst die Träumereien werden stets auf den Boden der Tatsachen zurückgeholt und dem menschlichen Maß angepaßt. Deutlich ist kundgetan, daß Gott Mensch geworden ist. Die Gemälde, insbesondere die der Mutter Gottes, führen den Geist auf dieselben Wege, weil sie sich dazu eignen, die menschliche Hoffnung ohne irgendeinen äußeren Gott darzustellen. Die Wirkung wird noch durch den Kontrast zwischen jener wohlgeordneten

Weisheit und den Ungeheuern draußen verstärkt, so daß es unmöglich ist, diese Stätte zu betreten, ohne Sicherheit und Erlösung zu empfinden. Gleichzeitig ist große Höflichkeit geboten. Insbesondere ist bemerkenswert, daß das Geräusch der Stimmen und aller Bewegungen, vom Echo zurückgeworfen und zur selben Zeit wie der Blick vom Gewölbe auf den Boden niederfallend, die natürliche Ängstlichkeit noch verstärkt. Nichts kann hier improvisiert sein.

Man weiß, daß die Messe zuerst ein Festessen und eine Gedächtnisfeier war. Auch ahnt man, wie man die Gespräche und Berichte Regeln unterwerfen mußte, wegen der Toren, die plötzlich auftraten, und wegen der gefährlichen Exaltation, zu der es immer wieder kommt, wenn Menschen versammelt sind. Ich glaube nicht, daß in diesen Arrangements soviel Lug und Trug steckt, wie man behauptet, sondern nur eine Sorge um die Zeremonie, die umso notwendiger war, als Gewalt nichts bewirkte. Auf diese Weise ist aus der Rezitation nach und nach eine Mimik reiner Höflichkeit hervorgegangen. Hierher gehört die Armut der Kirche, die den Reichtum hinter sich läßt, denn Reichtum, Gewalt und Beredsamkeit sind von derselben Art. Gegenüber den Leidenschaften vermögen jedoch nur Schweigen und Gebet zu überzeugen; und für die Leidenschaften bedeuten die Gesänge der Kirche Schweigen. Das Schauspiel der Kirche zielt folglich darauf ab, Mäßigung und Rücksicht darzustellen. Dies ist sehr weise, denn das denkende Tier ist so listig, daß es noch den strengsten Lektionen der Weisheit ein leidenschaftliches Vergnügen abgewinnen kann. In dieser Hinsicht ist schon die Predigt profan. Das Bauwerk spricht eine noch deutlichere Sprache. Zählen Sie in dem Gebäude nur all jene Gläubigen, die bestrebt sind, kein Aufsehen zu erregen, all jene ausgewogenen Höflichkeiten, jene feierlichen Umzüge, jene majestätische Ordnung und jene Gewänder, die das Mienenspiel bestimmen!

Ich erinnere mich, nach den Predigten eines jungen Priesters Angst vor dem Teufel und vor dem Tod gehabt zu haben, als ich klein war. So fiel ich von einem Übel in das andere, doch gewissermaßen aus einer instinktiven Schicklichkeit heraus ließ ich davon ab. Jener Redner auf der Kanzel verstand freilich sein Geschäft nicht. Nichts ist leichter, als eine Gruppe von Menschen durch das Spektakel des Todes in Verzweiflung zu stürzen; es heißt, alle Teufel zu wecken. Doch die Zeremonie des Begräbnisses zielt darauf nicht ab. Ganz im Gegenteil, die Trauer wird verhüllt und stilisiert, das Lebewohl wird in angemessenen Formen von anderen gesprochen. Jene, die sagen, daß die Trauergesänge den Schmerz vermehren, müssen auch an das Geschrei und die Zuckungen denken, die den Toten folgen würden, wenn die Menge ihren Emotionen freien Lauf ließe. Sie müssen auch an die Schwierigkeit eines stark bewegten Redners denken, unter derartigen Umständen den richtigen Ton zu treffen. Der disziplinierte Redner wird den Gesang und die Gemeinplätze wählen. Doch der Kantor spricht besser.

Kapitel VI

Von der Musik

Wir müssen uns nun der Musik zuwenden, denn abgesehen davon, daß sie bei jeder Zeremonie eine Rolle spielt, scheint es, als sei sie selbst Zeremonie und Höflichkeit. Auch sprießt Musik überall hervor; dieser große Fluß hat tausend Quellen. Ohne zu untersuchen, woher sie kommt, können wir kaum sagen, was sie ist. Es kann nicht sein, daß die Menschen bestimmte gemeinsame Bewegungen vollführen, z. B. marschieren, Keile einschlagen oder an einem Tau ziehen, wenn es nicht irgendein Signal gibt, für welches das natürliche Geräusch des Holzfällers die Idee geliefert haben muß. Es bedarf sogar zweier Geräusche bei diesem Signal, von denen das eine das andere ankündigt, und eines Rhythmus, der sich nach Anspannung und Entspannung richtet. So findet sich die Zeit durch den Rhythmus geteilt und gezählt. Daher der Tanz, von einem rhythmischen Geräusch begleitet, das Teil der Musik ist. Daher auch das Vergnügen, sich zusammen mit anderen zu bewegen, und eine Zahl wie zwei, drei, vier oder sechs wiederzuerkennen, bei der der Rhythmus endet und von neuem beginnt. Flinke Geister können in dieser Übung weit fortschreiten und auch Gruppen von Zahlen erkennen, selbst dann, wenn deren Merkmale fast unkenntlich sind. Dies ist nur ein Teilbereich der Musik, der jedoch von nicht geringer Bedeutung ist. Denjenigen, der die Pausen nicht abmessen und die Merkmale zu ihrer Zeit wiederfinden kann, dürfen Sie getrost für ein recht unglückliches Wesen ohne Musik halten. Eines der Spiele der Musik ist es, die Töne miteinander zu verflechten und sie andauern oder scheinbar den Rhythmus verfehlen zu lassen, um sie in Wirklichkeit durch eine kurze Verunsicherung nur desto besser hervorzuheben. Die Wirkung besteht immer darin, das Denken zu jener Zählweise zurückzuführen, ohne ihm ein Verweilen zu erlauben, denn die Musik verweilt nicht.

Der Klangkörper der Musik kann sich auf das Geräusch von Trommeln oder Kastagnetten reduzieren, doch menschliche Rufe gesellen sich auf natürliche Weise dazu. Nun appelliert die Stimme an sich zu sehr an die Emotionen, so daß man versteht, daß der Ton einer Zeremonie immer geordnet und melodisch ist. Man sieht, wie Musik und Poesie sich berühren. Der Unterschied ist, daß die Erregung in der Musik gewissermaßen objektlos ist, während die Phantasie hier freieres Spiel hat. Doch muß man verstehen, was es mit der Stimme auf sich hat. Hier mischen sich die Quellen. Es genügt, den kleinsten Satz zu hören, um eine Art Lied zu vernehmen, und dieses Lied ist nicht ohne Regeln. Natürlich verheißt eine schrille Stimme lebhafte Gemütsbewegung, eine tiefe Stimme hingegen eine gewisse Gelassenheit und Selbstbeherrschung. Folglich ist es nur natürlich, daß man zu einer tiefen Stimme zurückfindet, wenn die Erregung abgeklungen ist, und schließlich bei einem natürlichen Tonfall anlangt. Die Intensität folgt denselben Regeln, denn die wachsende Intensität zum Hohen hin wird eher Leidenschaft ausdrücken, das Gegenteil eher Willen und Überlegung. Doch möchte ich auch annehmen, daß es bei der Betätigung der Sprechmuskeln eine Ausgleichsregel gibt, wonach diejenigen Muskeln, die sich erholt haben, an die Reihe kommen, bevor alle eine Pause haben. So kommt es, daß nur durch den Klang jene Vollendung des Satzes erreicht wird, die sein Beginn verspricht. Dieses Thema ist auf tausenderlei Arten von den Musikern variiert worden, und das menschliche Ohr erfordert dies auch, wenn das Spiel der Töne, das kaum mehr dem Spiel der Stimme ähnelt, nicht Gefahr laufen soll, nichts Menschliches mehr an sich zu haben.

Naturgemäß nimmt ein Schrei an Intensität und Höhe zu oder ab. Die einfachste Wirkung der Kunst beruht ganz im Gegenteil darauf, ihn auf gleichem Niveau zu halten und ihn ohne Veränderung zu einem Ende zu bringen, was nicht einfach ist. Doch besteht ihre Wirkung ebenfalls darin, daß die anfängliche Unruhe alsbald gedämpft wird und davon nur die Konzentration auf das, was folgen wird, bleibt. Und da man nur mit Schreien fortfahren kann, die nicht sehr erschöpfen, bringt der Klang an sich eine gemäßigte Emotion zum Ausdruck, welche die Aufmerksamkeit auf sich lenkt. Was die Unreinheiten betrifft, die sich dazwischen mischen, so handelt es sich stets um kleine Veränderungen. Das kontinuierliche, unveränderte Geräusch der Stimme ist folglich natürlicherweise ein reiner Ton. Und da er am wenigsten ermüdet, läßt er folglich die Menge am meisten aufhorchen. Der reine Ton ist daher der Grundstoff der Musik, und er ist schön, wie der Seelenfrieden angesichts der Leidenschaften, die in den kleinen Veränderungen des Tons immer präsent sind, in denen die Kunst ihnen aufs neue begegnet, doch mit Zurückhaltung, indem sie diese immer wieder einer Ordnung unterwirft. Man sieht, wie der Gesang die Stimme imitiert, indem er an die Stelle der Übergänge mittels unmerklicher Abstufungen eine Folge von klaren, unveränderlichen Tönen setzt. Nun, da man sich singen hört und sich darin gefällt, mit der geringsten Anstrengung einen kraftvollen Ton erklingen zu lassen, wie auch jene, die zusammen singen, sich zuhören und an dieser geordneten Kraft Gefallen finden, suchen alle nach wohlklingenden Tönen. Schließlich weiß man zur Genüge, daß einige Beziehungen zwischen Frequenzen von Luftschwingungen, wie man sagen kann, ein besseres Ergebnis haben als andere. Lesen Sie dazu Helmholtz, denn das betrifft den Physiker.

Halten wir vor allem fest, was für die öffentliche oder private Zeremonie und sogar die Zeremonie des Einzelnen von Bedeutung ist. Sicherlich will Musik rühren, jeder weiß das. Doch spielt immer eine Neugier des Intellekts hinein, die sofort, mehr oder weniger, die Aufmerksamkeit ablenkt, je nachdem, ob der Musiker mehr an Überraschungen, an Imitationen oder Variationen Gefallen findet, letztlich an allem, was uns Erkenntnis bringt und was aus der Musik ein Objekt macht, das bis zur Ekstase Besitz von uns ergreift. Doch dieses Vergnügen ist wenig im Vergleich zu jener Beschwörung und Befreiung ohne Ende, die uns alle

Augenblicke die Wohltat der geordneten Bewegung und der Zeremonie fühlen läßt. Anscheinend weckt die Zauberin die Emotionen nur, um sie alsbald zu besänftigen. Der Musiker macht, wie der Masseur, den Schmerz spürbar, um ihn zu heilen. Wie dieser durchläuft er, indem er die Klaviatur wechselt, das ganze System widersprüchlicher Emotionen. Indem er uns beweist, daß sie alle zu bändigen sind, gibt er uns Hoffnung. Doch was ist die Improvisation, mit welcher der Musiker auf seine eigene Weise jene Kunst entwickelt, das Gemüt zu bewegen, ohne einen Taumel hervorzurufen? Hier ist das Gleichgewicht weniger streng und hängt von der Stunde ab. Die Arbeit des Musikers, die sein Werk dauerhaft macht, besteht darin, diese Mischung aus Langsamem und Schnellem, aus Heroischem, aus Ernstem und Leichtem auf ein normales Maß zu bringen. Doch wenn ihm dies bis ins Detail gelingt, und zwar durch eine Versunkenheit, in der die Musik nichts weiter als ein Mittel ist, dann singt die vielköpfige Menge in seiner Musik. Er vereinigt mit der Schönheit des Werkes das Verlangen, mit jenen staunen zu können, die es schon gehört haben. Dies ist es, was bei jedem Werk den Ruhm vollendet.

Kapitel VII

Vom Theater

Das Theater ist wie die Messe; um seine Wirkungen wirklich zu verspüren, muß man es oft besuchen. Wer ins Theater geht, wird wegen mancher Nachlässigkeiten auf der Bühne bald schockiert, bald gelangweilt, bald stark ergriffen sein. Vielleicht braucht es nicht weniger Zeit, ein guter Zuschauer zu werden als ein guter Schauspieler; denn man muß lernen, mit Vergnügen zu weinen, und das geschieht weder bei allzu starken Überraschungen noch ohne Neugier für viele kleine Dinge, die nicht zuläßt, daß die Beklemmungen des Herzens sich bis zum Schmerz steigern. Man darf nie vergessen, daß das Vergnügen des Theaters ein gesellschaftliches Vergnügen ist. Schon die Anordnung der Zuschauerräume erinnert hinlänglich daran, da sie dazu neigen, einen nur von der Bühne unterbrochenen Kreis der Zuschauer zu bilden. Von den Logen aus beäugt man sich. Und hier tritt jene Wahrheit zutage, daß es vorteilhaft ist, öffentlich zu leben, und daß die Höflichkeit niemals allzu viele Zeugen hat. Tatsächlich sind die Haltungen und Gesten in jeder Loge auch für die Zuschauer festgelegt; und die Schauspieler, insbesondere in einem mittelmäßigen oder allseits bekannten Stück, erteilen immer eine Lehre in puncto Höflichkeit und Kleidung, ich würde sogar sagen in puncto Schönheit, was jedermann zum Nutzen gereicht. So gibt jeder ein Schauspiel. Doch darf man darunter nicht bloß eine Lüge verstehen. Es geht um tatsächliche Gefühle, die von einer Partei zur anderen übermittelt werden, wenn auch einstudiert, verhalten, und letztlich gefällig, weil der elegante Stil von jener Heftigkeit der Emotionen befreit, die in der Freiheit der Natur aus der geringsten Beunruhigung eine Qual macht. Fügen wir hinzu, daß es im Theater keine Schüchternheit gibt, ich meine im Zuschauerraum, weil es immer leicht ist, zu schweigen und weil die Bühne das hauptsächliche Augenmerk auf sich zieht.

Es ist wahr, daß im Theater starke Emotionen existieren, vor allem weil man sich anstecken läßt. Das kann bis zur Raserei gehen, wie das Applaudieren, die Pfiffe und die Ränkespiele zeigen. Ich sehe hierin den Taumel des Fanatismus, den man immer dort fürchten muß, wo Menschen sich versammeln. Auch braucht das Theater, weil es keine Musik gibt, vor allem eine streng geregelte

Poetik, damit jeder seinem Gegenüber geläuterte Emotionen übermittelt. Es gibt Theaterbesessene, die fast immer besonders erregbar und schüchtern sind. Sie gehen nicht ins Theater, um ihre Emotionen zu wecken und sie zu nähren, sondern vielmehr, um sie zu mäßigen. Leicht sagt man, daß jeder Vergnügen daran findet, angerührt zu sein, selbst von Traurigkeit. Die Worte erlauben alles; doch es ist die Erlösung, die gefällt. Man muß nur recht verstehen, daß die Angst das Schlimmste aller Übel ist und daß diejenigen, denen es an Weisheit mangelt, die Angst in sich tragen, ohne ihr Beachtung zu schenken. Selbst wenn sie einen Anfall überwunden haben, fühlen sie sich stets schlecht und fürchten obendrein jede heftige Regung, weil sie diese sofort auf ihre Leidenschaften zurückführen. Diese Krankheit ist nicht die Langeweile. Fest steht, daß das Theater diesen Unglücklichen ein Gefühl vermittelt, das ihren Zustand verändert und das ihnen, sobald sie erlöst sind, einen Augenblick der Freiheit gibt, den die Folge der Szenen immer wieder erneuert. Hierin liegt der Unterschied zwischen dem Theater und der Lektüre; denn man kann die Lektüre unterbrechen, während das Stück seinen Lauf nimmt. Nur muß jede Situation eine andere ankündigen, so daß die Aufmerksamkeit nicht einen Augenblick nachläßt. Dies gleicht einer Musik von großer Klarheit. Das Interesse besteht nur darin, von Emotion zu Emotion und von Erlösung zu Erlösung zu führen. Auch gehen die Kunstgriffe des Metiers weit über den Charakter der Situationen hinaus. Das Ende ist kaum wichtig; es ist nur eine Art, die Kerzen zu löschen. Die eigentliche Auflösung liegt hinter allen Versen.

Wie man im Theater viel weinen kann, wenn man dazu neigt, so kann man dort auch viel lachen. Denn das Lachen ist schon allein durch die Nachahmung ansteckend, ohne jeden Grund. Doch der Theaterbegeisterte findet dort ein freieres Lachen, das gezügelt ist von dem Wunsch, die Handlung zu verstehen. Und es ist absolut richtig, daß die Komödie die Leidenschaften durch das Lachen mildert, keineswegs aber durch Beispiel und Belehrung. Sie straft nicht den Geizigen durch das Lächerliche, denn es gibt kaum Geizhälse in der Vorstellung, sondern alle Rasereien, Ängste und Sorgen durch das Lachen. Das Schwierige ist nicht so sehr, die Menschen zum Lachen zu bringen, denn die Zuschauer helfen dabei, sondern zu bewerkstelligen, daß die Menschen akzeptieren, daß sie gelacht haben. Ein kultivierterer Geist würde nicht so sehr auf die Gründe sehen und über den Ulk im Zirkus mehr lachen, weil der Kreis der Zuschauer dort geschlossen ist. Das soll nicht heißen, daß es bei den Clowns im Zirkus keine Kunst gibt. Ich selbst habe die Kunst der Clowns oft äußerst tiefsinnig gefunden. Sie vollbringt alles durch das Weiß im Gesicht, damit der Zuschauer sich niemals wiedererkennen kann. Molière wußte um dieses Geheimnis.

Kapitel VIII

Vom Fanatismus

Es gibt keinen Fanatismus ohne Zeremonie. Und weil die Religion aus Zeremonien besteht, gibt es einen religiösen Fanatismus. Dies macht die Toleranz so einfach; nur zielt sie ins Leere.

Es ist sehr einfach, andere Ansichten als die eigenen zu ertragen. Doch auch der Fanatismus kümmert sich keineswegs um alle Ansichten; er will nur den Skandal, den Feind der Zeremonien, strafen. Wenn die Religion das ist, was ich sagte, berühren sie Zweifel und Einwände kaum. Die Gotteslästerung, die sich gegen die Zeremonien richtet, ist die Todsünde. Man begegnet dem Fanatismus auch im Theater und insbesondere in der Musik. Das ist das Mißgeschick der Ordnung, und vielleicht ihre Strafe.

In einer Menschenmenge bewirkt er eine Nachahmung von Bewegungen, die beredtes Zeugnis von der Übertragung von Gefühlen ablegt. Wenn ein Mensch flieht, so ist dies eine Aufforderung zu laufen, die viel zur Verfolgung beiträgt. Wenn eine Menschenmenge die Flucht ergreift, kann selbst der Weiseste, schon aus hinlänglich verständlichen physischen Gründen, nicht regungslos bleiben. Und laufen ist noch immer ein Grund zu laufen, wie schreien ein Grund ist zu schreien, weinen ein Grund zu weinen, hassen ein Grund zu hassen. Diese Nachahmung ist noch offensichtlicher bei Veranstaltungen, in denen alles Regeln unterworfen und bereits auf kontrollierte Bewegungen abgestimmt ist, die elegant und gefällig sind, denn hier ist der Körper frei, seiner Wege zu gehen. So kommt es zu Paniken im Theater; in einer Fabrik, wo jeder unter Mühen seiner Beschäftigung nachgeht, wäre der Schrecken weniger prompt, aber eindeutiger. Überdies wird es, wenn jemand plötzlich stirbt, zu derselben panischen Reaktion kommen, schon durch die plötzliche Aufmerksamkeit aller. Die ganze Wirkung des Skandals resultiert aus jenem verborgenen Ordnungssinn, der das Vergnügen jedes einzelnen mit dem Vergnügen aller anderen verbindet. Das große Unglück der Ordnung besteht darin, daß man sie aller Waffen beraubt hat, vor allem der Umsicht. Aber all diese Reaktionen beruhen nicht auf Leidenschaft. Sobald ihre Ursache erkannt ist, bleibt nichts von ihnen übrig. Wir sind noch weit von den verworrenen Gedanken des Fanatikers entfernt.

Auch muß man verstehen, wie der Fanatismus einer Menge sich in einem einzigen Menschen zum Ausdruck bringt. Dazu können jene Konvulsionen eines Tänzers oder Tanzenden dienen, welche die anderen betrachten und antreiben, ohne selbst zu agieren – durch eine bestimmte Art von Gesang und durch Musik, die monoton genug ist, um jene heilsame Aufmerksamkeit einzuschläfern, die den Rhythmus sucht und zum Motiv zurückfindet. Durch dieses Kunststück ahmt der fanatische Tänzer eine Menge nach, die nicht tanzt. Mich erstaunt, daß man diese Form freiwilliger, dünkelhafter Torheit bewundert, die sich von der Bewegung nährt, von ihr verstärkt wird und bis zur Gefühllosigkeit geht. Es ist der Zustand der leidenschaftlich Entbrannten, an dem nur die Abwesenheit eines Grundes und sogar eines Vorwandes erstaunt. Doch ist es vernünftiger, eine Frau, die man liebt, zu töten? Wenn man genau hinsieht, hat eine Leidenschaft nie einen anderen Grund als sich selbst, ihre Vorwände gelten den Unwissenden. Ich fürchte, weil ich fürchte, ich liebe, weil ich liebe, ich schlage, weil ich schlage, und er tanzt, weil er tanzt. Doch wiederum ohne gezügelte Leidenschaft, ohne den Taumel des Denkens, ohne den Appell an die Gewalt, ohne jenen fatalen Entschluß, dessen Folgen man betrachtet. Müdigkeit hilft gegen diesen törichten Tanz. Vielleicht ist sie ein einfaches Heilmittel gegen die Raserei der Seele und die gedankenlose Raserei des Körpers.

Doch es gibt mehr als eine Art zu tanzen. Auch wenn es ruhig bleibt, entsteht auf natürliche Weise mehr als eine Leidenschaft und mehr als ein Tanz, sei es aus Mangel an Beschäftigung, sei es durch eine trockene Kehle. Macht das Denken also ein Skandalobjekt ausfindig, und sei es auch imaginär, so stört schon ein einziger Mensch die Zeremonie. Von daher der ungeduldige Haß, der von den Bewegungen des Zeremoniells getragen wird. Zu dem Eindruck dieser äußeren, entschlossenen Kraft gesellen sich ein starkes Schamgefühl und die Angst vor einem noch größeren Skandal. Hier verspüren wir die erste Regung von Nachsicht uns selbst gegenüber, die wir einsam sind, und einer Versunkenheit, in der die Furcht vor uns selbst und der Ehrgeiz eine schlechte Verbindung eingehen. Hinzu kommen Zeichen und Vorzeichen, und unser Unglück ist es, daß der unaufgeklärte Widerstand sie vervielfacht, bis der Fatalismus, immer bestätigt von Zweifeln ohne wahre Gewißheit, letztlich jener Leidenschaft ein Ende setzt, so wie er allen Leidenschaften ein Ende setzt. Und diese Art von Verbrechen hat fast immer keinen Komplizen und keinen Vertrauten.

Kapitel IX

Über Poesie und Prosa

Ich kann Dichter nicht gut lesen. Zu sehr sehe ich die Zufälle des Reimes, die Wiederholungen und die gestopften Löcher. Ich habe sie stets besser verstanden, wenn ich sie mir vorlesen ließ. Ich werde dann von jener Regung ergriffen, die keinen Aufschub duldet. Ich vergaß die Wiederholungen, ja, ich hatte nicht einmal Zeit, daran zu denken. Immer fand ich Gefallen am Reim, trotz der unbedeutenden Befürchtungen, die ich jedesmal hegte; denn es scheint unmöglich, daß ein Vers, den man hört, so endet, wie er soll. Jene Regung, die keinen Aufschub duldet, vermittelt die Vorstellung von Improvisation. Ich kenne nur Verse, die mich auf diese Weise mit auf die Reise nehmen. Es gibt hier weder Vorrede noch Vorsichtsmaßnahmen. Ich spüre, wie ich auf Reisen gehe. Den ersten Worten sage ich Lebewohl, und der Rhythmus läßt mich ahnen, welche folgen werden. Dieser Einladung zur Beschreibung leisten die besten Gedichte Folge. Doch schauen wir näher hin. Es gibt in einem Gedicht immer zwei Dinge, die einander widerstreiten. Es gibt den gleichmäßigen Rhythmus mit wiederkehrenden Reimen, die ich stets heraushören muß. Und es gibt den Diskurs, der den Rhythmus durchkreuzt und ihn oft vor mir verbirgt, wenn auch nicht für lange Zeit. Diese Kunst ist wie die des Musikers, jedoch ungleich zugänglicher. Sie ist aber auch tyrannischer und damit weniger tröstlich, weil sie uns bei der Wahl unserer Bilder keine freie Hand läßt. Doch man findet darin, wie in der Musik, stets aufs neue die Versöhnung, wie einen Ruhepunkt; denn es kommt ein Moment, wo der rhythmische Satz und der gesprochene Satz zusammen enden. Dann ergeben das Natürliche, die Einfachheit der Worte und der Reichtum der Bedeutungen ein Wunder; und es ist nicht einmal schlecht, daß der Dichter zuvor einige Mühe hatte, wie die Akrobaten, die so tun, als fielen sie. Stets gleicht es einer Schiffsreise, bei der man nicht anhalten kann. So muß man es nehmen, wie es kommt. Ohne diese Bedingung verstände man nicht jene mäßigende Macht des Rhythmus, welche die Aufmerksamkeit auf sich lenkt, und der Bewegung, welche sie ablenkt.

Auch die Beredsamkeit ist eine Art Poesie. Man entdeckt darin leicht ein musikalisches Element, ein Maß der Sätze, eine Symmetrie, einen Ausgleich der Klangfarben, letztlich eine angekündigte, erwartete Vollendung, die die Worte auf wundersame Weise bewirken. Doch diese Regeln sind verborgen. Bei der Eingebung versagen sie dem Redner häufig ihren Dienst. Es bleibt die Notwendigkeit, die Zeit auszufüllen, denn eine unerbittliche Bewegung, eine Unruhe und gereizte Müdigkeit erfaßt bald die Zuhörerschaft. Doch hier muß man wiederum hören und nicht lesen, sonst wäre man schockiert von den Wiederholungen und dem Füllwerk, die dennoch eine Notwendigkeit darstellen, vor allem, wenn der Redner Argumente vorbringt. Wenn man liest, fehlt insbesondere die verhaltene Bewegung der Versammlung. Es ist ein großer Unterschied zwischen der Stille des Studierzimmers und dem Schweigen von zweitausend Personen. Sokrates hat dafür den Grund genannt: »Wenn Du am Ende Deiner Rede anlangst, habe ich den Anfang vergessen.« Auch sind alle Sophismen Beredsamkeit, und alle Leidenschaften sind für die anderen und für sich selbst eloquent. Im Laufe der Zeit und durch das Erscheinen zuvor angekündigter Beweise verstärkt sich die Gewißheit. Deswegen eignet sich die Eloquenz besonders dafür, Unheil anzukündigen oder vergangenes Mißgeschick wiederaufleben zu lassen. Der Mensch kommt zu seinen Schlußfolgerungen wie der Schurke zum Verbrechen. Die schlimmste Reise ist die Rückkehr zu vergangenem Unheil; denn von dort bezieht der Fatalismus all seine Beweise.

Die Prosa, die weder Poesie, noch Eloquenz, noch Musik ist, wird uns befreien, wie man an den ermüdenden Wegen, den Windungen und unerwarteten Gedanken bemerkt, die befehlen, alles noch einmal zu lesen oder darüber nachzudenken. Die Prosa ist losgelöst von der Zeit, und auch des förmlichen Arguments, das nur ein Mittel der Beredsamkeit ist, bedarf sie nicht. Die wahre Prosa bedrängt mich nicht. Auch hat sie keine Wiederholungen; und darum ertrage ich auch nicht, daß man sie mir vorliest. Die Poesie war, zu einer Zeit, in der man die Sprache hörte, die natürliche Sprache, nur daß man sie festhielt. Doch heute sehen wir die Sprache. Wir werden immer weniger lesen, indem wir einen Text sprechen. Der Mensch hat sich kaum verändert, soviel ich weiß. Und doch gibt es etwas, was an Bedeutung gewonnen hat, denn das Auge durcheilt jenes vernunfthaltige Objekt. Es wählt sein Zentrum und führt alles darauf zurück, wie ein Maler, es setzt neu zusammen, es unterstreicht, es wählt die Perspektiven, es sucht dieselbe Sonne auf allen Gipfeln. So geht der Fußgänger immer zu schnell, insbesondere wenn er jung und kräftig ist. Das nimmt nur der Hinkende richtig wahr. So wie die Prosa hinkt auch die Gerechtigkeit.

Kapitel X
Die öffentliche Gewalt

Es bedürfte mehr als eines Buches, um die List der Macht und ihre auf Zwang beruhenden Zeremonien zu erklären. Doch die Reise ist am Ende, Leser. Zwei kleine Seiten nur, bis Du und ich wieder der Pflicht zum Gehorsam anheimfallen. Das wird wie eine Rückkehr zu den Anfängen sein. Viele wissen um die Achtung, wenige um den Gehorsam. Es gibt einiges zu sagen über die Wahl eines Herrschers, über wirkliche Kontrolle und über Garantien. Doch welche Vervollkommnung man auch immer in seinem Kopf bewegen mag, man muß mit dem Gehorchen beginnen, denn der Fortschritt setzt, einem Wort Auguste Comtes zufolge, eine präexistente Ordnung voraus. Man denke einmal leidenschaftslos darüber nach, auch über jene verborgene Wahrheit, wonach jeder Ungehorsam gegenüber der Gerechtigkeit den Mißbrauch andauern läßt. Aufs Wort gehorchen ist eine Art, ungerechte Mächte zu beherrschen und zu bestrafen; nur der Freund des Tyrannen läßt eine Nacht verstreichen. Die wahre Tyrannei ist die Wichtigkeit. Der Tyrann will geliebt oder gefürchtet werden. Der Tyrann liebt es zu verzeihen. Die Milde ist das letzte Mittel der Herrlichkeit. Doch durch strengen Gehorsam beraube ich ihn seines königlichen Mantels. Einen Einwand vorzubringen ist eine große Schmeichelei, denn sie bedeutet, ihm Zugang zu mir zu gewähren. Aber wohin führt dieses Spiel? Zunächst schützt es mich vor meinem Ehrgeiz, der recht stark sein muß, denn ich gestehe, daß ich ihm lange und zuweilen berauschende Phantasien zugestehen mußte. Insbesondere will ich ihn, was mich betrifft, jener Freuden berauben, die ihn bösartig und töricht machen. Ich will einen einfachen Geschäftsmann, der problemlos und schnell seine Arbeit erledigt und zudem die Musik, die Lektüre, die Reisen oder sonst etwas liebt – mit Ausnahme der Niedertracht.

Man hat noch nie Macht ohne Schmeichler und ohne Applaus gesehen, es sei denn vielleicht das Militär. Insofern dies zutrifft, herrscht die militärische Gewalt in der richtigen Weise; sie fühlt sich beurteilt. Solange sich Menschen bewundert glauben, werden sie Dummheiten begehen. Daher ist die größte Sünde des Geistes, die darin besteht, aufgrund von Macht zu urteilen, auch ein politischer Fehler. Die Weisheit besteht jedoch darin, den Geist dem Körper zu entziehen, und die politische Weisheit besteht darin, jedes Einverständnis dem Gehorsam zu entziehen. Es gibt keinen schöneren Lehrsatz als den vom Zinsgroschen, wonach dem Kaiser zu geben ist, was des Kaisers ist. Ich aber würde mit anderen Worten sagen: »Den Gehorsam der Macht, aber das Einverständnis nur dem Geist.« Wer denkt, der Ehrgeizige verlange keineswegs immer mehr, kennt den Ehrgeizigen schlecht. Die Kirche wußte vielleicht der Macht die Ehrerbietung des Geistes zu verweigern, die einzige Ehrerbietung, die dieses Wortes würdig ist. Doch ist diese geistliche Macht zu wankelmütig; überall in der Geschichte sieht man eine Allianz mit der Macht, die sie entehrt hat. Der Stiftsherr hat immer gut gegessen. Und Shakespeares Cäsar sagt ungeheuer treffend: »Laßt wohlbeleibte Männer um mich sein, ...«

Vielleicht ist es die Krankheit der demokratischen Verfassungen, daß jene Zustimmung des Geistes freundlichen und für gewöhnlich wenig anspruchsvollen Herren so viel Macht gibt. Einfältig schenkt der Bürger demjenigen sein Vertrauen, der beteuert, daß er ohne es nichts sei. Die Macht kommt erst danach und ihr folgen wiederum die Huldigungen. In Wirklichkeit ist die Theokratie wieder zurückgekehrt, denn die Götter haben mehr als eine Gestalt. Diese Verwechslung von geistlicher und weltlicher Macht wird alle Regierungsformen verderben. Hingegen könnte eine Gesellschaft des Geistes ohne Willfährigkeit des Geistes sie durch eine Art höflicher Geringschätzung vervollkommnen. Diese Geisteshaltung bleibt sich immer gleich, hinsichtlich jeder Regung, die Denken sein will, wie auch hinsichtlich der Fähigkeit, einen Rat zu erteilen.

NACHWORT
VON HEINZ ABOSCH

Befremdlich und verständlich

Alains Rezeption in Deutschland war bisher keine glückliche. Die Schwierigkeiten verweisen auf Unterschiede der kulturellen und politischen Bedingungen diesseits und jenseits des Rheins. Alain war den emanzipatorischen Ideen der Revolution von 1789 verbunden. In der griechischen Philosophie wurzelnd, verstand er sich als Aufklärer im Gefolge der Voltaire, Diderot, Rousseau. Philosophie sollte die Sache aller Menschen sein, nicht der esoterische Bezirk von Fachgelehrten. Sie sollte den Menschen helfen, ihr Leben sinnvoll zu gestalten, unnützes Leiden zu vermeiden, glücklicher zu sein. An diesen einfachen und zugleich schwer zu realisierenden Postulaten hielt Alain beharrlich fest, ungeachtet der Hindernisse, die er auf dem Wege vorfand. Er trug die Philosophie auf die Straße, auf den Marktplatz, suchte den Dialog mit zahlreichen Menschen, genauso wie einst Sokrates. Wie jener liebte er das Gespräch, um mit Partnern gemeinsam der Wahrheit näherzukommen. Alle seine Schriften sind eigentlich Gespräche mit dem Leser. Ohne elitäre Prätention erweist sich hier der Menschenfreund, der an das Schicksal der vielen denkt. Diesen Charakterzug offenbart auch die hier veröffentlichte Abhandlung.

Alain – er hieß eigentlich Emile-Auguste Chartier – wurde am 3. März 1868 im normannischen Mortagne-au-Perche geboren und starb am 2. Juni 1951 in Paris. Er lehrte Philosophie in Oberschulen, zunächst in der Provinz, dann am angesehenen Pariser Lycée Henri IV, wo in den zwanziger Jahren Simone Weil und Raymond Aron zu seinen Schülern gehörten. Sie waren eifrige Jünger ihres Lehrers, dessen radikalen Pazifismus und Liberalismus sie teilten. Alains beflügelte Losung war damals: »Der Mensch gegen die Gewalten.« Schon vor dem Ersten Weltkrieg hatte er sich nicht mit der Lehrtätigkeit begnügt, er hielt Vorträge in Volkshochschulen und schrieb Kurzbeiträge, die »Propos«, für die Tageszeitung *Depêche de Rouen.* Bis 1914 sind es mehr als dreitausend. In Buchform publiziert, begründeten sie den Ruhm des Autors und machten ihn einer breiten Öffentlichkeit bekannt. Für den Philosophen bilden die »Propos« keine niedere Kategorie, sie sind gleichgewichtiger Ausdruck seines Denkens, keineswegs geringer und unwichtiger als seine übrigen Publikationen. Mag er über die Wolken und das Meer schreiben, über Holzfäller und Murmeltiere, über Darwin und Stendhal, Musik und Poesie: stets verknüpft er das Einzelne mit einer umfassenden Reflexion. Popularisierung bedeutete ihm nicht Abstieg ins Niedere, sondern Aufstieg zum Höheren. Dies war Treue zur aufklärerischen Botschaft; daß sie nicht allgemein durchgehalten wurde, bewirkte ihren Zerfall. Philosophie und Politik waren für Alain keine getrennten Bereiche, sie gehörten, wenngleich ihre Besonderheiten zu beachten waren, zusammen. Politik sollte philosophischen Erkenntnissen entsprechen, Philosophie sich der gesellschaftlichen Verhältnisse bewußt sein, um sie im Sinne der Humanitas zu verändern. Alains Begegnung mit der Politik hatte die Dreyfus-Affäre kurz vor der Jahrhundertwende ausgelöst, ähnlich wie bei vielen Franzosen. Da ergriff er Partei für den Verfolgten, für die bedrohte Republik, gegen die Verfolger in Armee und katholischer Kirche. Diesen Prinzipien vertraute er bis ans Ende.

Die Schwierigkeiten, die einer Beschäftigung mit diesem Philosophen hierzulande entgegenstehen, sind damit benannt. Sie ergeben sich aus dem unterschiedlichen Verlauf der Aufklärung in Frankreich und Deutschland. Dort schlug sie durch, hier schlug sie fehl. Dort drang aufklärerische Philosophie in die Gesellschaft, hier fristete sie eine Randexistenz, bedrängt von Kündern metaphysischer Ewigkeit und unpolitischer Innerlichkeit, von Apologeten der Obrigkeit und von marxistischen Doktrinären der Unterwerfung unter ein historisches Gesetz. Noch Ernst Bloch sprach abwertend vom »Aufkläricht«. Alle diese Richtungen verwarfen die Aufklärung als »flach« oder verachteten sie als »bürgerlich«. Dennoch ist der *Citoyen,* der demokratische Staatsbürger, ein bis heute gültiges Ideal geblieben. Wo er um seine Rechte gebracht wird, ist Gefahr im Verzug, lauert Unterdrückung. Dies verkannt zu haben, führte zum Scheitern der kommunistischen Regime – eine Lehre, die es auch im Westen zu beachten gilt. So steht man in Deutschland noch immer vor der Aufgabe, die verfehlte historische Lektion nachzuholen.

Da gibt es keinen besseren Lehrmeister als diesen Normannen mit seiner lebensfreundlichen Philosophie, der das Dasein liebte, ohne seine Schatten zu verkennen, der Prinzipien formulierte und zugleich den Zweifel als »Salz des Geistes« rühmte. Stets beharrte er auf der Maxime: »Was menschenfeindlich ist, das ist falsch.« Eine Devise, die manchen deutschen Philosophen gut angestanden und sie davor bewahrt hätte, Schrittmacher der Barbarei zu werden. Alains größte Verehrung galt Platon, Descartes und Kant, die er zeitlebens studierte. Kants Definition der Aufklärung als »Ausgang der Menschen aus ihrer selbst verschuldeten Unmündigkeit« umschreibt genau die Mission des französischen Denkers. Er äußerte sich verständlich, ohne Fachjargon; Philosophie war ihm Ausdruck des Lebens, folglich Sache aller. Mag er, wie in der vorliegenden Schrift, philosophische Begriffe analysieren, das Denken, die Sinne, Naturgesetze, oder über das

Kartenspiel, Geiz, Lachen sinnieren, sein Denken hielt sich, ohne Niveauunterschied, stets auf gleicher Höhe. Es gibt kein niedriges Thema, nur eine niedrige Art, es zu behandeln. Sein Stil drückt französische *Clarté* in Vollkommenheit aus, aber sein Denken ist alles andere als einfach. Ein solcher Schluß wäre naiv. Die Schwierigkeiten resultieren aus der Sache, nicht aus dem Stil, der artifizielle Überladungen verschmäht. Alain nähert sich den Problemen gleichsam kreisend; von außen nach innen in immer tiefere Schichten dringend, Frage um Frage, Zusammenhänge, Verbindungen entdeckend. Er führt in Labyrinthe und leuchtet sie aus. »Auf indirektem Wege, mit Hilfe von Annäherungen oder Schlaglichtern«: so beschreibt er seine Methode. Und er betont, daß »unser natürlicher Zustand der Irrtum« ist, eingeschlossen »in einem Gefängnis von Beweisen«, dogmatischen Behauptungen, die man überwinden müsse.

Getreu der klassischen Philosophie wird vom Subjekt ausgegangen. »Das Wort Ich ist, sichtbar oder versteckt«, lesen wir, »Gegenstand all unserer Gedanken.« Der Einzelne muß mittels großer Mühe Wahrheiten entdecken, gleichsam die Welt konstruieren. Offenkundig ist, »daß es keine Gerechtigkeit zwischen den Menschen gibt und daß man sie schaffen muß.« Die dazu benötigte Kraft ist das Denken, der zu bezwingende Antipode ist die Leidenschaft, der gedankenlose Instinkt, das wohlige Gefühl der ererbten Traditionen. »Der Preis für das Denken besteht darin, daß gut gedacht werden muß«: das ist die leitende Devise. Gutes Denken erfordert zuerst ein genaues Verständnis der Sprache. »Aus einem mißverstandenen Satz hat man die inhaltsloseste Leere gezogen«, heißt es in dem hier veröffentlichten Traktat. Alain beginnt mit einer genauen Analyse der Sprache, der Wörter und ihres Sinns, wobei er sich als Vorläufer heutiger Forschungen erweist. Wörter begründen die Wahrheit, aber auch die

Lüge. Nach Alain sind sie Instrumente der Erkenntnis oder des Unheils, sie befördern das eine oder das andere. Wörter bestimmen die Wirklichkeit, sie schaffen Gutes oder Böses. Die These ist richtig, durch immense Wortkanonaden der Massenmedien bestätigt, deren Klischees ein Ersatzdenken bilden. Zweifelhafter ist Alains weitreichender Schluß: wenn man das Gute verkünde, bereite man es vor. Da droht der Glaube ans Wort in einen Aberglauben umzuschlagen, der das objektive Geschehen auf einen subjektiven Beschluß reduziert. »Man muß an das Gute glauben, denn es ist nicht«, heißt die Beschwörung. Dieser Glaube ist notwendig, aber er reicht nicht aus, das Gute hervorzubringen.

Der Aufklärer ist ein Verkünder des Individuums, des freien Willens, ein Gegner jedes Determinismus, der den Menschen »in einer riesigen Maschinerie gefangen« halte und ihn dem Fatalismus ausliefere. Daher die Ablehnung des Marxismus, gegen den der Vorwurf erhoben wird, das Individuum der Kollektivität zu unterwerfen, die Bedeutung politischer und militärischer Institutionen zugunsten der Überbewertung ökonomischer Faktoren zu verkennen. Diese Thesen wurden durch die historische Erfahrung ausreichend erhärtet. Nach dem Scheitern der Marxschen Doktrin, nach dem Fiasko der »historischen Mission des Proletariats«, wurde das Individuum wiederentdeckt, Kleingruppen anstelle der abstrakten Großklassen. Alain erweist sich dabei in hohem Maße als aktuell. Er preist das Individuum, nicht das Kollektiv, und sogar den Egoismus rühmt er als »die Frucht der Zivilisation, nicht der Wildheit«. Vom Einzelnen erwartet er alles; der Einzelne ist, wie es im Sprichwort heißt, »seines Glückes Schmied«. »Man muß die Hoffnung immer auf sich, nicht auf die Dinge lenken«, lehrt der Philosoph, »und das Glück ist dann der Lohn.« Keine unnütze Lebensregel, auch wenn man sie weniger absolut setzt, als es hier geschieht. Da begegnet auch Alains

Religiosität, die jede kirchliche Dogmatik von sich weist. Sein von Spinoza genährter Pantheismus identifizierte Gott mit dem Menschen: »Denn der Glaube selbst ist Gott.«

Dauernd auf angespannter Suche, fand der Philosoph Gewißheiten, doch hörte er nie zu zweifeln auf. Den Zweifel nannte er »die Krone des Weisen«, hier liest man: »Ein Verrückter zweifelt niemals, weder in seinem Handeln, noch in seinem Denken.« Eine Maßregel von zeitloser Gültigkeit, deren Beachtung in diesem Jahrhundert eines totalitären Wahns, der jeden Zweifel ächtete, manchen Irrweg erspart hätte. Der französische Antidogmatiker, nicht zuletzt ein Erbe des skeptischen Montaigne, hat uns Heutigen Wesentliches zu vermitteln. Alain entwarf weniger eine neue Philosophie als eine neue Art des Philosophierens. Den Staub der Dogmatisierungen von den alten Denkern wegblasend, ließ er sie in ungewohnter Frische erstehen. Jegliche Anmaßung verachtend, bekannte er: »Diese Wahrheiten sind nicht neu; doch neu ist immer, sie gut zu verstehen.« Die Einbindung in die philosophische Tradition bewirkte freilich auch etliche Schwächen. Die Trennung von Geist und Körper, von Platon geprägt, ist seit den Erkenntnissen der modernen Psychologie nicht mehr aufrechtzuerhalten; antiquiert ist desgleichen die Ablehnung der Psychoanalyse. Dies gilt auch für die Mißachtung der Soziologie, während an einem allzu elementaren Gesellschaftskonzept festgehalten wurde, das auf dem bloßen Gegensatz zwischen dem Individuum und dem Kollektiv beruhte.

Ein heiterer Philosoph, glaubte Alain an den Menschen und an eine schöne Zukunft. Er hieß »das Lächeln die Waffe des Weisen« und meinte, damit sein Glück und das anderer zu erreichen. Zerstörerische Triebe, verbrecherische und mörderische Tendenzen wurden zuwenig berücksichtigt. Die Erfahrung totalitärer Massenkriminalität bildet eine Zäsur, die uns von diesem Denker trennt, den das 19. Jahrhundert prägte, das auf eine kaum nachvollziehbare Weise liberalen Werten Geltung verschaffte. Dem entsprach auch Alains kategorische Verurteilung der Gewaltanwendung. Prinzipiell legitim, erwies sich die Maßregel im Kampf gegen totalitäre Diktaturen als obsolet. Gewaltlosigkeit gegenüber der Hitlerherrschaft schlug in Hilfe für sie um.

Deutschen Vorstellungen fremd ist ein Philosophieren dieser Art. Hinzu kommt, daß Alain ein brillanter Stilist war, ebenso Schriftsteller wie Denker, geschult an Stendhal und Flaubert, vertraut mit Musik und Malerei, denen er große Essays widmete. Manche seiner Texte lassen an Schopenhauers *Aphorismen zur Lebensweisheit* denken, denn letztlich galt alles dem Ziel, den Menschen bei der Gestaltung ihres Lebens zu helfen. Allerdings ist der Philosoph der frohen Zuversicht ein vollendeter Gegentyp zu dem Pessimisten Schopenhauer. Alains Lektüre ist nützlich, wenn man ihn – was seinem Geist entspricht – kritisch liest. Seine gelassene Heiterkeit stellt sich uns freilich umwölkt dar, markiert von einem Jahrhundert, das uns bedrückender erscheint als dem hoffenden Aufklärer.